Antoine de Rivarol

Politisches Journal eines Royalisten

Antoine de Rivarol

Politisches Journal eines Royalisten 5. Mai bis 5. Oktober 1789

Nach der Ausgabe
Mémoires de Rivarol, ed. Bervile, Paris 1824
herausgegeben und mit einer
Einleitung versehen von
Johannes Willms

Aus dem Französischen von
Barbara Brumm und Johannes Willms

athenäum

CIP-Kurztitelaufnahme der Deutschen Bibliothek

Rivarol, Antoine de: Politisches Journal eines Royalisten: 5. Mai bis 5. Oktober 1789 / Antoine de Rivarol. – Dt. Erstausg. – Frankfurt am Main: Athenäum, 1989
   ISBN 3–610–08521–5

Deutsche Erstausgabe
© 1989 Athenäum Verlag, Frankfurt am Main (für die deutsche Ausgabe)
Umschlagestaltung: Karl Gerstner, Basel
Umschlagmotiv: A. Rivarol, Giraudon, Paris
Satz: Computersatz Bonn GmbH, Bonn
Druck und Bindung: May GmbH & Co. KG, Darmstadt
Printed in West Germany
ISBN 3-610-08521-5

Manibus Auctoris

Vorwort

Rivarol ist heute fast völlig vergessen. Entsinnt man sich dennoch seiner, dann vielleicht im Zusammenhang mit jener Pleiade von *Esprits fins*, die Frankreich im 18. Jahrhundert hervorbrachte. Für dieses Vergessen gibt es einen einleuchtenden Grund: Rivarol teilt das Schicksal all jener, die in Zeiten von Revolution und Umsturz auf der »falschen Seite« standen, die den Prozess, der damit angestrengt wurde, verloren haben und über die die Zeit konsequenterweise hinweggegangen ist. Lediglich in einigen älteren Darstellungen, die der Französischen Revolution gewidmet sind, wird man seinen Namen gelegentlich erwähnt finden. Einzig Albert Sorel hat ihn in seinem großen Werk *L'Europe et la Révolution* häufiger zitiert und die Weitsicht seines Urteils gerühmt.

In Deutschland, wo Rivarol seit dem Frühjahr 1795 zunächst in Hamburg und in seinem letzten Lebensjahr in Berlin als Emigrant Zuflucht fand, ist es um die Bekanntheit seines Namens noch viel schlechter bestellt als in Frankreich. Karl-Eugen Gass widmete ihm seine Bonner Dissertation, die 1938 unter dem Titel *Antoine de Rivarol (1753-1801) und der Ausgang der französischen Aufklärung* erschien, und Ernst Jünger übersetzte und publizierte 1958 eine Auswahl von Rivarols Aphorismen. Das jetzt vorliegende Buch ist mithin der dritte Versuch, Rivarol hierzulande bekannt zu machen; ihn ermöglicht zu haben, muß man dem Wagemut des Verlegers ein Kompliment aussprechen.

Wiesbaden, im Februar 1989   Johannes Willms

Inhalt

Einleitung

L'imprimerie est l'artillerie de la pen-sée.

Rivarol

Rivarols Biographie ist in mancher Hinsicht der vieler anderer Literaten des 18. Jahrhunderts sehr ähnlich.

Als Ältester von sechzehn Geschwistern wurde er am 26. Juni 1753 in Bagnols-sur-Cèze, einem Provinzort des heutigen Département Gard in der Provence geboren. Sein Vater war selbständiger Handwerker, *fabricant en soie*, wie ihn sein Trauschein vom 26. September 1752 ausweist; später bewirtschaftete er einen Gasthof, war als Steuereinnehmer tätig und beschloß seine Tage im Jahr 1807 als Schulmeister.

Von Bagnols nach Paris war der Weg damals sehr weit, und die Herkunft Rivarols war wie beispielsweise die Marmontels, dessen Vater sich seinen Lebensunterhalt als Krämer im Dorf Bort im Limousin verdiente oder die von Maury, der aus der Familie eines armen, protestantischen Schusters im Flecken Valréas im Comtat-Venaissin stammte, alles andere als vielversprechend. Um aus derart gedrückten Lebensverhältnissen herauszukommen, bedurfte es nicht nur eines großen Talents, einer reichen Begabung, eines brennenden Ehrgeizes oder einer nimmermüden Energie, sondern vor allem auch einer gehörigen Portion Glück. Viel war schon erreicht, wenn man eine Freistelle in einem der geistlichen Konvikte in der Provinz ergatterte. Rivarol besuchte zunächst das der Josephiten in Bagnols, danach das der Sulpizianer im benachbarten Bourg-Saint-Andéol, ehe er in das Priesterseminar Sainte-Garde in Avignon aufgenommen wurde.

Auch ein derartiger schulischer Werdegang war nicht die Ausnahme, sondern die Regel; denn im 18. Jahrhundert war die geistliche Erziehung die einzige Möglichkeit für Söhne aus mittellosen Familien, zu Bildung und sozialem Aufstieg zu gelangen, ein Weg, den sehr viele der bedeutenden und weniger bedeutenden Aufklärer gingen. Wie die meisten von ihnen brach auch Rivarol seine geistlichen Studien vorzeitig ab und kehrte der Sterilität und Dumpfheit des provinziellen Lebens eilends den Rücken, um nach Paris zu gehen. Paris

11

war gegen Ende des 18. Jahrhunderts mehr denn je das kulturelle und gesellschaftliche Zentrum Frankreichs, wo die Talentierten eine größere Chance hatten als anderswo, sich zu entfalten und zu Ansehen oder einer gesellschaftlichen Stellung zu kommen.

Paris war die *grande espérance*, die große, lockende Hoffnung, der sich Zahllose in die Arme warfen, die glaubten, das Zeug zu haben, hier als *hommes de lettres*, als Schriftsteller, als weltweise Aufklärer zu reussieren. Sie alle nährten sich von der »Hoffnung auf Ansehen, Einfluß, und Reichtum«, wie der ebenfalls aus ärmlichsten provinziellen Verhältnissen stammende Philosoph und Historiker Jean-Jacques Garnier in seiner 1764 publizierten Schrift *L'Homme de lettres* schrieb. »Da ihnen durch niedrige Geburt und bescheidenes Vermögen der Weg nach oben versperrt war, bemerkten sie, daß die Literatenlaufbahn, die jedermann zugänglich war, ihrem Ehrgeiz ein anderes Betätigungsfeld eröffnete.«

Als Rivarol 1777 nach Paris kam, war er einer unter vielen, die alljährlich in die Metropole strömten, um ihre Begabung und Bildung literarisch auszumünzen, die aber meist im Elend versanken. Voltaire beispielsweise hat diese von ihm zutiefst verachteten Existenzen, jene »Elende Spezies, die schreibt, um zu leben« in seinem *Dictionnaire philosophique* als »Scharlatane« qualifiziert. »Hundert Autoren kompilieren«, heißt es in diesem Wörterbuch unter dem Stichwort *Auteurs*, »um sich zu ernähren, und zwanzig gewissenlose Zeitungsschreiber verfertigten den Extrakt, die Kritik, die Apologie oder die Satire dieser Kompilationen, in der Absicht, so auch ihren Lebensunterhalt zu bestreiten, weil sie sonst keinen richtigen Beruf haben. Alle diese Leute versammeln sich jeden Freitag beim *Lieutenant de police* von Paris, um die Erlaubnis zu erhalten, ihren Schund verkaufen zu dürfen. Sie erhalten unmittelbar nach den leichten Mädchen Audienz, die sie keines Blickes würdigen, weil sie nur zu gut wissen, welchen üblen Machenschaften jene nachgehen.«

Was Voltaire damit sagen will, ist deutlich: In seinen Augen wie in denen seiner Zeitgenossen rangierten jene elenden Skribenten in der sozialen Wertschätzung noch hinter den Prostituierten; sie waren der Bodensatz der Gesellschaft, ein intellektuelles Lumpenproletariat, aus dem sich nicht wenige der zukünftigen Revolutionäre rekrutieren sollten.

Rivarol gehörte zu jenen, denen das Glück hold war, und die genug Begabung und Energie besassen, um sich durchzusetzen. Daß er aber seinen raschen gesellschaftlichen Aufstieg lediglich seinem scharfen Witz, den ironischen Aperçus, mit denen er seine Konversation würzte, seinem durchaus wohlgestalteten Äußeren (»er war der am besten frisierte Mann seiner Zeit«, bemerkte der Baron de Théis, der Rivarol 1791 häufiger begegnet war, gegenüber Arsène Houssaye), dem großen Charme, der ihn auszeichnete, oder gar seinen literarischen Hervorbringungen zu verdanken gehabt hätte, scheint wenig wahrscheinlich. Im übrigen erwarb er sich mit seiner Feder auch erst 1784 einen gewissen Ruf, als sein Essay *De l'universalité de la langue française* erschien, eine Abhandlung, mit der er auf die von der Berliner Akademie im Juni 1782 gestellte Preisfrage »*Qu'est-ce qui a fait de la langue française la langue universelle de l'Europe?*« preisgekrönt wurde.

Ganz augenscheinlich also verfügte Rivarol über Protektionen, hatte er einflußreiche Gönner, die ihm die Wege ebneten und die Türen zum *monde*, zum *Tout-Paris* öffneten, die dafür sorgten, daß sein Name bald bekannt und er zu jenen *hommes d'esprit* gerechnet wurde, die an seine Tafel zu ziehen ein jeder, der zur *bonne compagnie* gehörte, sich angelegen sein ließ. Dieses Rätsel seiner steilen, gesellschaftlichen Karriere, die ihn so schnell aus der elenden Anonymität herausführte, in der die meisten anderen Literaten verkamen, wird noch größer, wenn man bedenkt, daß er seiner Eitelkeit in einer Weise nachgab, die andere mit Sicherheit dem tödlichen Spott einer nach wie vor dünkelhaften Gesellschaft ausgeliefert hätte. Rivarol dagegen war nicht nur ein gern gesehener Gast in zahlreichen Pariser Salons *à la mode*, sondern er verkehrte auch mit den Größen der Aufklärung, mit d'Alembert und Voltaire, mit Buffon und Diderot.

Als ein *Nobody* aus der Provinz suchte er zunächst die Aufmerksamkeit dadurch auf sich zu lenken, daß er sich den illustren Namen eines entfernten Verwandten beilegte. Als ihm dies von den direkten Nachkommen dieses Verwandten untersagt wurde, verfiel er auf den Gedanken, seinen Namen mit dem Adelsprädikat zu schmücken und sich schließlich gar als Antoine Comte de Rivarol vorzustellen. Dieser Adelssnobismus, den er allen Ernstes mit seiner von ihm hartnäckig behaupteten Abstammung aus piemontesischem

Adel zu rechtfertigen suchte, trug ihm zwar manchen Spott ein, den er aber stets mit seinem allezeit präsenten Witz zu parieren verstand. Im übrigen scheint man ihm diese Grille nachgesehen zu haben, und der Ausbruch der Revolution bereitete den Kreisen, in denen Rivarol verkehrte, andere Sorgen und Nöte, als daß man noch Zeit und Laune gehabt hätte, sich über einen falschen Grafen zu mokieren.

Die Wertschätzung seitens der *bonne compagnie*, die Möglichkeit, in ihren Salons und Zirkeln gastlich aufgenommen zu werden, war unstreitig eine entscheidende Voraussetzung dafür, daß sich Rivarols Hoffnungen, die ihn aus der Provinz nach Paris gelockt hatten, erfüllten. Aber dies alles war lediglich die Bühne, auf der er agieren konnte und die ihm die Bedingung der Möglichkeit bot, seinen Esprit zu entfalten und zur Geltung zu bringen, um derart seine gesellschaftliche Stellung weiter zu festigen und auszubauen. Kaum weniger entscheidend aber war, daß auch er sich einen Platz an jenen Fleischtrögen eroberte, mit denen der *Ancien Régime* einige wenige - gemessen an der hungrigen Masse, die herandrängte - Auserwählte der Gelehrtenrepublik regalierte.

Der amerikanische Historiker Robert Darnton hat in seinem 1985 unter dem Titel *Literaten im Untergrund* veröffentlichen Werk anhand zahlreicher Beispiele anschaulich geschildert, wie das Schreiben im Zeitalter der Aufklärung zu einem Beruf wurde, von dessen Einkünften allein aber niemand, auch nicht deren bedeutendste Protagonisten, auskömmlich leben konnten. Die Glücklichen, die Auserwählten oder auch bloß besonders Skrupellosen, denen dank Protektion eine gesellschaftliche Anerkennung ihrer nicht selten eher dürftigen intellektuellen Leistungen zuteil geworden war, nährten sich von Pensionen und Renten, von Ehrensolden und Pfründen, die ihnen zum Teil direkt aus der königlichen Schatulle zuflossen. Im Jahre 1786 betrug die Summe, die allein aus dem königlichen Vermögen für derartige Almosen zur Verfügung stand, rund 350 000 *Livres*.

Weitaus bedeutender noch aber waren jene Gelder, mit denen Ämter dotiert waren, die von der Regierung an »vernünftige«, sprich ihr genehme Schriftsteller vergeben wurden. Außerdem waren auch die halboffiziellen Zeitschriften wie der *Mercure de France*, die *Gazette de France* oder der *Journal des Savants* gehalten, einen Teil ihrer Einkünfte als

Pauschalhonorare an einige ihnen von der Regierung bezeichnete Journalisten und Autoren weiterzugeben. Schließlich gab es noch eine Vielzahl von Sinekuren bei Hofe oder in der verzweigten königlichen Familie, die einen ganzen Rattenschwanz von Vorlesern, Sekretären, Bibliothekaren und Historiographen ins Brot setzten, allesamt Posten, deren Dotierung mehr oder weniger großzügig bemessen war und für die, wie Robert Darnton treffend schrieb, »man arbeitete, ohne seine Zeit auf ihnen absitzen zu müssen, und die man dadurch erlangte, daß man antichambrierte, Lobreden verfaßte, Bekanntschaften in Salons pflegte und die richtigen Leute kannte«.

Das war die damals durchaus übliche Praxis, und wer als Literat überleben wollte, mußte zusehen, wie er in den Genuß solcher Zuwendungen gelangte. Dennoch scheint Rivarol von dieser Regel eine gewisse Ausnahme gemacht zu haben. Zwar hat auch er sich oder, was wahrscheinlicher ist, einer seiner Freunde oder Gönner, 1786 an die Regierung um eine Unterstützung gewandt, wie de Lescure, der Verfasser der Monographie *Rivarol et la société française pendant la révolution et l'émigration*, den in den *Archives Nationales* verwahrten Akten über den »*Etat des gens de lettres demandant des pensions en 1786*« entnahm. Das Ansinnen wurde jedoch abschlägig beschieden. In der Begründung des Unterstützungsgesuchs, die de Lescure mitteilt, heißt es:

»Er ist sehr gewitzt, und eine Unterstützung, die ihn für den Fall, daß er gesunden Grundsätzen treu bleibt, jedes Jahr gezahlt werden könnte, wäre eine Möglichkeit, ihn davon abzuhalten, daß er seinem Hang zu gefährlichen Grundsätzen nachgibt.« Allein, zu dieser Möglichkeit mochte sich die Regierung aus dem einfachen Grunde nicht entschließen, weil Rivarol bereits seit 1785 eine geheime Pension von 4000 *Livres* im Jahr bezog, die ihm Ludwig XVI., der seine Abhandlung *De l'universalité de la langue française* bewunderte, ausgesetzt hatte. Diese Zuwendung war also nicht mit der Erwartung auf Wohlverhalten verknüpft, und Rivarol hat später auch glaubhaft versichert, daß er für deren Spender *Monsieur*, den Bruder Ludwigs XVI., den Grafen d'Artois, gehalten habe.

Eine weitere, zwar weitaus weniger lukrative Einnahmequelle, die aber gleichfalls regelmäßig sprudelte, war der Vertrag, den Rivarol 1779 mit dem Verleger Charles-Joseph

Panckoucke abschloß. Für ein monatliches Salär von 50 *Ecus* sollte er regelmäßig Rezensionen über Neuerscheinungen im *Mercure de France* veröffentlichen. Diesen Vertrag erfüllte Rivarol jedoch derart, daß er innerhalb von drei Jahren kaum mehr als zehn Artikel ablieferte. Daß unter diesen Umständen der Vertrag vorzeitig aufgelöst wurde, ist zu vermuten. Finanziell besser stellte sich Rivarol sicherlich im Zusammenhang mit dem Ausbruch der Revolution, als er im Juli 1789 gemeinsam mit dem Abbé André-Hyacinthe Sabatier, den ebenfalls die Hoffnung auf eine literarische Karriere bereits 1752 nach Paris gelockt hatte, der *Journal politique-national* gründete. Dieser *Journal*, der bis zum November 1790 in sehr unregelmäßigen Abständen erschien, und den Rivarol im wesentlichen allein verfasste und redigierte, soll seinem Biographen Le Breton zufolge ein beachtlicher geschäftlicher Erfolg beschieden gewesen sein, der vor allem daher rührte, daß er 1790 noch zweimal nachgedruckt worden ist.

Im *Journal politique-national* führte Rivarol unstreitig die beste und auch spitzeste Feder, die für die Sache einer starken, konstitutionellen Monarchie und gegen die Radikalisierung der Revolution focht. Er war deshalb aber noch längst nicht der Reaktionär, als den ihn seine politischen und literarischen Gegner anzuschwärzen trachteten, die er im *Journal politique-national* und seit 1790 auch in den *Actes des Apôtres* mit seinen ätzenden Kritiken und seiner beißenden Ironie überhäufte. Im Gegenteil. Viele Reformforderungen, die in den Beschwerdeheften der Deputierten auf den Generalständen erhoben wurden, hielt er nicht nur für gerechtfertigt, sondern auch für unerläßlich, um die Monarchie vor Schaden zu bewahren und die zahlreichen Mißstände zu beseitigen, die ihr Ansehen entstellten. Auch ist als sein verfassungspolitisches Ideal eine konstitutionelle Monarchie nach englischem Vorbild unschwer zu erkennen, eine Vorstellung, der sich schließlich auch Ludwig XVI. annäherte, allerdings zu spät, wie Rivarol tadelt, um damit noch eine die aufschäumende revolutionäre Leidenschaft eindämmende Wirkung entfalten zu können.

Harsch ist zum anderen aber auch seine Kritik, die er am Verhalten der Abgeordneten der beiden privilegierten Stände des Klerus und des Adels übt. Unübersehbar aber ist, daß seine wahren Gegner, jene, denen er regelmäßig seine ganze Verachtung zuteil werden läßt, diejenigen sind, die, wie er ihnen wiederholt zum Vorwurf macht, der Revolution Vorschub leisten und die damit nur jenen Ast absägen, auf dem sie selbst sitzen: die Mirabeau, Sieyès *e tutti quanti.*

Ungeachtet seines höchst differenzierten publizistischen Eintretens für die Sache der Monarchie wurde jedoch immer wieder der Verdacht laut, Rivarol habe sich an den Hof »verkauft«, oder er wäre wenigstens durch die allgemeine herrschende Günstlingswirtschaft, deren Nutznießer er gewesen sei, dazu korrumpiert worden, dem König die Stange zu halten. Sicherlich verteidigte Rivarol damit, daß er für eine starke konstitutionelle Monarchie eintrat, auch seine eigenen Interessen sowie die soziale Stellung, die er innerhalb der Gesellschaft des *Ancien Régime* einnahm. Aber dennoch wird man von ihm nicht sagen können, er habe seine politischen Anschauungen allein seinen Interessen untergeordnet. Wie es sich damit verhielt, hat meines Erachtens Sainte-Beuve zutreffend erkannt, als er von Rivarols politischer Publizistik sagte, »daß sie sich inmitten allen dessen, was geschah, als die Fürsprecherin einer untergehenden Zivilisation vernehmen ließ, als der Angstschrei eines mächtigen und edlen Geistes, der spürte, daß die gesamten gesellschaftlichen Errungenschaften verloren zu gehen drohten«.

Dieses Bewußtsein, Zeuge des Unterganges einer Zivilisation, der von einem blinden Fanatismus bewirkten Zerstörung der Aufklärung zu sein, war es vor allem, was Rivarol jene Kraft und stolze Unabhängigkeit verlieh, die er im *Journal politique-national* immer wieder unter Beweis stellte und die seine Gegner, die er eben deswegen in allen politischen Lagern überreichlich hatte, so sehr fürchteten. Eine derartige Rolle eines »Rufers in der Wüste«, wie er sich selbst einmal apostrophierte, vermag kein Mietling zu erfüllen, läßt sich nicht mit Bestechungen und Pfründen erklären, die ihn für die Sache des Hofes verpflichtet hätten. Überdies war ein solcher Verdacht ein naheliegendes und bequemes Mittel, die Anschauungen eines politischen Gegners wirksam zu diskreditieren. von dem auch reichlich Gebrauch gemacht wurde. Rivarol verwahrte sich gegen derartige Verleumdungen, indem er sich in der Ausgabe des *Journal politique-national* vom 23. Juli 1789 an seine Subskribenten mit den Worten wandte:

»Einige Personen, die nicht begreifen wollen, daß in Zeiten der Krise und des Fanatismus die Unparteilichkeit als ein Verbrechen gilt, haben die Vermutung geäußert, wir hätten uns an die Regierung verkauft. Wenn das der Fall ist, dann haben wir uns verkauft, sind dafür aber nicht bezahlt worden, wie es immer so zu sein pflegt, wenn kein Käufer vorhanden ist; denn eine Regierung gibt es im Augenblick gar nicht. Diejenige, die Necker gebildet hatte, wird man kaum im Verdacht haben können, da offen zu Tage liegt, daß wir uns gleichermaßen über deren Torheiten wie über die Frechheit des Pariser Pöbels und über die Heuchelei jener ereifert haben, welche die Nationalversammlung in Schrecken versetzen, um sie dann dazu zu veranlassen, Vorsichtsmaßnahmen gegenüber den staatlichen Autoritäten zu ergreifen. Um der Wahrheit die Ehre zu geben: Die Höfe machen sich gelegentlich den Schriftstellern angenehm, ganz so, wie die Ungläubigen, die wenn sie in Gefahr sind, die Heiligen anrufen. Beides ist jedoch völlig unnütz: Die Dummheit verdient immer ihr Unglück.«

Auch in den bitteren Jahren der Emigration, die Rivarol zunächst nach Brüssel, dann nach London, in die Niederlande und schließlich nach Hamburg und Berlin verschlug, hat er sich nicht an die Sache der monarchischen Restauration »verkauft«. An Versuchen, ihn dafür zu gewinnen, hat es gleichwohl nie gefehlt, wie sein Biograph Le Breton nachwies. Zwar akzeptierte Rivarol einige Male kleinere Summen, die ihm der Thronprätendant Ludwig XVIII. zukommen ließ, damit er den *Journal politique-national* und insbesondere seine Darstellung der Revolution, die im Oktober 1789 abbricht, forstetzte. Die einzige Gegenleistung, zu der er sich auf ständiges Drängen von dessen Agenten hin aufraffte, war jedoch, daß er einen Prospekt verfaßte, der aber zu seinen Lebzeiten nie im Druck erschien und den erst Le Breton veröffentlichte.

Nein, Rivarol war wirklich so etwas wie ein *Cavalier seul*, ein Ritter ohne Furcht und Tadel inmitten einer korrupten Gesellschaft, die von jener Revolution verschlungen wurde, die sie selbst heraufbeschworen hatte. Rivarol war, wie er sich selbst in seinem 1788 erschienenen *Petit Almanach de nos Grands Hommes* bezeichnete, in dem er mit schärfster Ironie die literarische Nichtigkeit all jener bloßlegte, die in der Revolution auf der Seite seiner jacobinischen Gegner stehen sollten, der »*Don Quichotte de la littérature française*«. Seine Haltung einer über jeden Verdacht erhabenen Unabhängigkeit, auf die er gerade in den Zeiten der Revolution und des Bürgerkrieges, als es, wie er selbst sagte, ein Verbrechen war, keiner Partei anzugehören, stets achtete, verrät eine schon zu damaliger Zeit altmodische Lebensphilosophie. Man mag es, was ihm die Kraft zu dieser Haltung gab, Stolz nennen oder Verachtung, es gilt gleichviel. Der Preis, den er dafür entrichtete, war jedenfalls kalkuliert: das Vergessen.

Rivarol war ein Skeptiker, der sich stets dessen bewußt war, daß die Prognosen, die er aus dem Erlebnis seiner Zeit formulierte, auch für ihn galten. »Ungeachtet aller Erfolge eines philosophischen Jahrhunderts«, sagte er einmal, »sind gerade die am meisten zivilisierten Reiche auch immer diejenigen, die der Barbarei am nächsten stehen, ganz so wie das polierte Eisen am anfälligsten für den Rost ist. Die Nationen tragen wie die Metalle nur ihren Glanz auf der Oberfläche.«

Als Rivarol am Samstag den 11. April 1801 in seiner bescheidenen Wohnung in Berlin in der Straße Unter den Linden 55 in den Armen seines Freundes Anne-Henri Vicomte de Dampmartin starb, der von dieser Szene eine ergreifende Schilderung in seinen 1825 veröffentlichten *Mémoires sur divers événements de la Révolution et de l'Emigration* gegeben hat, erlosch mit ihm auch endgültig der *Siècle des lumières*, das »Jahrhundert der Aufklärung«.

Rivarol wurde auf dem Friedhof der Dorotheenstädtischen Kirche beerdigt, sein Grab aber rasch vergessen. Als Varnhagen von Ense es am 28. September 1856 besuchen wollte, war es bereits verschwunden.

»Auf dem Kirchhofe sucht' ich das Grab des Grafen von Rivarol, es war nicht zu finden. Der Eingang zum Kirchhof war offen geblieben, eine alte Dame schlüpfte mit raschen Schritten herein und verlor sich zwischen den Gräbern. Nach einer Weile kehrte sie mit ebenso raschen Schritten wieder zurück, ich dachte, sie könne von den französischen *Refugiés* sein und hier besser Bescheid wissen als der Kirchendiener, hielt sie an und fragte bescheiden, ob sie vielleicht von dem Grab eines französischen Emigranten hier wisse, des Grafen Rivarol, eines berühmten . . . ich wollte ihn ihr näher bezeichnen, aber sie unterbrach mich: Rivarol? Den hab' ich sehr gut gekannt; aber ist der hier begraben? - Ganz gewiß. Doch können sie ihn gekannt haben? Er starb schon zu Anfang des Jahrhunderts? - Ungefähr 1800 oder 1801 . . . sehr gut hab' ich ihn gekannt. Ich fragte nun verwundert und erfreut nach ihrem Namen. Sie zauderte etwas, dann sagte sie rasch: ›Baronin von Bergh, geb. Gräfin Neale‹, dann, ohne wissen zu wollen, wer ich sei, wandte sie sich und ging eiligst fort.«

Kein anderes historisches Ereignis der Neuzeit ist im Urteil der Nachwelt so umstritten wie die Französische Revolution. Wer immer auch deren Geschichte zu schreiben unternahm, sah sich der einen oder der anderen Partei zugerechnet. Die politisch-weltanschaulichen Richtungskämpfe zwischen Royalisten und bürgerlichen Revolutionären, zwischen Girondisten und Jacobinern, zwischen Dantonisten und den Anhängern Robespierres dauern im Grunde bis zum heutigen Tage fort, auch wenn die Parteien längst andere Namen tragen, und die breite Öffentlichkeit an den nur noch fachwissenschaftlich ausgetragenen Auseinandersetzungen keinerlei Anteil mehr nimmt.

Auch Rivarol gehörte zu einer Partei: Seine Gegner verrechneten ihn kurzerhand mit den Royalisten. Dem läßt sich nicht widersprechen. Aber im Unterschied zu vielen anderen seiner Zeitgenossen war er sich des Umstands sehr wohl bewußt, daß, wie er schrieb, »im Feuer einer Revolution, wenn der Haß allgegenwärtig und der Souverän gespalten ist, es ein schwieriges Unterfangen darstellt, die Geschichte [dieser Revolution] zu schreiben«. Damit hat Rivarol ein Problem erkannt und ausgesprochen, das seither jeglicher Geschichtsschreibung eigentümlich ist: In einer Zeit der permanenten Krise und vor dem Horizont einer neuzeitlich bewegten Geschichte ist es unmöglich, von einer Position der eingeforderten Überparteilichkeit, von einem gleichsam archimedischen Punkt aus, ein vergangenes Geschehen zu schildern und zu beurteilen. Jede historiographische Einsicht unterliegt seitdem sowohl einer je besonderen Standortbindung des Individuums als auch dem ehernen Gesetz ihrer Zeitlichkeit, zwei Voraussetzungen, denen man auch dann nicht entrinnt, wenn man, um mit Ranke zu sprechen, »bloß zeigen [will], wie es eigentlich gewesen«.

Wir verdanken Rivarol die erste Schilderung der Ursachen, des Verlaufs und der Perspektiven der Revolution von 1789. Seine Darstellung ist einerseits eine chronologische Beschreibung der Geschehensabläufe, wie sie sich zwischen Mai und Oktober 1789 in Paris und Versailles zutrugen, und sie ist andererseits aber auch Analyse und Kritik der Ursachen der hinter den Ereignissen stehenden Bewegungskräfte, wie sie als solche von Rivarol identifiziert wurden. Mit anderen Worten: Rivarols Darstellung genügt einerseits den Anforderung der politischen Publizistik, insofern sie einer von Agitation getragenen Aufklärung verpflichtet ist; andererseits läßt sich an ihr aber auch das Bemühen erkennen, den von ihm vertretenen Parteistandpunkt derart zu objektivieren, daß dieser mit dem, was die Kritik als vernünftig gelten läßt, zusammenfällt. Gegenüber seinen Lesern hat sich Rivarol einmal wie folgt dazu erklärt:

»Die anderen Journalisten bieten ihren Lesern frische Neuigkeiten und ebenso schüchterne wie altbekannte Reflexionen. Wir indes haben uns entschlossen, einen genau gegenteiligen Standpunkt zu beziehen, weil dies der einzige ist, der uns verbleibt. Deren Methode hat zahlreiche Vorteile; die Zeitläufe liefern ihnen täglich Ereignisse und sie häufen diese aufeinander, so wie sie diese empfangen. Wir dagegen sind bestrebt, Gemälde anzufertigen. Jene wenden sich an die Neugierigen, das heißt an das große Publikum. Wir dagegen wollen zu der kleineren Zahl von Nachdenklichen reden. Jene sind im übrigen auch durch die kluge Zurückhaltung geschützt, derer sie sich bei ihren Reflexionen befleißigen, während wir ständig wegen der Freimütigkeit unserer Ansichten allen Angriffen ausgesetzt sind.

Diejenigen, die eine Revolution ausführen wie auch die, die lediglich einfache Zeugen dieses Geschehens sind, plagt das Verlangen, daß man ihre Erregung teilt oder ihre Exzesse rechtfertigt; wir dagegen sind davon überzeugt, von dem, was sich unter unseren Augen abspielt, derart Zeugnis geben zu müssen, wie es die kommende Generation zu lesen wünscht. Diese Unparteilichkeit hat es gleichwohl nicht zu hindern vermocht, daß wir von unseren Zeitgenossen wie auch von unseren Abonnenten mit Beifall bedacht wurden, der uns durchaus ermutigte. Wir könnten hier einige der angesehensten Mitglieder der Nationalversammlung anführen und unter diesen einige Weise, die durch ihr Nachdenken zu einer Reife gelangt sind, welche allein die Zeit dem Rest der Menschheit verschaffen kann. Die wahre Philosophie hat ihre Erwählten. Und es ist deren kleiner Zahl, der wir gefallen wollen: das ist unsere Absicht und unser Ruhm.«

Rivarol entwarf sich damit für sein *Résumé historique et raisonné*, wie er jene Darstellung der Revolution von 1789 überschreibt, die das eigentliche Hauptstück des *Journal politique-national* darstellt, ein Programm, das einem großen Vorbild verpflichtet ist: Montesquieu. Wie dieser in seinem 1748 erstmals veröffentlichten Hauptwerk, *L'esprit des lois*, so versucht auch Rivarol, allerdings unter gänzlich gewandelten Bedingungen, die Regeln, nach denen eine notwendige politische Reform der Monarchie ablaufen müßte, darzustellen. Das heißt, Rivarol ist in der konkreten Situation einer sich rasch überschlagenden revolutionären Umwälzung vor allem bestrebt, das Unheil, das er daraus resultieren und über Frankreich hereinbrechen sieht und das er auch zutreffend zu prognostizieren vermag, zu bannen. In seiner *Réponse à l'adresse envoyée par l'Assemblée Nationale aux Français*, Rivarols Entgegnung auf ein an die Provinzen gerichtetes Rundschreiben vom Anfang des Jahres 1790, in dem die Abgeordneten der Verfassungsgebenden Versammlung ihr Verhalten und ihre Entscheidungen gegenüber ihren Wählern zu rechtfertigen suchen, heißt es beispielsweise:

»Zwei Ursachen, die bislang in eins fielen, haben Euren Erfolg gewährleistet: Der Neid der einen und das Elend der anderen; denn im einen wie im anderen Fall handelt es sich um die Revolution der Armen und um die der Neidischen: Die Armen, die sich gegen die Reichen empören und die Bourgeois, die sich gegen die Adligen auflehnen, haben sich in ihrer Wut vereint. Allein der Augenblick ihrer Trennung naht. Der Tag der großen Opfer ist nicht mehr fern. Die einen wie die anderen wollen nämlich eine Freiheit, so wie sie diese jeweils verstehen. Solange sie darauf warten, verbünden sie sich mit Euch gegen alles das, was Euch gemeinsam verhaßt ist; denn nichts gleicht so sehr der Eintracht wie der gemeinsame Haß. Aber sobald Ihr sie den Druck der Steuern verspüren laßt, werdet Ihr Euch eines Widerstandes gewärtigen müssen, der eben jenen Kräften entspricht, die ihnen die Demokratie verleiht.«

Auch die Kriterien für seine Kritik an der politischen Leistung der Nationalversammlung wie für seine Prognosen über den weiteren Verlauf der Revolution bezieht Rivarol im wesentlichen von Montesquieu, auf den er sich explizit immer wieder beruft, auch wenn er ihn gelegentlich kritisiert. Ja, man kann sogar sagen, daß Rivarol in seinem *Résumé historique et raisonné* Montesquieu gegen Rousseau ausspielt, den vulgarisiert und verfälscht zu haben sein Hauptvorwurf ist, den er gegen die »Philosophen« erhebt, jene Agenten und Propagandisten der Revolution innerhalb wie außerhalb der Nationalversammlung.

Aus der Explikation jenes Vorwurfs, bei der Rivarol sich ebenfalls der politischen Kategorien Montesquieus bedient, entwickelt er im wesentlichen seine Analyse der Ereignisse sowie der Reaktionen der Nationalversammlung auf diese.

Damit verschafft sich Rivarol eine Urteilssicherheit, die ihm in einer prinzipiell offenen, weil revolutionären Situation, instand setzt, die von den Abgeordneten der Verfassungsgebenden Versammlung getroffenen Entscheidungen als falsche zu durchschauen und zu kritisieren, ohne daß er damit selbst einen Parteistandpunkt zu erkennen gibt, der sich ideologiekritisch entlarven ließe.

Die Fehlentscheidungen, die sich in seinen Augen die Anhänger der Revolution innerhalb der Nationalversammlung zuschulden kommen lassen, haben für ihn ihre Ursache vor allem darin, daß die Mehrheit der Abgeordneten in ihrem Denken und Handeln ausnahmslos dem Rousseauschen Gedankengut verhaftet ist, das sie die Situation, in der sie stehen wie auch die Aufgabe, die sich ihnen stellt, nur unter einem bestimmten Blickwinkel gewärtigen läßt. Eben daher stammt nach Rivarol das geradezu pathologische Mißtrauen gegenüber jeglichem Despotismus, das die Abgeordneten dazu anstiftete, wie er nicht müde wird zu tadeln, die Stellung des Königs innerhalb des von ihnen entworfenen Verfassungswerkes auf eine lediglich protokollarische Bedeutung schrumpfen zu lassen; daraus resultierte für ihn zum weiteren aber auch ihr unbedingtes Eintreten für die Volkssouveränität, ihr unerschütterlicher Glaube an den Gemeinwillen und schließlich ihre fatale Überzeugung, daß die Politik eher eine Sache moralischer Imperative sei, denn eine Vermittlung einander widersprechender Interessen.

Der scheinbar paradoxe Satz von Novalis: »Es sind viele antirevolutionäre Bücher für die Revolution geschrieben worden; Burke hat aber ein revolutionäres Buch gegen die Revolution geschrieben«, sollte mit größerem Recht für Rivarol gelten. Was seine hellsichtige Darstellung und Analyse der ersten Monate der Revolution von 1789 ihrer verdienten Wirkung beraubte, ist zum einen dem Umstand zuzuschreiben, daß Rivarol zu den Verlierern dieser Revolution gehörte; ausschlaggebend dafür ist zum anderen aber, daß sein *Résumé historique et raisonné* Fragment blieb, daß er es nicht, wie geplant, fortsetzte und vollendete; und daß es schließlich auch zu unsystematisch angelegt ist.

Dennoch hat Rivarols Werk über die Revolution, indem es anderen zahlreiche Anregungen gab, zumindestens indirekt eine gewisse Wirkung entfaltet. Edmund Burkes zu ihrer Zeit ungemein erfolgreiche *Reflections on the Revolu-*

tion in France, die im November 1790 in London erschienen, sind ohne seine direkte oder durch seine in Paris lebenden Briefpartner und Informanten ihm vermittelte Kenntnis von Rivarols *Journal politique-national* und insbesondere des *Résumé historique et raisonné* nicht denkbar, denn zu zahlreich sind Sätze und Einsichten in den *Reflections*, die wörtlich daraus übersetzt zu sein scheinen. Dazu steht auch nicht im Widerspruch, daß Burke in einem 1791 an Claude-François de Rivarol gerichteten, noch im nämlichen Jahr in Paris unter dem Titel *Lettre de M. Burke sur les affaires de France et des Pays-Bas* veröffentlichten Brief schrieb:

»Ich habe zu spät die bewunderungswürdigen Annalen Ihres Herrn Bruder zur Kenntnis erhalten, um sie noch nutzen zu können. (. . .) Ich gestehe ein, daß es eine große Ähnlichkeit in der Art unseres Denkens gibt, eine Feststellung, die Ihnen ebensowohl hochmütig wie aufrichtig erscheinen muß. Wenn ich seine Annalen gekannt hätte, bevor ich über dasselbe Thema zu schreiben begann, dann hätte ich meine Ausführungen sicherlich mit einer ganzen Reihe von Zitaten aus diesem brillanten Werk bereichert, statt mich daran zu versuchen, auf meine Weise die Gedanken auszudrücken, die uns gemeinsam sind.«

Außer Burke und einer Reihe weiterer Zeitgenossen Rivarols wie Mallet Dupan, Malouet, Sénac du Meilhan und anderen, die alle in ihren Schriften über die Revolution mehr oder minder stark seinem *Journal politique-national* verpflichtet sind, ganz zu schweigen von der royalistischen Presse, die in Frankreich bis 1792 ungehindert erscheinen konnte, verdankte ihm vor allem auch Tocqueville einige Anregungen, die er in seinem magistralen Werk *L'Ancien Régime et la Révolution* verarbeitete. Demgegenüber hat die spätere Revolutionshistoriographie mit der bereits genannten Ausnahme von Albert Sorel Rivarol völlig außer acht gelassen. Dies könnte sich nun ändern; denn in dem Maße, wie der Interpretationsanspruch, mit dem eine überwiegend marxistisch orientierte Geschichtswissenschaft die Erforschung und Darstellung der Revolution beherrschte, in jüngster Zeit in Frage gestellt wurde, wird man, so steht zu hoffen, sich auch wieder unvoreingenommen Rivarol zuwenden und in ihm einen Autor entdecken, dessen Einsichten nicht durch die Zeit, die seit seinem schöpferisch tätigen Dasein verstrichen ist, in ihrem Wert gemindert wurden.

JOURNAL

POLITIQUE-NATIONAL

des

ÉTATS-GÉNÉRAUX

et

DE LA REVOLUTION

DE 1789

(Publié par M. l'abbé SABATIER, & tiré des
Annales manuscrites de M. le Comte de R****.)

***

(1790)

VOR NICHT ALLZU LANGER ZEIT freute sich das Volk noch über die Maxime: Ohne Registrierung kann es keine Steuer geben. Das war der Schild, der Frankreichs Reichtum und Freiheit schützte.[1]

Dennoch wurden die Könige nie müde, Steuern zu erheben, und die *Parlements*[2] nahmen keinen Anstoß daran, sie zu beurkunden. Die Judikative und die Exekutive verbündeten sich derart zur Legislative. So war es jahrhundertelang, und so wäre es noch immer, wenn nicht wider Erwarten die *Parlements* eher des Registrierens überdrüssig geworden wären als das Volk des Zahlens. Zum Äußersten getrieben durch die zudringlichen Gesuche eines mittellosen Ministeriums kamen die Mitglieder der *Parlements* plötzlich auf die Idee, daß sie keineswegs das Recht hätten, von der Nation nicht bewilligte Steuern zu beurkunden, und sie beschuldigten sich selbst, bislang treulose Vormünder gewesen zu sein, indem sie die lange Kindheit ihrer Mündel mißbraucht hätten.

In den ersten Tagen des Jahres 1788 wagte man in Frankreich erstmals öffentlich zu sagen, daß, wenn die Regierung schon nicht ohne neue Steuern auskommen könne, sie zumindest die Zustimmung jener einholen müsse, die sie aufbringen. Darin gründete die unabdingbare Notwendigkeit einer Nationalversammlung[3], wie auch die Hoffnung auf eine Verfassung.

Minister de Brienne[4] konnte sich jedoch nicht gegen die vielen *Parlements* zur Wehr setzen und gleichzeitig den Geldmangel bekämpfen. Das war sein Untergang; und die nämlichen Kräfte, die ihn stürzten, brachten Necker[5] an die Regierung. An diesem Punkt gilt es, einen Moment zu verweilen.

Da Frankreich eine Agrar- und Handelsnation ist[6], scheint sich seine Macht nur daran zu bemessen, in welchem Größenverhältnis die Steuern zum Reichtum der Nation stehen; und dem wäre auch so, wenn die Regierung wie ein guter Familienvater die Ernte reifen und dem Fiskus die Steuern hätte zukommen lassen. Aber diese Regierung, die stets in Bedrängnis war, nie Geld hatte, veräußerte ihre Rechte und Einkünfte, verspielte damit ihre Zukunft und durch eine Vielzahl von Zwangsmaßnahmen nährte sie an ihrem Busen eine feindliche Macht, die sie verschlang. Seit dieser Zeit hat Frankreich zwar immer eine Regierung gehabt, aber diese Regierung war nicht ihr eigener Herr: Die Obrigkeit ist nicht mehr frei in ihrem Schalten und Walten und deshalb ist heute die Feststellung zutreffend, daß wir von Sklaven regiert werden. Dank der Börsenspekulation mit ihren Saug- und Druckwirkungen steigen und fallen die königlichen Effekten, die zu Staatspapieren geworden sind. Dieses rasche Wechselspiel zieht die Blicke des Volkes auf sich, hemmt seine Kräfte und beherrscht die öffentliche Meinung in der Hauptstadt. Die Regierung ist wie Ixion[7] an das unheilvolle Rad geschmiedet, dessen Bewegungen sie mitmachen muß und das sie auch nicht anhalten kann, so daß sie vor der Wahl steht, entweder sich ihren Verpflichtungen zu versagen oder auf ihre Einkünfte zu verzichten. Jeder Finanzminister ist deshalb notwendigerweise mehr oder weniger ein Bankier. Wer am meisten dessen Qualitäten besitzt, gilt als der bedeutendste Minister. Daher rührt die verblüffende Wahrheit, daß der Mann der Bank auch der Mann der Nation ist.

Vergebens weist man darauf hin, daß Bauern und Kaufleute mit den Börsenspekulanten und deren Glücksspielen nichts zu tun haben, ja daß die Nation diesem Treiben fremd gegenübersteht und daß die ganze Bank bankrott gehen könnte, ohne daß dies für das Wohl Frankreichs von Belang wäre. Paris indes brüllt einem sogleich aus hunderttausend Mündern entgegen, daß der öffentliche Kredit, das Wohl des Staates und vor allem die Ehre Frankreichs nicht voneinander zu trennen seien. Das ist in der Tat das Schicksal einer Kapitale, in der fast alle Einwohner Gläubiger des Königs sind: Entweder sie geht zugrunde oder sie zehrt die Regierung aus. Und die Regierung, die wie jeder Schuldner ein Sklave ist, zerrt an ihren Ketten, mästet ihre Blutsauger mit Steuergeldern und Anleihen, sobald sie vor der für sie verhängnisvollen Alternative steht, nur noch zwischen dem Bankrott oder der Einberufung der Generalstände wählen zu können. Eben dahin ist es nun gekommen. Die Regierung ersucht die Nation inständigst, für sie gegenüber der Hauptstadt[8], ja gegenüber ihr selbst, zu bürgen, und Necker ist zum Makler eines derart bedeutenden Handels bestellt worden.

Diese schwierige Aufgabe liegt vor den Generalständen[9], aber in ihren Augen ist sie nicht das wichtigste. Die Provinzen, die wohl wissen, daß Regierung und Hauptstadt ohne sie verloren sind, und denen auch bewußt ist, daß, wenn sie Paris unterstützten, sie sich damit nur einen sehr kostspieligen Ruhm einhandelten, haben als Preis für ihre Opfer eine Verfassung gefordert. Sie waren dabei entgegenkommend und großzügig, das heißt, sie wollten, daß das Wohl aller, deren grenzenloses Glück, der Preis sein sollte für das vergängliche Gut, das sie gewähren wollten.

Das ist in der Tat der Zweck der Generalstände: Erst eine Verfassung zu verabschieden und dann die Garantie der Staatsschuld zu gewährleisten.

Niemand wußte besser als Necker, daß sich die Reihenfolge dieser beiden Operationen nicht umkehren ließ, ohne die Erwartungen und Hoffnungen der Nation vor den Kopf zu stoßen. Daher schien der Minister, als er gegen Ende August 1788 das Ruder der Staatsfinanzen übernahm, vom Beifall der Börsenspekulanten und Bankiers sehr wenig beeindruckt zu sein. Vergeblich hatte die *Rue Vivienne*[10] illuminiert. Herr Necker, der nur das Rauschhafte an ihrer Freude sah, dachte daran, daß es bei Sully[11], der lediglich ein Freund des Volkes und des Königs war, keine solche Aufregung und kein solches Entzücken gegeben hatte. Er wußte, daß die *Rue Vivienne* sich nicht festlich geschmückt haben würde, wenn er sich wie Sully oder Colbert[12] allein um die Belange der Landwirtschaft gekümmert hätte; und er war sich auch des Umstandes gewärtig, daß die Ehrungen, mit denen man ihn überhäufte, dann genauso nebensächlich und unbedeutend gewesen wären wie seine Wohltaten. Indem er sich in andere Zeitumstände versetzte und sich ausmalte, wie es sein würde, wenn er sich eines Tages in der glücklichen Lage befände, die Hydra der Börsenspekulation zu vernichten, konnte er gut vorhersehen, wie ihn derselbe *Palais-Royal*[13] verfluchte, der ihn heute abgöttisch verehrte, und daß er nur in den Provinzen, die für das Verdienst gleichsam eine lebendige Nachwelt darstellen, für sein Tun gesegnet würde.

Seinen Ideen treu, und zufrieden, daß er mit seiner Amtsübernahme die Kurse der Staatspapiere positiv beeinflußte, überließ Necker die Kontrolle der Einzelheiten einem dafür geeigneten Untergebenen und befaßte sich nur noch mit den Generalständen und der Verfassung.

Aber bevor die Generalstände Frankreich konstituieren konnten, mußten sie selbst erst geschaffen werden, und dabei tat sich die Frage auf: Sollte man dem alten Brauch folgen? Und war dieser immer der gleiche gewesen?

Man fand zunächst heraus, daß seit Philipp dem Schönen - also seit der Zeit, als der *Tiers Etat* (Dritte Stand)[14] zum ersten Mal zu den Generalständen zugelassen worden war und man damit der großen Mehrheit der Nation überhaupt erstmals Rechnung getragen hatte - bis zu den Generalständen von 1614, dem Votum des Dritten Standes stets ein unterschiedliches Gewicht zugebilligt worden war. Gleichzeitig stellte man aber auch fest, daß dieser Stand zwar immer einige Stimmen mehr als die anderen beiden Stände gehabt hatte, aber doch nie so viele wie die beiden anderen zusammen. Durfte der Dritte Stand also nur ein Drittel der Stimmen in der Nationalversammlung haben oder sollte ihm die Hälfte der Stimmen auf den Generalständen zustehen? Dieses interessante Problem bewegte die Gemüter, und um hierfür eine Lösung zu finden, bewog Necker den König, eine Versammlung der Notablen[15] einzuberufen.

Diese Entscheidung konnte jedoch so weitreichende Konsequenzen haben, daß der *Tiers Etat* sie nicht allein den Notablen überlassen wollte, weshalb er diese grundlegende Frage selbst heftig debattierte. Zahllose Flugschriften handelten von diesem Gegenstand und auch die Unterhaltungen drehten sich nur noch um dieses Thema. Aber da man in Frankreich entweder von Adel oder von gewöhnlicher Herkunft ist, und zwischen beiden ein unüberbrückbarer Graben klafft, wußte man nicht, auf wen man hören sollte. Ein jeder war in dieser Sache Richter und Partei. Lediglich einige staatskluge Philosophen[16], die von sich behaupteten, ihnen seien derartige gesellschaftliche Torheiten genauso fremd wie den Wilden der Neuen Welt, erkannten es als ihre ureigenste Aufgabe, diese wichtige Frage für alle verbindlich zu klären. Zunächst führten sie ganz einfach den Nachweis, daß jeder Mensch zuerst Staatsbürger und lediglich in zweiter Linie Adliger oder Priester sei; sodann bewiesen sie, daß das Priesteramt ein Beruf und keineswegs ein privilegierter Stand sei; ferner zeigten sie auf, daß dementsprechend auch die finanziellen Privilegien[17] ungerechtfertigt und deshalb verabscheuungswürdig seien; schließlich vertraten sie das Argument, daß der Dritte Stand für sich allein und ohne die Adligen eine Nation bilde, und daß die Adligen und Priester ohne den Dritten Stand es nicht einmal wagen dürften, auf eine solche Qualität Anspruch zu erheben. Da sie sich aber bei ihrer Argumentation auf das Naturrecht stützten, um unseren derzeitigen Zustand zu definieren, und sie deshalb auch aus dem reinen Naturzustand unsere gesellschaftlichen Gepflogenheiten ableiteten, wurden sie nur von denjenigen mit Beifall bedacht, die von der Abschaffung der bislang gültigen sozialen Schranken sowie der ständischen Rangordnung profitieren konnten.

Die Leidenschaften haben ihre Vernunft und das Interesse seine Logik; beiden mißtraut die Philosophie nicht genügend. Die Adligen wandten ein, man müsse vom Stand der Dinge ausgehen und nicht von einer metaphysischen Annahme. Sie bemerkten, die Franzosen seien keine Wilden, die sich erst noch versammeln müßten, um eine Nation zu bilden, sondern daß sie vielmehr bereits eine Nation seien, die ihre Mißstände zu beseitigen suche. Auch sagten sie, daß diese Nation unter ein und derselben Regierungsform seit zwölfhundert Jahren gut gediehen sei, und daß sie sich zu Generalständen versammle, das heißt, daß die drei Stände, aus denen diese Nation seit Menschengedenken bestehe, zusammenkämen, um gravierende Mißstände zu beheben und um große Wohltaten zu bewirken, aber nicht, um sich zu opfern, sich zu ändern oder sich zu vermischen. Derartiges würde jedoch geschehen, wenn der Dritte Stand für sich allein ebenso viele Stimmen hätte, wie die beiden anderen Stände zusammen. Und um den Argumenten der Philosophen und des Dritten Standes den Wind aus den Segeln zu nehmen, boten Adel und Klerus zur gleichen Zeit dem König den Verzicht auf ihre finanziellen Privilegien an und reklamierten für sich nur noch unnütze Ehrentitel und andere überflüssige Distinktionen, auf welche die Philosophen des Dritten Standes kaum neidisch sein konnten.

Inmitten dieser Diskussionen sprachen sich die Notablen für die gleiche Verteilung der Stimmen zwischen den drei Ständen aus. Kurz danach jedoch verkündete die Regierung aufgrund des Berichts des Finanzministers den Beschluß, der Dritte Stand solle für sich allein genauso viele Stimmen erhalten wie Adel und Klerus zusammen, das heißt die Hälfte der Stimmen auf den Generalständen. Gleichzeitig wurde festgelegt, daß die Wahl der Abgeordneten in den *Bailliages*[18] entsprechend der jeweiligen Bevölkerungszahl erfolgen, daß aber die Zahl der Deputierten auf den Generalständen insgesamt die Tausend nicht überschreiten solle.

Jene, die ihren Verstand zu gebrauchen wissen, sahen

schon damals voraus, daß der Adel und der Klerus, um wirksam von ihrem Veto Gebrauch machen zu können und um auf den Generalständen nicht zu bloßen Statisten zu werden, dafür eintreten würden, nach Ständen abzustimmen, während der Dritte Stand nach Köpfen votieren wollte, um die neue Stellung zu nutzen, die er gerade erlangt hatte. Angesichts dieser Situation war es von Anfang an offenkundig, daß man sich nie einig werden würde. Man sah es und sagte es laut und öffentlich, daß sich zwischen dem Adel und dem Dritten Stand aus einer einfachen Meinungsverschiedenheit bald ein unversöhnlicher Gegensatz herausbilden würde. Man sah es und man sagte es nicht minder laut, daß die Regierung damit vor einem unlösbaren Problem stünde und daß dieser Konflikt die Früchte, die man von einer Nationalversammlung erwartete, schon in ihrer Blüte verdorren lassen müsse. Die Beschwerdehefte der *Bailliages*, die nacheinander veröffentlicht wurden, bestätigten diese trüben Erwartungen: In den einen trat man für die Abstimmung nach Ständen, in den anderen für ein Votum nach Köpfen ein, aber alle diese Forderungen waren jeweils mit einem imperativen Mandat verknüpft.

Da die Nation zu allem bereit war, wenn sie nur endlich eine Verfassung erhielte, hätten einige Leute es vorgezogen, daß der König entweder die alte Form der Einberufung nach Ständen als mittelalterlich und als Überbleibsel der unzivilisierten Jahrhunderte, die wir verachten, ganz abgeschafft, oder umgekehrt, daß er sie insgesamt beibehalten hätte. Die Methode, zu der man sich verstand, vereinigte in sich die Nachteile beider Möglichkeiten. Welche Situation aber ist auswegloser als jene, in der die sich widersprechenden Ansichten gleich gut begründet sind und gleichzeitig alle Vernunftgründe zurückgewiesen werden? Aber wie dem auch sei, die Abgeordneten kamen aus den Provinzen an, und der König eröffnete die Generalstände in Versailles am 5. Mai 1789 in einem eigens zu diesem Zweck errichteten Saal.

Die Rede des Königs war feierlich und den Umständen angemessen. Der Souverän erklärte sich darin zum Verteidiger der Prinzipien der Monarchie wie zum ersten Freund seines Volkes. Die Rede des Siegelbewahrers war rein rhetorisch, aber die des Generaldirektors der Finanzen lenkte um so mehr Aufmerksamkeit auf sich, als sie alle Erwartungen gründlich enttäuschte. Der Minister gab den drei

Ständen zu bedenken, daß der König, der sie versammelt hatte, eben dieses auch hätte unterlassen können; auch bemerkte er, daß es tausend kleine Mittel gebe, das Defizit, um das soviel Lärm gemacht werde, auszugleichen, und daß es einem König von Frankreich vor allem dann sehr leicht falle, die Repräsentanten der Nation zu gewinnen, wenn nach Köpfen abgestimmt werde. Er entwickelte anschaulich alle Schwierigkeiten, die sich den Generalständen stellten; allein um ihre Freiheit nicht anzutasten, überlasse er ihnen die Wahl der Mittel, sich daraus zu befreien. Schließlich ließ er noch durchblicken, daß er einer Abstimmung nach Ständen den Vorzug gebe.

Danach gingen die drei Stände, die in Gegenwart des Königs getagt hatten, auseinander. Adel und Klerus zogen sich jeweils in die für sie bestimmten Säle zurück, während der Dritte Stand in der *Salle Commune* blieb und die beiden anderen Stände aufforderte, gemeinsam mit ihm zu tagen, um die Mandate zu verifizieren. Mehrere Tage vergingen nun damit, daß die eine Seite Einladungen aussprach und die beiden anderen nicht nachgaben. Der Dritte Stand merkte wohl, daß er sich niemals als Stand oder Dritteil der Generalstände konstituieren dürfe; denn was brachte es ihm, daß er die Hälfte der Stimmen bekommen hatte, wenn so viele Stimmen nur wie eine zählen sollten? Machte man die Wohltat des Königs nicht zunichte, wenn man auf der Trennung nach Ständen bestand? Im übrigen ging es noch gar nicht um die große Frage einer Abstimmung nach Köpfen oder nach Ständen, sondern lediglich um die Überprüfung der Mandate. Mußten die Abgeordneten nicht endlich einander anerkennen, bevor sie gemeinsam oder nach Ständen getrennt abstimmten?

UM AUCH DAS BLOSSE VORURTEIL oder den Verdacht zu vermeiden, er betrachte sich als gesondert konstituierter Stand, bezeichnete sich der Dritte Stand als die Gemeinen, als *Communes*. Und von diesem Tag an wäre es ein sicheres Mittel gewesen, sein Mißfallen zu erregen, wenn man ihn beim alten Namen genannt hätte.

Aus ganz anderen Interessen schlug der Adel einen entgegengesetzten Weg ein: Am 11. Mai erklärte er sich für konstituiert, nachdem er die Mandate überprüft hatte. Der

Klerus hingegen ging nicht so entschieden vor: Er unterbrach die Prüfung der Vollmachten, betrachtete sich als nicht konstituiert und bot sich den beiden anderen Ständen als Vermittler an. Man ernannte Bevollmächtigte in allen drei Kammern, um einen Kompromiß auszuhandeln. Auch der König selbst ließ einen Vorschlag ausarbeiten, den er an die Generalstände sandte.

Dieser Versöhnungsplan zeitigte jedoch nur neue Streitigkeiten, Zusammenkünfte der Bevollmächtigten, Adressen an den König, Abordnungen, aber nichts Entscheidendes. Die Tage vergingen, ohne daß mit dem Werk der Wiederherstellung Frankreichs begonnen worden wäre. Ein paar Anträge zu den hohen Getreidepreisen und zum Elend der Bevölkerung, zur Gültigkeit einiger Mandate, zu den polizeilichen Vorschriften und so weiter verschlangen ganze Wochen[19].

Während die *Communes* sich hinter ihrem Beharrungsvermögen verschanzten und durch ihre Gemütsruhe sowie ihre schiere Masse die Abgeordneten des Adels und des Klerus in Verlegenheit brachten, radikalisierte sich die öffentliche Meinung in der Hauptstadt mehr und mehr. Der Strom der Neugierigen, die von Paris nach Versailles pilgerten, riß nicht ab. Allein, der Adel und der Klerus, die nur über ihre Sonderinteressen verhandelten, verschlossen ihre Sitzungen den neugierigen Augen des Pariser Publikums. Der Saal der *Communes*, der im Gegensatz dazu der ganzen Nation offenstand, ließ diese an seinen Arbeiten und an dem Geist, der den Dritten Stand beseelte, teilhaben, und man merkte bald die Wirkungen seiner ihm daraus erwachsenden Popularität. Es gärte in der Hauptstadt; der *Palais-Royal* wurde die funkenstiebende Esse, die alle Köpfe entflammte. Bald entstand dort auch so etwas wie eine zweite Versammlung der *Communes*, die sowohl durch die Lebhaftigkeit ihrer Beratungen als auch wegen der Zahl ihrer Teilnehmer, die rund um die Uhr an diesen Sitzungen teilnahmen, die Versailler Versammlung noch bei weitem übertraf. Diese neuen *Communes* verabschiedeten Anträge über Anträge, Erlasse über Erlasse; sie hatten einen Vorsitzenden und ihre Redner und sie rivalisierten nicht nur mit den wirklichen *Communes*, sondern fraternisierten bald schon auch mit ihnen. Ihre »Deputierten« pilgerten nach Versailles und wurden dort auch empfangen und angehört. Als der Hof erstaunt diese Konkurrenz zu den Generalständen auftauchen sah, hätte er wie Pentheus[20] ausrufen können: »Ich sehe zwei Theben und zwei Sonnen.«

Binnen kurzem spürten der Klerus und der Adel die Folgen dieser allgemeinen Agitation. Viele Abgeordnete der einen wie der anderen Kammer richteten sich aus Scham über die Untätigkeit, zu der sie durch ihre Nichtteilnahme an den Generalständen verurteilt waren, darauf ein, ihre Mandate im Saal der *Communes* überprüfen zu lassen. Ein Teil des Klerus tat diesen Schritt zuerst, und bald sollte ihm eine Minderheit des Adels folgen. Dank dieses glücklichen Ereignisses stiegen die Hoffnungen der Nation und mit ihnen die Aktien an der Börse, denn die Unbilden der Zeiten, die allemal stärker sind als die Natur der Dinge, hat diese beiden Wirkungen untrennbar miteinander verbunden. Die Börsenspekulanten erfreuten sich des allgemeinen Wohlstandes, so wie ein Insekt an der Fülle der Körper, an denen es sich festsaugt.

Schließlich waren es die *Communes* gegen Mitte Juni leid, die beiden anderen Stände zu bitten und darum zu betteln, sich zu gemeinsamer Prüfung der Mandate zu versammeln. Da sie außerdem sahen, daß der vom König vorgeschlagene Kompromiß vom Adel nicht ohne weiteres akzeptiert werden würde, glaubten sie, daß es an der Zeit sei, vom Warten zum Handeln überzugehen, und daß sie nicht weiter zögern dürften, wenn sie sich der Nation gegenüber nicht schuldig machen wollten. Sie luden die beiden anderen Stände ein letztes Mal mit Nachdruck dazu ein, gemeinsam die Wahlprüfung vorzunehmen; unmittelbar danach schritt man zur Prüfung der Mandate, indem man die einzelnen *Bailliages* aufrief. Einige weitere Mitglieder des Klerus schlossen sich diesmal den *Communes* an, und schließlich war die Prüfung der Mandate aller am Versammlungsort Anwesenden abgeschlossen. Einem berühmten Antrag des Abbé Sieyès zufolge ergab das Ergebnis dieser Prüfung folgendes: Daß die Versammlung bereits aus den Repräsentanten bestehe, die von sechsundneunzig Hundertsteln der Nation gewählt worden seien; daß eine solche Menge von Abgeordneten nicht untätig bleiben könne, nur weil einige Klassen von Bürgern nicht anwesend seien; schließlich komme es nur ihr zu, den Gemeinwillen der Nation zu interpretieren und zu repräsentieren. Außerdem könne es zwischen dem Thron und einer solchen Versammlung keinerlei andere Gewalt geben, infolgedessen sei die Bezeichnung »bekannte und beglaubigte Repäsentanten der Nation« die einzige, die der Versammlung zukomme. Auch müsse man das gemeinsame Werk der Erneuerung unverzüglich beginnen und dabei die Hoffnung nicht aufgeben, daß die abwesenden Abgeordneten doch noch einträfen, und daß man sich gemeinsam mit ihnen jener Arbeit zuwende, die zur Wiederherstellung Frankreichs führe.

Nach langen und lebhaften Debatten erklärten sich die *Communes*, die zwar die Bezeichnung »bekannte und beglaubigte Repräsentanten der Nation« verwarfen, den Antrag im übrigen aber insgesamt annahmen, zur NATIO-NALVERSAMMLUNG[21]. Dieser berühmte Antrag wurde in der Nacht vom 16. auf den 17. Juni verabschiedet.

Sogleich leistete man den Eid[22], und, um ihre Kräfte zu erproben, vollbrachte die Nationalversammlung ihren ersten souveränen Akt, indem sie erklärte, daß die Steuern, wie sie heute im Königreich ohne Zustimmung der Nation erhoben werden, illegal und deshalb null und nichtig seien. Zugleich schränkte sie aber auch ein, daß, um den Staat nicht zu erschüttern, diese Steuern, wiewohl sie illegal seien, weiterhin auf dieselbe Art wie früher erhoben werden sollten, allerdings nur bis zu dem Tage, an dem die Versammlung, aus welchem Grund auch immer, erstmals auseinanderginge. Die Nationalversammlung sei der Ansicht und beschließe, daß nach diesem Tage überhaupt keine Steuererhebung, die nicht namentlich und freiwillig von ihr genehmigt worden sei, im ganzen Königreich mehr stattzufinden habe. Gleichzeitig stellte man die Gläubiger des Staates sogleich unter den Schutz der Nation. Schließlich ernannte man ein Komitee für die Nahrungsmittelversorgung, das sich mit der Not, die das Königreich heimsuchte, befassen und Abhilfe schaffen sollte. Diese Erklärung wurde gedruckt und im ganzen Lande veröffentlicht.

Es ist nicht einfach, den Eindruck und die verschiedenen Wirkungen zu schildern, die diese denkwürdige Sitzung hervorrief. Auf der einen Seite vergoß man Freudentränen, klatschte man trunken Beifall. An einem einzigen Tag, so sagte man, wurden achthundert Jahre Vorurteile und Sklaverei abgeschafft, die Nation wieder in ihre Rechte eingesetzt und die Vernunft in die ihren. Klerus und Adel erblaßten, ließen sich nicht mehr sehen, und der Dritte Stand war die Nation geworden.

Auf der anderen Seite erschauerte man ob der Bedeutung

und der Folgen dieses Unterfangens des Dritten Standes. Es hieß, nicht nur der Adel, der Klerus, die altehrwürdigen Bräuche und Rechte seien abgeschafft, sondern das Königtum selbst sei erschüttert. In England, so sagte man weiter, hielten zumindest die Gewalten einander im Gleichgewicht, aber hier werde die Nationalversammlung alles mit sich fortreißen.

Von all dem fühlte sich der Hof verletzt und sann auf Abhilfen. Und wenn der Dritte Stand bislang schon Beweise seines logischen Denkens und der Entschlossenheit seines Handelns geliefert hatte, so mußte er bald schon auch Mut und Standhaftigkeit beweisen.

Die Absichten Ludwigs XVI. sind so bekannt, daß man in Europa gemeinhin sagt: Wenn das Königtum sein Beruf ist, dann ist die Rechtschaffenheit seine Essenz. Wenn jedoch die Vernunft den Thron besteigt, dann werden die Leidenschaften zu Ratgebern, und wenn es eine Krise gibt, dann wissen die Leidenschaften eher um die Gefahr als die Vernunft. Es war also sehr leicht, die Obrigkeit in Unruhe zu versetzen; die Sache des Adels und des Klerus war gleichsam von Natur aus jene der Regierung. Das Procedere jener beiden Stände war jedoch sehr verhalten und beinahe nicht zu bemerken, während der Dritte Stand ebenso lebhaft wie konsequent handelte, so daß der Eindruck entstand, daß jene nur ihre Privilegien bewahren wollten, wohingegen dieser sich mit der Absicht trage, sie zu zerstören. Der Unterschied zwischen Adel und Klerus auf der einen, und *Tiers Etat* auf der anderen Seite sei der von Defensive und Offensive. Der König schien in der Tat zu befürchten, daß sich die Nationalversammlung zwischen ihn und sein Volk stelle, ja, daß sie sich selbst zur Nation erkläre. Aus diesem Grunde wollte er seinen Platz zwischen Nation und Versammlung behaupten. Für den 23. Juni wurde eine Plenarsitzung in Anwesenheit des Königs anberaumt[23] und in der Zwischenzeit wurde der Saal der Generalstände geschlossen und von Garden umstellt. Zweifelsohne wollte die Regierung mit dieser Maßnahme den Aufschwung, der die Nationalversammlung erfasst hatte, abbremsen, um Zeit und Handlungsspielraum zu gewinnen, aber die sehr aktive Versammlung zog sich in das Ballhaus, den *Jeu de Paume*, zurück und adelte diesen Ort mit einer langen Sitzung, die folgendes Ergebnis zeitigte: Angesichts der alarmierenden Zeichen, die sich den Abgeordneten zeigten, müsse man einander schwören, sich niemals zu trennen und sich überall zu versammeln, wo man die Möglichkeit dazu habe. Jeder leistete diesen Eid, und dieser Schwur auf die gemeinsame Sache wurde von einem Sekretär aufgesetzt und von allen Mitgliedern unterschrieben.

Am Tag danach tagte die Versammlung in einer Kirche, und dort kam plötzlich die Mehrheit des Klerus hinzu, die sich ihr nun anschloß, um ihre Mandate überprüfen zu lassen. Ihrer neuen Stellung Respekt zollend, erkannte die Nationalversammlung den Klerus nicht mehr als einen Stand an, sondern empfing dessen Angehörige als Mitglieder, als Brüder, die der großen Familie noch gefehlt hatten. Es hieß, diese langersehnte Vereinigung sei durch die Gefahr einer drohenden Verfolgung in ihrer Bedeutung noch erhöht worden und, dazu an einem so heiligen Ort, ein rührendes Schauspiel gewesen. Man sprach im Namen des Vaterlandes miteinander; man beglückwünschte sich leidenschaftlich und stellte sich wechselseitig die Unsterblichkeit in Aussicht. Bailly, der ehemalige Doyen des Dritten Standes und der *Commune*, der alle drei Phasen der Versammlung miterlebt hatte, saß ihr damals vor.

Am 23. Juni versammelten sich die drei Stände zu der vom König festgesetzten Stunde im Ständesaal zur Eröffnung der Thronsitzung.

DER KÖNIG ERÖFFNETE DIE SITZUNG mit einer Rede, in der er die Spaltung beklagte, die zwischen den Ständen herrsche, eine Spaltung, die sowohl für das geplante Werk der Wiederherstellung des Landes verderblich wie seinen innigsten Wünschen zuwider sei. Auf diese Rede folgte eine vom Siegelbewahrer verlesene Erklärung. Sie war deutlich und sprach sich nachdrücklich für die alte Unterteilung in drei Stände aus, die von ihm als unverzichtbare Grundlage der Staatsverfassung bezeichnet wurde. Außerdem, so fuhr er fort, würde diese Unterscheidung die Versammlungsordnung, die Form der Abstimmungen wie auch den Charakter der Mandate festlegen. Daraus folgte ferner, daß die Versammlung nicht das Recht habe, über althergebrachte Rechte, Pflichten und Privilegien der Stände sowie die künftige Organisation der Generalständeversammlung zu verhandeln. Schließlich wurde mit dieser

Erklärung der berühmte Beschluß des Dritten Standes vom 17. des Monats kassiert und alle anderen, die auf ihn gefolgt waren, als illegal und verfassungswidrig erklärt. Als letzte Maßnahme wurde die Öffentlichkeit von den Tagungen der Deputierten ausgeschlossen.

Nachdem diese Erklärung verlesen worden war, kündigte der König eine zweite Deklaration an, die in fünfunddreißig Artikeln alle Wohltaten enthielt, die er seinen Völkern erweisen wollte. Er könne, ohne sich Illusionen hinzugeben, sagen, daß noch nie ein König so viel für eine Nation getan habe; aber welche andere Nation hätte es durch ihre Gesinnung auch eher verdient als die französische?

Diese allseits bekannte Erklärung drehte sich um alle Beschwerdehefte[24], um alles, was sich die Nation schon seit langem wünschte: Um Steuern, Anleihen, den aktuellen Zustand der Finanzen, aber auch um die Summen, die den einzelnen Ministerien wie dem Königshaus zugewiesen waren, um die Konsolidierung der Staatsschuld, die Abschaffung der finanziellen Privilegien des Klerus und des Adels, die Beseitigung der *Taille*[25] und des *Franc-Fief*[26], die Respektierung des Eigentums in jeglicher Form, sowie der Privilegien und Prärogativen, der Territorien und Personen, die Erhebung in den Adelsstand, die *Lettres de Cachet*[27], die Pressefreiheit, Domänen, Erhebung der Zölle an den Staatsgrenzen[28], um die Freiheit des Handels, die Salzsteuer[29], die Zivil- und Strafgesetzbücher, Frondienste, Rechte der Toten Hand, die Militärverwaltung, sowie um die Aushebung neuer Truppen und vor allem auch um die persönliche Freiheit, die Gleichheit der Abgaben und die Einrichtung von Provinzialständen[30]. Zu ebenso vielen Punkten äußerte sich der König, wobei er zum einen seinen Willen, zum anderen aber seine Wünsche zum Ausdruck brachte. Schließlich beendete er die Sitzung mit den bemerkenswerten Worten: »Wenn Sie mich bei einem so schönen Unterfangen im Stich lassen, werde ich das Wohl meiner Völker allein besorgen ... Es kommt vielleicht nicht oft vor, daß es das einzige Bestreben eines Souveräns ist, daß sich seine Untertanen endlich vertragen, um seine Wohltaten im Empfang zu nehmen.« Als er sich zurückzog, befahl der König den drei Ständen, sogleich auseinanderzugehen und ihre Beratungen am nächsten Tag wiederaufzunehmen, ein jeder in dem ihm zugewiesenen Raum.

Der Klerus (mit Ausnahme einiger Pfarrer) und der Adel

verließen den Saal nach dem König, aber die *Communes* blieben zurück, und leisteten derart einem Befehl des Königs Widerstand. Bedrücktes Schweigen lastete auf ihnen, das endlich von mehreren Mitgliedern, die das Wort ergriffen, gebrochen wurde. Ihnen allen war das Bemühen gemeinsam, einander in den gefaßten Beschlüssen zu bestärken und die Versammelten zu ermutigen, das Werk der Verfassung fortzusetzen, den Schlägen der exekutiven Gewalt zu trotzen und so die wirklichen Pläne des Königs, der getäuscht worden sei, zu fördern. Diese Thronsitzung wurde allgemein als Angriff auf die Freiheit der Generalstände verstanden, als ein *Lit de Justice*[31], mit dem man den Willen einer Nationalversammlung zu beugen suchte. Abbé Sieyès, der zu den Rednern gehörte, zog das Fazit, als er sagte: »Meine Herren, Sie sind heute, was Sie gestern waren.« Die Sitzung wurde beendet mit einem Antrag des Grafen Mirabeau[32], in dem gefordert wurde, die Person der Abgeordneten für unantastbar und alle diejenigen Polizisten sowie Gerichtsdiener für Hochverräter zu erklären, die während der Dauer der Generalstände bei der zivil- oder strafrechtlichen Verfolgung eines Abgeordneten amtlichen Beistand leisteten.[33] Daraufhin bemerkte ein Abgeordneter scherzhaft zu Mirabeau: »Monsieur sprechen für sich?«

Das war der Verlauf der Thronsitzung, die damit so wenig dem entsprach, was diejenigen von ihr erwartet hatten, die für sie eingetreten waren. Gewiß mochte es zunächst den Anschein haben, als könne ein König, der einer zu langsamen Ausarbeitung einer Verfassung zuvorkommt, indem er deren wichtigste Artikel von sich aus als Angebot unterbreitet und damit freiwillig auf seine Thronrechte verzichtet, nur freudigen Beifall und Anerkennung erwarten. Außerdem hätte diese Erklärung in leicht veränderter Form durchaus die *Magna Charta* des französischen Volkes werden können; und zweifelsohne wäre sie von einem seinem Volk schlecht gesinnten König erst dann zugestanden worden, wenn dieser zuvor mehrere Schlachten verloren hätte. Warum war ihr also ein derartiger Mißerfolg beschieden? Ein erster Grund ist, daß sie zu spät kam; die Unternehmungen der Menschen haben, wie die Natur auch, ihre Jahreszeiten. Sechs Monate früher wäre diese Erklärung als die größte Wohltat, die je ein König seinem Volk erwiesen hat, aufgenommen und als solche auch feierlich verkündet worden, sie hätte sogar dazu geführt, daß man den Gedanken und das

Verlangen, die Generalstände einzuberufen, fallen gelassen hätte.

Ein weiterer Grund war, daß der König so viele Abgeordnete, die aus allen Teilen des Reiches herbeigeeilt waren, um an einem Gesetzgebungswerk mitzuwirken, kaum empfindlicher hätte brüskieren können; denn, kaum daß sich die Generalstände versammelt hatten, begab er sich selbst unter sie, um ihr Werk zu vollenden. Dieses Vorgehen des Königs demütigte alle in ihrer Eigenliebe, machte ihnen gleichzeitig auch den Vorwurf, daß in den vielen, bislang abgehaltenen Sitzungen nichts zustandegebracht worden sei und denunzierte damit gleichzeitig die Versammlung vor den Augen der Nation als völlig unwirksam.

Schließlich beeinflußte eines jener unvorhersehbaren Ereignisse, deren Wirkungen unberechenbar sind, das Schicksal der Thronsitzung. Necker war nicht anwesend, und das war eine Katastrophe für das arme Volk, das zwar weder ein Staatsschuldpapier noch den geringsten Anteil an den Wechselgeschäften hat, sich aber dennoch vorstellt, das Vaterland läge in der *Rue Vivienne*, wie es zu Zeiten des Bankiers Law[34] glaubte, es läge in der *Rue Quincampoix*. Man war umso mehr bestürzt, als die Nachrichten, die zwischen dem *Palais-Royal* und Versailles beständig hin und her gingen, stetig neue Schrecknisse vermeldeten. Necker habe an der Sitzung nicht teilnehmen wollen, weil einige Artikel der Erklärung gegen seinen Willen verändert worden seien. Folglich hieß es: Wenn er an dieser Sitzung nicht teilgenommen hat, dann nur deshalb, weil er diese nicht billigte. Der Mann der Bank wurde dadurch zum Mann der Nation. Indem er um seine Entlassung bat, heizte er die Aufgeregtheit und die Unruhe noch weiter an. Die Bürger von Versailles und einige Pariser, die sich unter den Fenstern des Königs versammelten und deren Stimmung zwischen Furcht und Hoffnung schwankte, warteten darauf, daß Necker erschiene. Schließlich trat er an ein Fenster und beruhigte die erregten Gemüter mit der bloßen Versicherung, daß er in seinem Amt bleibe. Tausend Freudenschreie waren die Antwort und der lebhafte Beifall der Volksmenge begleitete ihn bis nach Hause, wo man während der ganzen Nacht Raketen abfeuerte und Reisigbündel verbrannte. Auch eine vierköpfige Deputation aus Abgeordneten der drei Stände, die der Advokat Target, ein Vertreter des Dritten Standes, organisiert hatte, machte ihm ihre Aufwartung, um den Minister ihrer Verehrung zu versichern, worauf Necker ihm ganz das nämliche antwortete, so daß sich beide Seiten ihrer Gewogenheit füreinander gewärtig waren.

So endete der ereignisreiche 23. Juni. Es war der Vorabend des Johannistags, doch die Freudenfeuer brannten nur für den Minister Necker.

Die Freunde des Ministers haben später behauptet, er habe sich nur widerwillig den Beifallsbekundungen der Menge gestellt. Unparteiische Beobachter versichern dagegen, daß er sich diesem Bad in der Menge durchaus selbstgefällig hingegeben habe. Denn nicht nur, daß er zu Fuß alle Höfe des Schlosses durchquerte, um den Beifall der Menge auf sich zu ziehen, sondern er habe auch das Volk von seinem Fenster aus gegrüßt. Die einen beurteilten ihn nach seinen Absichten, die anderen nach seinen Taten.

Für einen Beobachter sind derlei Details deswegen von Interesse, weil Necker, wenn er an der Thronsitzung teilgenommen hätte, ebenfalls nicht der Kritik entgangen wäre. Die Folge davon wäre gewesen, daß er seine Popularität eingebüßt hätte, und die Generalstände, die wegen seiner Eröffnungsrede schon nicht gut auf ihn zu sprechen waren, hätten ihm endgültig den Rücken gekehrt. Das nennt man einen Glücksstern haben; und von so etwas hängt es ab, ob man einen guten oder einen schlechten Ruf genießt.

Eine weitere, eines Philosophen würdige Bemerkung besagte, es sei offenkundig gewesen, daß die Erklärung des Königs schlecht vorbereitet gewesen und kaum unterstützt worden sei. Derlei verrate einen gespaltenen Kronrat und verleihe der Regierung den Anschein von Schwäche. Die Schwäche kommt allerdings nur tastend voran; sie bedient sich aller Mittel, bisweilen versucht sie es sogar mit Gewalt; dies aber stets bei unpassender Gelegenheit. Im übrigen ward die Thronsitzung, die in Paris und Versailles von den Parteigängern Neckers derart schlechtgemacht wurde, von den Wohlmeinenden in der Kapitale wie im Lande draußen mit ganz anderen Augen gesehen. Für diese war die Erklärung des Königs klar und deutlich: Es war eine Auswertung der Beschwerdehefte aller *Bailliages*, die ihnen mit einigen Änderungen eines Tages zu unserem liebsten und sichersten Besitztum hätten werden können. Die Generalstände hatten die Hoffnungen der Nation noch nicht erfüllt; und alles in allem mögen die Völker lieber ein Gut, das ihnen hier und jetzt gehört, als ein zukünftiges Glück.

Dennoch redete man sich die Köpfe heiß; es bildeten sich in Paris und sogar bei Hof zwei Parteien. Man begann, sich gegenseitig als Aristokraten oder Demokraten und als Feinde der königlichen Autorität oder des Volkes zu beschimpfen. Zu der Minderheit des Adels, die sich für den Dritten Stand ausgesprochen hatte, gehörten einige, die von der Regierung mit Wohltaten überschüttet worden waren. Diese wollten ihr Vermögen sowohl vom König als auch vom Dritten Stand garantiert wissen. Mit ihnen gemeinsame Sache machten die Parteigänger Neckers: Rednertalente, Tagesschriftsteller, Journalisten und Pamphleteschreiber, die in dem menschheitsbeglückenden Klima, das Mode war, plötzlich wie Pilze aus dem Boden schossen. Einige der philosophischen Schwarmgeister des Dritten Standes, heimliche Feinde aller Großen, denen sie gleichwohl ständig um den Bart gingen, offenbarten ihren alten Haß gegen das Wort Adel und machten es vor der Nation verächtlich. Das war nicht mehr und nicht weniger als eine pauschale Verleumdung des Adels, denn das Volk macht keine feinen Unterschiede.

Selbst Montesquieu wurde wegen seiner Feststellung, es gebe keine Monarchie ohne Adel[35], als Aristokrat geschmäht. Man schrieb ganze Bände, um die Vorzüge des Dritten Standes zu beweisen; um Furcht oder Mitleid zu erregen, schilderte man dessen Angehörige bald als Unglückliche, Sklaven, Heloten, Neger, bald als die einzigen gebildeten Menschen, und als die Ernährer des Staates; ihre Zahl belaufe sich auf 24 Millionen, folglich wären sie die Nation. Der Klerus und der Adel hingegen seien keine Stände mehr, sondern nur noch privilegierte Klassen.

DER *PALAIS-ROYAL* hatte immer noch seine eigenen Generalstände. Da diese nicht nur lebhaft verliefen, sondern auch viel häufiger tagten, gaben sie sich bald nicht mehr damit zufrieden, lediglich Forderungen zu stellen und Anträge zu formulieren, sondern sie ließen es sich mehr und mehr angelegen sein, diese auch zu vollstrecken. Mit Gewalt beispielsweise drangen sie in die Gefängnisse ein[36], befreiten die einsitzenden Soldaten und Schuldner und trugen sie im Triumph auf die öffentlichen Plätze. Man sammelte Geld für sie, feierte die Angehörigen der *Gardes Françaises*[37] und schmeichelte ihnen wie einst in Rom den Prätorianergarden.

Einige Witzbolde behaupteten, die Generalstände der Nation würden am Ende noch eifersüchtig auf jene, die im *Palais-Royal* tagten; in Wahrheit waren sie jedoch beunruhigt, oder gaben zumindest vor, es zu sein. In Versailles rottete sich der wütende Pöbel vor dem Sitzungssaal der Generalstände zusammen, und der Bischof von Paris[38], der zur Minderheit des Klerus gehörte, wurde auf dem Weg zu seinem Wohnsitz mit Steinen beworfen. Man zitterte um sein Leben. Der Pöbel glaubt offenbar, daß ihm seine Freiheit schneller zuteil wird, wenn er die anderer einschränkt.

Am 25. Juni erschien auch die Minderheit des Adels, die etwa fünfzig Mitglieder umfaßte, in der Nationalversammlung. Man kann sich unschwer ausmalen, wie groß die Freude und der Beifall waren, mit denen diese Vereinigung begrüßt wurde. Diese freudige Reaktion blieb allerdings auf den Saal beschränkt, denn eine Minderheit des Klerus und eine Mehrheit des Adels waren draußen geblieben, und das Volk zeigte größeres Mißfallen über die Spaltung der einen, als Zufriedenheit über den Frontwechsel der anderen. Das Verbrechen der Kleriker und Adligen, die sich nicht der Nationalversammlung angeschlossen hatten, bestand jedoch einzig und allein darin, daß sie ihrem Mandat treu geblieben waren und sich nicht den Anschauungen der Nationalversammlung unterwarfen, während umgekehrt das Verdienst derer, die sich ihr angeschlossen hatten, im Verrat ihres Mandats bestand. Die Lage derer, die sich nicht zur Nationalversammlung bekannten, wurde äußerst schwierig, denn sie standen zwischen ihren Wählern, der königlichen Autorität und der Versammlung. Der König hatte ein Verfassungsangebot vorgelegt. Das Mandat ihrer Wähler dagegen lautete, sich nach Ständen zu konstituieren und zu beraten; im Gegensatz dazu forderte die Nationalversammlung sowohl eine von ihr verabschiedete Verfassung wie auch eine gemeinsame Beratung und Abstimmung. Das Volk, das über ihr Zögern aufgebracht war, machte Miene, sich ihnen gegenüber zum Äußersten hinreißen zu lassen, wiewohl jene, die zur Gewalt neigten, weder sonderlich stark noch einflußreich waren. Angesichts dieser Situation stellte sich die Mehrheit des Adels und die Minderheit des Klerus auf einen Standpunkt, der unter anderen Umständen ebenso glücklich wie geschickt gewesen wäre, indem sie ohne Wenn und Aber den Verfassungsentwurf, der in der Sitzung vom 23. Juni vorgelegt worden war, akzeptierten. Dergestalt manövrierten sie den König an die Stelle der Nationalversammlung; aber damit versuchten sie einen Schachzug, den auszuführen ihnen keine Macht zu Gebote stand. Die Erregung der Gemüter war so groß, daß der König sich genötigt sah, an jene Deputierten des Adels und des Klerus, die sich nicht der Nationalversammlung angeschlossen hatten, zu schreiben und ihnen mitzuteilen, daß er zwar über ihren Treuebeweis gerührt sei, den sie ihm mit der Annahme seiner Vorschläge bewiesen, gleichwohl aber könne er nicht umhin, sie aufzufordern, sich mit eben jener Nationalversammlung zu vereinigen, die seine Angebote abgelehnt habe.

Derart vollzog sich die Vereinigung der drei Stände, die in Versailles wie in Paris am 27. Juni festlich begangen wurde, ein Tag, der sowohl für den Dritten Stand wie für die beiden anderen Stände das Vorzeichen für eine ganz neue Existenz war.

Unbeschadet dessen jedoch stellte sich die Frage einer Abstimmung nach Ständen oder nach Köpfen weiterhin mit aller Dringlichkeit. Aber diese Dringlichkeit war nur vorgeblich. Umsonst beriefen sich jene Abgeordneten von Adel und Klerus, die ihrem Mandat treu blieben, zu verschiedenen Malen auf die Heiligkeit des Eides, der sie binde; dem hielt die Nationalversammlung, die weder die Unterscheidung nach Ständen noch ein imperatives Mandat ihrer Mitglieder anerkannte, immer ihren großartigen Grundsatz der Mehrheitsentscheidung entgegen. Der Adel und die hohe Geistlichkeit haben zwar dagegen Proteste erhoben, aber man hat sie einfach ignoriert. Und hätten sie sich ganz zurückgezogen, dann würde man sie auch daran nicht gehindert haben. Die Stimmenmehrheit würde über die Verfassung entscheiden, und diese Mehrheit ist von nichts anderem abhängig als von der größeren Zahl. Die Nationalversammlung, so hieß es weiter, hat über ihre Mitglieder dieselbe Macht wie die gesamte Monarchie über einige *Bailliages*; daraus folgt, daß die Beschwerden einiger Städte und sogar mehrerer Provinzen nichts zählten, wenn die Verfassung erst einmal beschlossen und verkündet werde. Frankreich ist kein föderativer Staat, dessen einzelne Glieder nach Gutdünken eigene Wege gehen können. Die Motive, derethalben Adel und Klerus dagegen protestierten, seien gewiß nicht unehrenhaft, aber sie blieben gleichwohl ohne alle Wirkung. Sie hätten im übrigen genug Widerstand geleistet, um sich weder von ihrem Gewissen noch von der Nachwelt irgendeinen Vorwurf machen zu lassen. Deshalb sollten sie, um des lieben Friedens willen, endlich Ruhe geben und einlenken! Jene Minderheit, die als erste die Notwendigkeit eingesehen hatte, die ständischen Vorrechte dem Allgemeinwohl unterzuordnen, wird im übrigen die Beibehaltung der Ehrenprivilegien für die Gesamtheit ihrer Standesgenossen mühelos erreichen können, wenn die Nation ihre großzügige Zustimmung dazu erteilt.

Allein diejenigen, die solche öffentlichen Fragen aufwerfen, müßten stets in Betracht ziehen, wie sehr diese sich nach und nach verändern. Zunächst bittet man nur um ein kleines Opfer, bald darauf um ein größeres, und schließlich verlangt man unmögliches. Mancher hat schon um sein Geld gekämpft, um am Ende nicht einmal sein Leben zu behalten. Ich weiß nicht mehr, welcher römische Kaiser es war, der den Aufständischen anbot, das Reich mit seinem Rivalen zu teilen. Darauf wollte man sich nicht einlassen, und als er bat, man möge ihm wenigstens eine Provinz lassen, wurde auch diese ihm verweigert. Schließlich flehte er um sein Leben und wurde dennoch getötet. Jene, die nachdenken, werden die Beispiele, die uns die Geschichte bietet, mühelos auf die gegenwärtigen Umstände anwenden können. *Arma tenenti omnia dat qui iusta negat.*

NACHDEM DIE DREI STÄNDE nunmehr versammelt waren und auch die vorgeschlagene Verfassung durch den Verzicht des Königs im Brief an den Teil des Adels, der bislang der Nationalversammlung seine Teilnahme verweigert hatte, hinfällig geworden war, schien es, als könne nun nichts mehr die Fortschritte der Nationalversammlung bei der Ausarbeitung einer Verfassung und der Sanierung der Finanzen aufhalten. Aus allen Städten des Reiches wurden Abordnungen vorstellig, welche die Versammlung mit schmeichelhaften Adressen, Dankesschreiben und Ermunterungen überhäuften. Die gedemütigte und verschreckte Mehrheit des Adels beschränkte sich mit Rücksicht auf ihre Mandate lediglich darauf, an den Beratungen teilzunehmen und gab damit ein Beispiel, dem die Minderheit des Klerus mehr oder weniger folgte. Selbst der Bischof von Paris, den man mit Steinen und mit Komplimenten überhäuft hatte, leistete keinerlei Widerstand mehr. Es schien, als hätte man nunmehr die nötige Ruhe, die für das große Werk der Wiederherstellung Frankreichs erforderlich war.

Allein die Regierung, die wegen der Angriffe auf die königliche Autorität in Paris und Umgebung beunruhigt war, der auch nicht verborgen blieb, daß die aufrührerische Stimmung immer stärker anwuchs, und daß eine so ungeheuer große Bevölkerung wie die von Paris die Tatkraft der Nationalversammlung mißdeutete, die sich außerdem noch durch die Meuterei eines Großteils der *Gardes Françaises* bestätigt sah - diese Regierung glaubte nun also, die sich anbahnende schreckliche Unordnung im Keim ersticken zu müssen. Sie beorderte deshalb größere Infanterie- und Kavallerieeinheiten heran, die vor die Tore der Hauptstadt gelegt wurden. In den wichtigsten Straßen von Versailles wurde Artillerie postiert und zahlreiche Patrouillen, die rund um die Uhr im Einsatz waren, machten den Sitz des Königs bald uneinnehmbar. Außerdem wurde der Marschall von Broglie[39] zum Oberbefehlshaber aller in der Ile de France zusammengezogenen Truppen ernannt.

Nichts war dem Schrecken vergleichbar, den der Anblick der Truppen und Kanonen den Abgeordneten einjagte. Sie überschwemmten die Hauptstadt und die Provinzen mit Briefen, in denen sie diesen Schrecken beredt zum Ausdruck brachten, und nach kurzer Zeit war von nichts anderem mehr die Rede als von den Angriffen der Obrigkeit auf die Nationalversammlung. Bald ging das Gerücht, die Regierung habe zwanzig Faß Pulver unter dem Versammlungssaal gelagert, bald hieß es, hundert Kanonen wären mit rotglühenden Kugeln auf die Holzwände des *Jeu de Paume* gerichtet. Ein anderes Gerücht besagte, Paris solle belagert werden, und man zählte schon die Kanonen und Bomben, die dafür vorgesehen waren, so daß die Furcht, die bei den einen echt und bei den anderen geheuchelt war, bald die Hauptstadt und die Provinzen gleichermaßen ergriff. Während also der König seine Truppen um sich sammelte und die Reserven verstärkte, sammelte die Nationalversammlung die Stimmen für sich und verstärkte die Angst. Mit einem Wort: Der König und die Versammlung konkurrierten miteinander um die Loyalität der Armee.

Diese Angst war ebensowohl gerechtfertigt wie absurd. Tatsächlich war es nicht von der Hand zu weisen, daß eine Versammlung, die nicht nur ein Recht auf Freiheit hatte, sondern dieses auch geltend machen mußte, über eine große Truppenansammlung beunruhigt war, andererseits aber war es völlig abwegig, dem König die Absichten eines Caligula zu unterstellen. Welche üblen Absichten man der Regierung auch zutrauen mochte, so war es doch unwahrscheinlich, daß ein König, dessen Charakter jedermann bekannt war, die Generalstände nur deshalb einberief, um diese unter den Trümmern seiner in Schutt und Asche gelegten Hauptstadt zu begraben. So zu handeln hätte nichts anderes bedeutet, als sich selbst mit einem Schlag um Thron und Leben zu bringen. Der König hatte die Generalstände vielmehr deshalb versammelt, um gemeinsam mit ihnen eine Verfassung auszuarbeiten und um sich von der Bürde einer ungeheuren Verschuldung zu befreien. Wenn er aber statt dessen die Existenz der Nationalversammlung in Frage gestellt hätte, dann wäre ihm nicht nur das Desaster eines Staatsbankrotts, den er gerade vermeiden wollte, sicher gewesen, sondern er hätte sich damit auch die Zuneigung aller Franzosen verscherzt und wäre in den Schrecknissen eines Bürgerkrieges zugrunde gegangen.

Wir sprechen hier nur von der Wahrscheinlichkeit, die selbst für die Wohlmeinenden zur Wahrheit wird, auch wenn es sich nur um Vermutungen und Befürchtungen handelt. Aber diejenigen, die im Namen der Nationalversammlung sprachen, wußten wohl, daß sie bei der Menge kaum Interesse erweckten, wenn sie sich lediglich damit beschieden, nur ihre Verdachtsgründe und ihre Besorgnisse hinsichtlich einer möglichen Beeinträchtigung ihrer Beratungsfreiheit zu äußern. Es war ihnen nur zu bekannt, daß sie viel mehr gewännen, wenn sie ihre Angst derart übertrieben, daß man um das Leben der Abgeordneten bangte. Eben darin fanden sie das Mittel, um absurde Befürchtungen zu rechtfertigen und den Hof zu verleumden.

Mirabeau, der noch wenige Tage zuvor behauptet hatte, er könne beweisen, daß Necker nicht die nötigen Maßnahmen ergriffen habe, um der Not abzuhelfen, die das Königreich heimsuchte, und der diese Beweise nicht nur schuldig geblieben, sondern der im Gegenteil noch durch die Zeitungen nachdrücklich dementiert worden war, erholte sich von dieser für ihn fatalen Niederlage vorzüglich durch einen kämpferischen Antrag[40], mit dem er Aufschluß darüber verlangte, welche Absichten die Regierung bestimmten, derartige Truppenmengen zusammenzuziehen. Diese mit Beifall aufgenommene Rede war der Anlaß für eine Eingabe an den König, in der dieser inständig darum gebeten wurde, die Armee zurückzuziehen. Diese Adresse war in einem derart zweideutigen Ton abgefaßt - sie enthielt so viele Beteuerungen der Zuneigung und der Treue, welche die Versammlung vermeintlich gegen ihren Souverän hegte, wie andererseits auch kaum weniger zahlreiche Warnungen vor den Gefahren, die der König laufe, - daß man allenthalben zu der Einschätzung kam, in dieser Eingabe sei angesichts so zahlreicher Drohungen viel zu häufig von Zuneigung die Rede, wie umgekehrt, daß sie angesichts der darin häufig beteuerten Zuneigung viel zu viele Drohungen enthalte.

Der König antwortete darauf, daß er die Truppen nur zusammengezogen habe, um alle übel Gesinnten wie auch jene Bande bewaffneter Räuber zu beeindrucken, die Unruhen witterten und die bei den ersten Nachrichten von einer Revolution nach Paris geströmt seien. Außerdem versicherte er, daß die Nationalversammlung sich weiterhin für frei und unverletzlich halten dürfe, daß er ihr, sollte sie dennoch Besorgnis hegen, die Wahl lasse, in Soissons oder Noyon zu tagen. Aber die Versammlung, die der Regierung immer noch böse Absichten unterstellte und die auch insgeheim die Hoffnung hegte, eines Tages eben jenen Pariser Pöbel gegen sie aufhetzen zu können, gegen den die Vorsichtsmaßnahmen getroffen worden waren, lehnte es entschieden ab, sich an einen anderen Ort zu begeben.

Danach befaßte sich die Versammlung während einiger Tage mit der Deklarationn von Santo Domingo.[41] Dabei wurden alle Gemeinplätze über die Sklaverei der Neger und die Abschaffung des Sklavenhandels durchgekaut und schließlich gestand man dieser Kolonie das Recht auf Entsendung von sechs Abgeordneten zu.

Es wurden auch Vorschläge gemacht, wie dem Getreidemangel und dem Elend der Bevölkerung beizukommen seien, aber die Beratungen über entsprechende Maßnahmen verliefen genauso langsam wie diejenigen über die zu verabschiedenden Gesetze, und wahrscheinlich wird der *Comité des Subsistances* bei seiner Suche nach entsprechenden Mitteln, die Ernte zu sichern, noch von dieser überrascht werden.

Über ihre eigene Langsamkeit erstaunt, bildete die Versammlung dreißig Ausschüsse, die alle Angelegenheiten unter sich aufteilten. Jeder dieser Ausschüsse, der aus ungefähr vierzig Abgeordneten bestand, war derart zusammengesetzt, daß sich in ihm die Vertreter aller *Bailliages* und aller Stände vermischten. Dadurch wurden nicht nur alle Standesrechte beseitigt, sondern dank der Vereinigung aller Geister wurden auch die zahlreichen lokalen Bräuche, unterschiedlichen Verwaltungspraktiken, überkommenen Rechtsauffassungen, üblen Mißbräuche und durch die Zeit geheiligten Laster zum Verschwinden gebracht. In diesen Ausschüssen konnte jene Verfassung ausgearbeitet werden, die aus dem feudalen und buntscheckigen Frankreich ein freies und nach gleichen Gesetzen regiertes Land machen sollte. Auf die nämliche Weise hat sich aus der Vermischung der Stile und Geschmacksrichtungen aller Provinzen in Paris der allgemeine Geschmack herausgebildet; denn in der Tat haben wir bislang keine anderen allgemeingültigen Prinzipien gehabt als die des Geschmacks an den schönen Künsten.

Am 4. Juli wurde der Herzog von Orléans[42] an Stelle von Bailly[43] zum Vorsitzenden der Nationalversammlung gewählt, und als dieser die Wahl ablehnte, entschied man sich für den Erzbischof von Vienne.[44] Dieser Prälat regierte bis zum 20. desselben Monats, und während der Zeit seiner turbulenten Präsidentschaft hat er, was man vom Alter nie erwarten würde, nicht nur ein striktes Festhalten an den neuen Prinzipien bewiesen, sondern auch stets seine ausgeprägte Vorliebe ausgerechnet für jene Philosophie bekundet, deren schädliche Keime er zuvor so oft attackiert hatte. Deswegen nannten wir ihn den Testamentsvollstrecker seiner Feinde.

Unter diesem Präsidenten hat sich die Revolution ereignet, deren Geschichte wir hier schildern. Außerdem muß man feststellen, daß alle Gottesfürchtigen, die sich auf die Seite des Dritten Standes geschlagen haben, sogleich gezwungen wurden, den alten Adam abzulegen und zu Philosophen zu werden.

Bald richtete man eine neue Eingabe an den König, um die Begnadigung einiger Angehöriger der *Gardes Françaises* zu erreichen und um eine Abordnung nach Paris zu entsenden, die dort für Ruhe und Ordnung sorgen sollte. Der König entsprach der ersten Bitte, schlug die zweite aber ab; damit behielt er sich weiterhin die Ausübung der exekutiven Gewalt vor, die man ihm zwar schon nehmen konnte, die ihm streitig zu machen, aber man noch nicht wagte.

In dieser gefährlichen Zeit, das heißt um den 11. Juli herum, empfing Necker vom König plötzlich die Aufforderung, außer Landes zu gehen. Dieser verzweifelte Entschluß war ein Lotteriespiel. Der Kronrat war schon lange in zwei Parteien gespalten. Die alte Regierung wollte, daß der König seine Autorität behielt, während die neue verlangte, der König solle sie gewähren lassen, wenn sie sich vorbehaltlos dem Willen der Nationalversammlung unterwarf. Die alte Regierung setzte sich durch, ohne jedoch irgendwelche Vorsichtsmaßnahmen zu treffen, um ihren Entschluß zu rechtfertigen, das heißt, seinen Erfolg zu gewährleisten. Denn sich von Necker zu trennen, war zu diesem Zeitpunkt eine politisch ebenso unkluge wie gefährliche Handlung; sie war genauso töricht, wie wenn der Hof von Neapel Anweisung gegeben hätte, die Ampulle mit dem Blut des Heiligen Januarius[45] ins Meer zu werfen.

Kaum tauchte das Gerücht von der Abreise Neckers auf, war Paris konsterniert, zitterte man im *Palais-Royal*, sperrte die Börse ihre Pforten zu, und wurden die Theater geschlossen. Bemerkenswerterweise geschah dies auf Befehl der Generalstände, die im *Palais-Royal* tagten, und tausend bewaffnete Unholde begannen in den Straßen ihr Unwesen zu treiben. Auf einen ohnehin schon aufregenden Tag folgte eine noch schrecklichere Nacht, denn zu dem Schmerz über den Verlust von Necker gesellte sich die Furcht, die diese finsteren Elemente verbreiteten.

Überall wurde die Sturmglocke geläutet, wurden Häuser geplündert. Die Händler wagten nicht, ihre Läden aufzumachen, die Werkstätten blieben verlassen, und die Stadt war bereits unbewohnbar, als die Bürger zu ihrer Verteidigung zu den Waffen griffen, statt sich auf den König zu verlassen, den geborenen Verteidiger des Staates, der den Städten seine Truppen nicht verweigern kann und dessen Armee sich auch die Städte nicht verschließen dürfen. Wegen dieses Aufstands wurde Paris, das zuvor schon unbewohnbar gewesen war, endgültig zu einer verbotenen Stadt.

Bekanntlich war Paris für die Wahl seiner Abgeordneten in 60 Distrikte unterteilt worden. Die Wahlmänner konnten somit auf das erste Signal hin, nachdem sie sich in ihrem jeweiligen Bezirk eingefunden hatten, die Bürger versammeln und einteilen, wie sie es anläßlich der Wahl der Abgeordneten für die Generalstände schon getan hatten. Man bildete sogleich eine achtundvierzigtausend Mann starke Bürgermiliz, wobei jede Division von Offizieren und Soldaten befehligt wurde, die gerade ihren Abschied genommen oder ihren halbjährigen Urlaub hatten, wovon es in der Stadt immer genug gibt. Diese weisen Vorkehrungen und vor allem die außerordentliche Geschwindigkeit, in der diese Truppe aufgestellt wurde, von der die Pariser so viel Aufhebens machen und die sie geradewegs für beispiellos erklären, haben daher aus der Nähe betrachtet überhaupt nichts Wunderbares mehr an sich: Das Gerüst, das man für die Generalstände errichtet hatte, diente nun zur Vorbereitung der bewaffneten Erhebung. Als erstes sorgte diese Bürgermiliz für die Entwaffnung der Kanaille, die die Häuser plünderte, und bemächtigte sich aller Waffen, derer sie habhaft werden konnte.

Sobald die Nachrichten von diesem Unheil in Versailles einliefen, brachte die Nationalversammlung ihre Betroffenheit darüber, daß ihre Befürchtungen wahr geworden waren, dadurch zum Ausdruck, daß sie eine große Abordnung zum König entsandte. Alles, was die Eloquenz der Abgeordneten jedoch vermochte, war, den großen Kummer des Königs noch zu vertiefen. Ihm war nur zu sehr bewußt, daß das Blut seiner Untertanen in Paris floß. Deshalb unterrichtete er die Abgeordneten nicht nur von seiner Absicht, die Truppen aus der Umgebung der Hauptstadt abziehen zu wollen, sondern er ermächtigte sie auch, dies den Einwohnern von Paris bekannt zu machen, um ihnen dadurch zu demonstrieren, wie sehr sie ihrem König durch ihr Mißtrauen Unrecht getan hätten und wie sehr ihm andererseits ihr Wohl am Herzen liege. Schließlich, damit die Hauptstadt nicht Schaden nähme an den Maßnahmen, die sie gegen den Tumult eingeleitet habe, wolle er es sich angelegen sein lassen, selbst die Offiziere zu ernennen, die diese vaterländischen Legionen organisierten und befehligten.

DA DER KÖNIG sich damit an die Spitze der Bürgerwehr, die an die Stelle der waffenstarrenden Kanaille getreten war, gesetzt hatte, schien es, als würde alles wieder ins Lot kommen. Als jedoch Heinrich III. sich seinerzeit zum Chef der *Ligue* gemacht hatte, war er deswegen noch lange nicht ihr Herr.[46] Bald schon erfuhr man in Versailles, daß der Pöbel im Verein mit der Bürgerwehr den *Hôtel des Invalides* gestürmt und rund dreißigtausend Gewehre entwendet habe. Von da aus sei er zur *Bastille* weitergezogen, wo er, nach zwei oder drei Stunden dauernden Verhandelns und ständigen Kommens und Gehens, den Gouverneur dieser Festung, der den Fehler begangen hatte, sich in einen ihrer vorderen Höfe zu begeben, und der darüber die Zugbrücken unbeaufsichtigt gelassen hatte, mitsamt seiner kleinen, aus Invaliden bestehenden Truppe überwältigt habe.

Für einen Geschichtsschreiber geziemt es sich zu bemerken, daß der Gouverneur der *Bastille* nicht auf das Volk schießen lassen wollte, das sich in hellen Scharen auf das Zeughaus zuwälzte, weil er Angst hatte, womöglich ein Häuschen zu beschädigen, das er auf dieser Seite der *Bastille* hatte bauen lassen und an dem er hing. Nicht weniger bemerkenswert ist, daß sich zur selben Zeit Besenval[47], der General der Schweizer Truppen[48], versteckt hielt, um seinen Einheiten keine Befehle erteilen zu müssen, und die Einnahme der *Bastille* geschehen ließ, aus Angst, daß bei einem möglichen Kampfgetümmel sein in der Nähe stehendes Haus davon in Mitleidenschaft gezogen würde, das er erst vor kurzem hatte ausmalen lassen und in das luxuriöse Badezimmer eingebaut worden waren. Von solcher Statur waren die Männer im Dienste des Königs.

Obwohl die Regierung auch Schuld trifft, daß sie, wiewohl nachdrücklich gewarnt, keinerlei Vorkehrung gegen einen Aufruhr getroffen hatte, war das Verhalten des Gourverneurs der *Bastille* de Launay[49], nicht minder zu tadeln, weil er sich auf Verhandlungen mit dem wütenden Pöbel einließ. Hätte er sich stattdessen in der *Bastille* verschanzt, wäre seine Position uneinnehmbar gewesen. Wie dem auch sei, der unglückliche Gouverneur wurde für seine Unvorsichtigkeit schwer bestraft: Das Volk[50] schleppte ihn bis zur *Place de Grève* und schnitt ihm den Kopf ab, nachdem er zuvor mißhandelt und beleidigt worden war. Sein Kopf, den man auf eine Lanze gespießt hatte, wurde durch die Straßen bis zum *Palais-Royal* getragen.

Das war der ganze Sturm auf die *Bastille*, von dem der Pariser Pöbel so viel Aufhebens macht. Er war völlig gefahrlos, auch wenn von seiner Seite viele Scheußlichkeiten begangen wurden und de Launay unverzeihliche Fehler gemacht hatte. Mit einem Wort, es war nur eine Besitzergreifung.[51] Der vor Zorn und Eigenliebe trunkene Pöbel führte auf einem Triumphwagen irgendeinen Deserteur der *Gardes Françaises* mit, der sich als erster auf die Zugbrücke der *Bastille* gestürzt hatte. Man verlieh ihm das Ludwigskreuz[52] nebst dem Blauen Band und trug ihn derart dekoriert im *Palais-Royal* umher, wo bereits der Kopf des unglücklichen de Launay zur Schau gestellt worden war.

Wird man mir glauben, daß Abgeordnete des Dritten Standes, die geborenen Feinde von allem was Geburt, Adel und Auszeichnung heißt, gleichwohl fanden, daß dieser Mann von den *Gardes Françaises* den Eindruck eines Mannes von Stand machte? Der Adel muß für die Bürgerlichen wirklich eine Art fixer Idee oder doch zumindest das ursprünglichste und mächtigste aller Vorurteile sein.[53]

Am selben Tag noch bildeten die Wahlmänner der verschiedenen Pariser Distrikte im Pariser *Hôtel de Ville* einen Exekutivausschuß, den *Comité Permanent*. De Flesselles[54], der *Prévôt des Marchands*, war selbstverständlich der Vorsitzende dieses Komitees und so einige Stunden lang der Mann sowohl des Königs wie der Bürger. Die Gefährlichkeit seiner Lage währte aber nur kurz, denn bald schon beschuldigte man ihn, er habe dem Gouverneur der *Bastille* geschrieben, um ihn zum Durchhalten zu ermuntern und anzukündigen, daß man ihm zu Hilfe käme. Der alte Mann entschuldigte sich bei den Wahlmännern mit Hinweis auf die Pflichten seines Amtes, aber als er den *Hôtel de Ville* verließ, wurde er vom Pöbel umgebracht.

Das ist das Ergebnis der heftigen Konflikte zwischen der königlichen Autorität und dem Volkszorn: Von beiden kann man um sein Leben gebracht werden, allerdings mit dem Unterschied, daß die Gerichte die Mißlichkeit der Umstände bedenken, während ein wutentbranntes Volk nur töten kann.

Diese beiden Morde erfüllten den Hof mit großem Schrecken und beunruhigten auch die Nationalversammlung zutiefst; denn nichts beschleunigt die Dinge derart wie solche Exzesse. Als der König erkannte, daß man den Aufstand in Strömen von Blut würde ertränken müssen, zog er es vor, ihn stattdessen durch Nachsicht zu legitimieren: Ohne jeden Pomp begab er sich zu den Generalständen, die er zum ersten Mal als Nationalversammlung anredete. Bei dieser Gelegenheit bestätigte er auch den Rückzug der vor Paris gelagerten Armee, billigte die Aufstellung der Bürgergarde, übergab dem Präsidenten der Versammlung ein Schreiben, das Necker wieder zum Minister ernannte, ermächtigte achtzig Abgeordnete, sich nach Paris zu begeben, um die Kunde aller dieser Gunstbezeugungen dort zu verbreiten und schloß seine Ausführungen, ohne die Meuterei der *Gardes Françaises* und die von ihnen an ihren Offizieren verübten Morde zu erwähnen.

Wenn Paris Versailles ängstigte, dann war der Schrecken, den Versailles in Paris verbreitete, kaum geringer. In der Hauptstadt, in der man an so viel Milde seitens des Königs nicht glauben mochte, wurden Straßenbarrikaden gebaut, und die Kapitale wimmelte von Bewaffneten, die aus der Erde zu wachsen schienen wie aus der Saat des Kadmos.[55] Überall pflanzte man die weiß-blau-rote Kokarde auf. Diese Farben schmückten alles, heiligten alles, rechtfertigten alles. Die Wahlmänner, die sich im *Hôtel de Ville* versammelten, gerierten sich dort als Ephoren.[56] Der königliche Schatz war in ihren Händen; sie gaben die Befehle, stellten Wachen auf, fingen die Kuriere vom Hofe und aus den Provinzen ab, kontrollierten die Briefpost und stellten Bescheinigungen und Pässe aus. Die Stadtzollhäuser, die man in einem ersten Wutanfall niedergebrannt hatte[57], wurden wiedererrichtet und die Abgaben zugunsten der Stadt erhoben. In der erzbischöflichen Kirche und in den Pfarreien wurden Messen für die beim Sturm auf die Bastille gefallenen Helden gelesen. Schließlich befanden sich alle Attribute der obersten Gewalt im *Hôtel de Ville,* und die königliche Autorität, dieser von Königen und fähigen Ministern angehäufte Schatz an Macht, wurde unter ein paar Bürger aufgeteilt, die ihrerseits vor den wütenden Vollstreckern ihres Willens zitterten. Denn wenn es stimmt, daß Verschwörungen manchmal von geistreichen Menschen ausgeheckt werden, so werden sie doch immer von wilden Tieren ausgeführt.

Die Abgeordneten der Nationalversammlung, die sich, um Ruhe zu stiften, nach Paris begeben hatten, kehrten mit dem Schreckensbild und der Erwartung zurück, daß jeden Moment fünfzigtausend bewaffnete Männer kommen könnten, um den König zu entführen und Versailles in Brand zu stecken. Lally-Tollendal[58], ein Abgeordneter, der für seine leidenschaftliche, sich manchmal aber auch überschlagende Beredsamkeit bekannt war, beendete seinen

Bericht mit den Worten: Die Nation habe ihnen den Befehl gegeben (so, als sei sie vollzählig unter dem Fenster des *Hôtel de Ville* versammelt gewesen), unverzüglich die Wiederberufung von Necker und die Entlassung der amtierenden Minister zu fordern. Die Nationalversammlung war zwar erstaunt darüber, daß der *Hôtel de Ville* ihr Befehle erteilte, ließ sich ihre Überraschung aber nicht anmerken und gehorchte. Was kann man auch sechzigtausend bewaffneten Beschützern schon verweigern? Seit einigen Tagen stand die Versammlung zwischen denen, für die sie arbeitete, und denen, gegen die sie sich behaupten und ihre Aufgabe verteidigen mußte; und da sie Paris gegen die Obrigkeit zu Hilfe gerufen hatte, mußte sie wohl darauf gefaßt sein, daß das von Waffen starrende Paris durch die Tat entschied, was sie nur durch das Recht entscheiden durfte.

Dennoch hielt der König all seine Versprechen: Die Armee war bereits abgezogen, ihr folgten der General, bald auch der Siegelbewahrer und die neuen Minister, die demissionierten, noch bevor sie ihren Eid geleistet hatten. Mit ihnen verschwanden auch all jene, die sich wegen ihrer Stellung bei Hofe in den Augen des *Peuple* schuldig gemacht hatten, sowie schließlich noch einige Abgeordnete, die zu viel Treue gegenüber ihrem Mandat zeigten oder zuwenig Vertrauen in Necker setzten.

Unterdessen waren schon Kuriere unterwegs, um Necker zurückzuholen. Die Nachwelt wird nicht glauben wollen, daß Wohl und Wehe des auf den Generalständen versammelten Frankreich von einem einzigen Mann abhingen und daß es in Paris hieß, wenn Necker stürbe, dann würde die Nationalversammlung aufgelöst und die Monarchie gestürzt. Um das politische Phänomen eines derart bedeutenden Einflusses zu erklären, muß man immer auf die Börsenspekulanten und die Rentenbesitzer verweisen. Solange Paris sich für die Nation hält, wird die Börse das Herz des Königreichs sein und Necker deren Busenfreund.

Erfolge ziehen weitere nach sich, und der Machthunger läßt sich nicht stillen. Der *Hôtel de Ville* und das Pariser Bürgertum, welche all die Opfer, die der König der öffentlichen Ruhe und Ordnung gebracht hatte, kaum zufrieden stellten, und die noch immer im ersten Rausch der Souveränität lebten, forderten, daß der Souverän sich der Hauptstadt als ein König ohne Armee, ohne Minister, ohne Kronrat, mit einem Wort, als ein aller Machtmittel beraubter

Herrscher zeigen solle. Aus einem Instinkt, den wir genial nennen würden, wenn wir nicht fürchten müßten, ihm damit zu nahezutreten, stürzte der König die ihm Übelgesonnenen wie auch all diejenigen, die mit einer äußerst harten Reaktion von seiner Seite oder doch wenigstens mit größerem Widerstand gerechnet hatten, in Verwirrung, als er seinen Entschluß ankündigte, nach Paris kommen zu wollen.

Der Graf von Artois[59], der sich den Haß der Öffentlichkeit zugezogen hatte, als er sich zum Verteidiger der Vorrechte des Adels machte, bot dem König an, statt seiner der wütenden Stadt die Stirn zu bieten. Als dieser jedoch das Angebot ablehnte, ging Artois nach Deutschland ins Exil. Ein Sohn Frankreichs hätte die Bürger von Paris nicht wirkungsvoller demütigen können, als daß er den Eindruck erweckte, er müsse sein Leben und das seiner Kinder vor ihrer Raserei schützen.

Am 17. Juni hatte der Dritte Stand, indem er sich zur Nationalversammlung erklärte, zum ersten Angriff auf die alte Verfassung des Königreichs geblasen, und am 17. Juli bestätigte der König die Neuordnung der Dinge, indem er sich nach Paris begab.

Versailles wird diesen Tag und diese Abreise nie vergessen! Die alten Diener des Königs konnten nicht ohne Tränen zu vergießen mitansehen, wie der französische Monarch, dessen Name allein schon für die Idee der Liebe und der Macht steht, sich ohne Gepränge und schutzlos inmitten eines bewaffneten Pöbels auf den Weg in eine wahnsinnige Haupstadt machte, um dort einen bewaffneten Aufstand zu sanktionieren. Nie wird man vergessen, daß sich an den Toren eben dieser Hauptstadt acht Bürger den Bewohnern von Versailles, die ihnen den König auslieferten, als Geiseln zur Verfügung stellten; als ob acht Unbekannte das Oberhaupt der Nation repräsentieren könnten und als ob nur Versailles erzittern müßte, wenn eine solche Gefahr droht. Man wird sich immer daran erinnern, daß der König, den man gezwungen hatte, die wenigen Wachen, die ihn begleiteten, zurückzulassen, zunächst von eben den Soldaten umringt wurde, die wenige Tage zuvor noch seinen *Gardes Françaises* angehört hatten, und daß man prahlerisch eben jene Kanonen dem Zug vorausfahren ließ, welche die Rebellen aus der *Bastille* und dem Invalidenhaus geraubt hatten, um ihm gleichsam die Siegestrophäen des bewaffneten Aufstands demonstrativ vor Augen zu führen.

EWIG WIRD MAN SICH DARAN ERINNERN, daß der König während seines rund fünf Stunden dauernden Wegs, der vom Stadttor bis zur *Place de Grève* mitten durch ein dreifaches Spalier von mehr als hundertfünfzigtausend Bewaffneten führte, immer wieder nur die einzige Aufforderung vernahm: »Ruft nicht ›Es lebe der König!‹« Ehrenbezeigungen und Segenswünsche waren lediglich den dreihundert Abgeordneten vorbehalten, die vor der Karosse des Königs gingen und den feierlichen Zug eröffneten, so wie bei den antiken Triumphzügen der Besiegte hinter dem Sieger einherging. Unter solchen Umständen erklomm Ludwig XVI. die Stufen zum *Hôtel de Ville*, die noch vom Blut de Flesselles und de Launays befleckt waren.

Bei der Ankunft überreichte man dem König die nationale Kokarde, und als er sie in Händen hielt, zwang man ihn, sich damit ans Fenster zu begeben, um die unzähligen Zuschauer zufriedenzustellen, mit denen die *Place de Grève*, die Straßen, die Dächer der Häuser, die Quais und die Seineufer überfüllt waren, und für die der Anblick Ludwigs XVI., den sie so dekoriert hatten, eine Augenweide war, an der sie sich nicht satt sehen konnten.

Nach dieser Zeremonie hörte Seine Majestät aufmerksam den Reden der Magistratsbeamten, der Wahlmänner und Baillys zu, der gerade per Akklamation zum Bürgermeister der Stadt, zum *Prévôt des Marchands* ernannt worden war und dessen Wahl der König bestätigte. Die Rede dieses Mitglieds der *Académie Francaise* war auf einer Antithese aufgebaut, die sich nur dadurch entschuldigen läßt, daß er einer Eingebung folgte. Als er dem König nämlich die Schlüssel der Stadt überreichte, als gehöre die Stadt diesem erst vom selbigen Tag an, sagte er: »Sire, Heinrich IV. hat sein Volk zurückerobert, heute aber hat sich das Volk seinen König zurückerobert.« Es war dies zweifelsohne eine harte Wahrheit, wenn man dem König zu verstehen gab, daß alles, was er tat, ihm abgenötigt war, während Heinrich IV. sich den Zugang nach Paris erzwungen hatte.

Wir bemerken daran, wie sehr der Mensch das Werk der Umstände ist. Bailly, der dazu bestimmt war, seine alten Tage im ruhigen Sessel der Akademie zu verbringen, ist heutigentags den Gewitterstürmen der Revolution ausgesetzt. Mit dem durch Mord verwaisten Amt des *Prévôt des Marchands* betraut, überreicht er seinem König die Schlüssel einer in Aufruhr stehenden Kapitale.

Der Marquis de La Fayette[60] bot in diesem Augenblick ein weiteres Exempel für die Wechselfälle des Schicksals. Zweifelsohne dazu geboren, Aufständische zu befehligen, war er auch durch Akklamation zum Befehlshaber der nationalen, das heißt der Pariser Milizen ernannt worden. In dieser Eigenschaft begrüßte er den König, und Ludwig XVI., der nicht gekommen war, um irgendetwas zu verweigern, bestätigte seine Wahl.

Lally-Tollendal, der Abgeordnete, von dem wir bereits gesprochen haben, hielt ebenfalls eine Ansprache an den König, aber seine Worte waren für die Zuhörer bestimmt. »Seht her«, rief er, »seht her, der König!« Im selben Tonfall hielt er sodann eine lange und pathetische Paraphrase auf das *Ecce homo!*, denn nämliche Umstände erfordern die nämlichen Ausdrücke.

Schließlich äußerte der König, erschöpft von den Anstrengungen eines solchen Tages, den Wunsch, sich zurückzuziehen. Er hatte alles gebilligt, alles sanktioniert. Der Kelch war getrunken und die Revolution vollbracht. Sie war in ihrer weiteren Entwicklung nicht mehr aufzuhalten, und noch vor Mitternacht stand es dem König von Frankreich frei, nach Versailles zurückzukehren.

Ich werde weder die Betroffenheit der Höflinge noch die Tränen der Königin, weder die Flucht der Prinzen noch die Emigration des Adels oder die Einsamkeit, die sich auf den Hof senkte, schildern. Hervorzuheben ist allenfalls, daß ganz Frankreich sich nach dem Vorbild von Paris und Versailles mit den nationalen Kokarden schmückte. Die bewaffneten Bauern und Bürger mischten sich unter die regulären Truppen. An allen Grenzen, vom Mittelmeer bis zu den Alpen, von den Pyrenäen bis zum Ozean, kam es zu Meutereien.

Inmitten dieser undeutlichen Rufe nach Vaterland und Freiheit und dieser Auflösung aller Unterschiede von Rang und Stand, die dem unvoreingenommenen Auge wie ein Verwischen aller Interessenunterschiede erschien, zeichneten sich die wirklichen Politiker, die wahren Freunde der Ordnung und schließlich all diejenigen, die Freiheit von Willkür, Mut von Fanatismus und einen blinden, bewaffneten Aufstand von einer aufgeklärten Verfassung zu unterscheiden vermögen, dadurch aus, daß sie entweder flohen oder schwiegen.

Im Übrigen verdiente Paris die Bezeichnung »Kapitale«

nie mehr denn heute: Es hatte die Fahne erhoben, und das ganze Königreich stellte sich dahinter; es hatte sich den Titel »Vaterland« verliehen, sein *Hôtel de Ville* wurde als »Nation« bezeichnet, und dieser unverschämte Sophismus hat niemanden empört. Paris verschlang alle Staatseinnahmen; es hielt die gesamte Staatsgewalt in Händen; der *Palais-Royal* erstellte die Proskriptionslisten, der Pöbel vollstreckte sie, und diejenigen, die auf diesen fatalen Listen standen, wurden häufig an der Flucht gehindert. Von einem Ende des Königreichs zum anderen hielten drei Millionen bewaffnete Bauern die Reisenden auf, verglichen sie mit den Steckbriefen und brachten ihre Opfer nach Paris zurück. Die Nationalversammlung war zwar durchaus in der Lage, den Thron zu stürzen, indem sie das Volk aufwiegelte, aber sie konnte nun keinem Bürger mehr das Leben retten. Es wird die Zeit kommen, in der die Versammlung zur Bürgerarmee sagen wird: »Ihr habt mich vor der Obrigkeit gerettet, aber wer wird mich vor euch retten?« Nationalversammlung, denke an die Fabel vom Pferd[61], das den Menschen zu Hilfe ruft! Und wenn die Fabel noch nicht genügt, dann denke an die Geschichte des *Long Parliament*[62] und der Armee von Cromwell. Mit Hilfe der Armee triumphierte das Parlament über den König, aber es ging an seinem eigenen Triumph zugrunde, weil es die Armee nicht wieder loswurde. Wenn eine Herde zum Schutz gegen ihre Hunde Tiger zu Hilfe ruft, wer vermag sie dann noch vor ihren neuen Beschützern zu beschützen? Damit ein bewaffneter Aufstand glücklich ausgeht, müßte alles eine zivile Wendung nehmen, sobald man von der Obrigkeit nichts mehr zu befürchten hat. Aber da man eine Armee ausgehoben hat, um der Obrigkeit Herr zu werden, bleibt die Armee zurück, wenn die Revolution vollendet ist, und diese militärische Gewalt versetzt nun ihrerseits diejenigen in Schrecken, die zuvor mit ihrer Hilfe anderen Angst eingejagt haben. Was soll man auch einem bewaffneten Volk antworten, das zu einem sagt: »Ich bin der Herr!«

Wenn man die Gewalten verschoben hat, fallen sie notwendig den letzten Klassen der Gesellschaft zu, denn ganz unten residiert die exekutive Gewalt in ihrer ganzen Fülle. Der Zustand Frankreichs und seiner Hauptstadt ist heute so geartet, daß kein politischer Publizist ihn zu benennen wüßte, und es gibt keinen Franzosen, der ihn nicht zugleich fürchten und verabscheuen müßte.

Man wird zweifelsohne einwenden, daß die Zeitungen in einem ganz anderen Ton über die Revolution geschrieben haben. Sie haben alles gerechtfertigt, sie haben alles bewundert, sowohl den Abfall der *Gardes Françaises* als auch die Verleumdungen der Übelgesonnen und die Grausamkeiten des Pöbels. Was hätten sie aber geschrieben, wenn die Armee loyal geblieben, wenn Paris im Zaume gehalten und die königliche Autorität respektiert worden wäre? Dann wäre die Nationalversammlung, die heute die »erhabenste Versammlung des Universums« ist, von denselben Zeitungen für unvorsichtig erklärt und dafür getadelt worden, daß sie den berühmten Verfassungsentwurf nicht annahm, den der König angeboten hatte. Warum, so hätte man gefragt, soll man den König um die Ehre, seinem Volk selbst eine Verfassung zu geben, beneiden? Warum soll man das Gute, woher es auch komme, nicht gutheißen? Warum soll man den Pöbel einer großen Stadt aufwiegeln und ihn dem Zorn seines Königs aussetzen? Wenn dem so wäre, würden alle Minister, die man heute beleidigt, vergöttert; dann wären ein *Hôtel de Ville*, der heute das »erhabenste aller Tribunale« ist, und die letzten Distrikte, die auch »sehr erhaben« sind, nur ein Haufen Aufständischer, den jeder gute Bürger zu Recht verabscheute und der alle Züchtigungen verdiente, die ihm ein darob erzürnter Herr auferlegen könnte. Die Schriftsteller sind alle mehr oder weniger durch das, was passiert ist, verdorben worden. Man wird uns zweifelsohne nicht denselben Vorwurf machen können. Wir haben ohne Vorliebe und ohne Bitterkeit geschrieben, ohne Furcht und ohne Verwegenheit, aber auch nicht ohne Hindernisse und Gefahren. Im Feuer einer Revolution, wenn Haß gegen Haß steht und der Souverän gespalten ist, ist es schwierig, Geschichte zu schreiben. Diejenigen, die die Revolution gemacht haben, möchten auch von ihr erzählen; nachdem sie ihre Zeitgenossen gequält und getötet haben, wollen sie auch noch die Nachwelt täuschen. Aber die Geschichte weist ihre verbrecherischen Hände zurück, sie hört nicht auf die lügnerische Stimme der Leidenschaften; sie will über die Menschen richten und ihnen nicht schmeicheln, und wie das Gesetz sie ohne Zuneigung rechtfertigt, so verurteilt es sie auch ohne Grimm.

Uns dünkt also, daß der Hof, die Nationalversammlung wie auch die Stadt Paris an der gegenwärtigen Revolution gleichermaßen Schuld tragen.

DER HOF hat sich gegenüber der Nation versündigt, weil er die friedlichen Abgeordneten des Volkes mit seiner bewaffneten Macht bedrohte[63] und weil er den Bürgerkrieg begann, indem er diejenigen, die zur Verteidigung des Staates berufen sind, gegen jene aufhetzte, die ihn wiederherzustellen suchten. Das ganze Verhalten der Regierung beweist, daß sie weder vorhergesehen noch verstanden hat, welche Aufgabe die Generalstände hatten, die ihnen erst nach so vielen Bitten, kritischen Anfragen und Verfehlungen zuerkannt wurde.[64] Nach allen ihren Täuschungsmanövern ist die königliche Autorität daher, nachdem sie von der Armee verlassen und von der öffentlichen Meinung für null und nichtig erklärt worden war, unter dem Ansturm der Bevölkerungsmassen zerbrochen, als wäre sie aus Glas gewesen.

Die Fehler der Nationalversammlung sind nicht weniger offenkundig, wenn auch verzeihlicher. Indem sie Paris bewaffnete, setzte sie sowohl den Kopf des Königs als auch das Leben seiner Untertanen und die Freiheit aller aufs Spiel. Man braucht sich nur vorzustellen, was geschehen wäre, wenn die Armee den Befehlen gehorcht hätte, oder was gewesen wäre, wenn selbst nach der Meuterei der Armee der König die unverschämten Forderungen von Paris nicht erfüllt hätte. Man müßte sich dies alles nur vergegenwärtigen, um sich die schrecklichen Folgen, die sich daraus ergeben hätten, auszumalen. Glücklicherweise hat der König seine Feinde dadurch in die Irre geführt, daß er ihnen keinerlei Widerstand entgegensetzte. Zweifelsohne wäre Cromwell verloren gewesen, wenn Karl I. genauso gehandelt hätte.

Die Nationalversammlung muß sich also eingestehen, daß bei alledem Unvorsichtigkeit oder Verrat im Spiel war. Unvorsichtigkeit dann, wenn man Paris bewaffnete, ohne der Armee sicher zu sein, Verrat, wenn man die Armee gewinnen wollte, bevor man Paris zum Aufstand reizte. Jetzt, da die Versammlung nicht mehr mit dem König rechnen kann, muß sie alles auf Paris setzen. Die Zeit wird uns lehren, ob sie bei diesem Tausch gewonnen hat. Aber wie dem auch sei, eine riesige Menschenmenge hat ihre Arbeit verlassen, die Gerichte sind geschlossen, die Regimenter haben keine Kommandeure mehr, und Frankreich wartet unter Waffen auf eine Verfassung, auf ein friedliches Gesetzwerk, als handele es sich um die Landung feindlicher Truppen an seinen Küsten oder um eine Invasion von Barbaren. Es ist tatsächlich so, daß die Nationalversammlung um Hilfe rief, ohne für die Folgen einstehen oder ihnen im Voraus begegnen zu können.

Die Fehler der Hauptstadt oder vielmehr ihre Verbrechen sind nur zu bekannt: Sie hat der Nachwelt schon Tragödienstoffe geliefert und den Feinden der Freiheit furchtbare Argumente. Die sanften und empfindlichen Gemüter wollen ein Gut, das man mit so vielen Verbrechen und einer Anarchie, deren Ende nicht abzusehen ist, erkaufen muß, nicht mehr haben. Es ist, wie ich zugebe und wie man später sagen wird, der Fehler des Despotismus, daß er der Freiheit keine andere Tür offen läßt als den bewaffneten Aufstand. Aber mußtest du, barbarische Stadt, als die Truppen sich zurückgezogen hatten, als die Nationalversammlung dich darüber unterrichtete, wie zufrieden sie über die letzte Thronsitzung war, mußtest du da von deinem Fürsten, dem Nachfahren deiner sechzig Könige verlangen, daß er sich in deinen Mauern erniedrigte?[65] Wußtest du, ob nicht inmitten dieses Waldes aus Lanzen und Bajonetten irgendein Scheusal oder Verrückter weilte, wie das bei dir auch schon in ruhigeren Zeiten vorgekommen ist, der ewige Trauer und Schmach über dich bringen würde? Aber Paris wollte sich tapfer geben, es wollte seinem König, der ohne das Gepränge der Macht und ohne ein Zeichen seiner Würde gekommen war, seine mit Eisen gepanzerte Brust zeigen.

Auf dieses Verbrechen wider das Königtum folgten zahllose Anschläge auf die Menschlichkeit. Vergeblich hat der König als Preis für so viel Nachgiebigkeit vom *Hôtel de Ville* gefordert, daß alle diejenigen, die die öffentliche Meinung zu Opfern bestimmte, den Gerichten übergeben werden; vergeblich hat er nicht um Gnade, sondern allein um Gerechtigkeit für seine Untertanen gefleht; und vergeblich hat man die Stadt festlich geschmückt und die Theater wieder geöffnet. Gerade im Augenblick dieses falschen Friedens hat das Volk von Paris - König, Henker und Richter zugleich - nach einigen obskuren Morden, die wir stillschweigend übergehen, Foulon[66] und Berthier[67] auf die *Place de Grève* geschleppt, sie derartige Folterqualen erleiden und einen solchen Tod sterben lassen, daß man nur bei den wildesten Völkern oder in den unglücklichsten Zeiten der Geschichte ein Beispiel dafür findet. Foulon, in seinen Geschäften ergraut und wegen seiner Talente bekannt, war der Schwiegervater von Berthier, des Intendanten von Paris. Er wurde von seinen eigenen Bauern an den Pariser Pöbel ausgeliefert. Man beschuldigte ihn ohne jeden Beweis, einmal gesagt zu haben, das Volk sei dazu da, Heu zu fressen. Dieser sprichwörtliche Satz hätte noch nicht zu seinem Tode geführt, wenn er nicht zu einem der Nachfolger von Necker ernannt worden wäre, die nur kurze Zeit Minister waren. Das war sein wirkliches Verbrechen, und dasselbe Volk, das alle Tage über das Leiden Christi gerührt ist, hat sich darum bemüht, den unglücklichen Minister dieselben Qualen erdulden zu lassen, als ob Rache durch gottlose Spötterei süßer würde. Man hat ihn mit Dornen gekrönt, und, als er ermattet von den Martern und Strapazen zu trinken verlangte, reichte man ihm Essig. Sein Kopf wurde in den Straßen umhergetragen und noch am selben Tag seinem Schwiegersohn gebracht, der inmitten einer Menge bewaffneter Bauern und Bürger nach Paris geschafft wurde. Kurze Zeit nachdem man ihn gezwungen hatte, jenes blutbesudelte Haupt zu küssen, wurde auch Berthier unter den Fenstern eben desselben *Hôtel de Ville* umgebracht, dessen Repräsentanten von den Tigern, derer sie nicht mehr Herr wurden, vergeblich seine Begnadigung forderten. Der Soldat, der Berthier das Herz herausriß, um es noch ganz blutig La Fayette und Bailly zu zeigen, bewies diesen neuen Weisen, daß das Volk die Freiheit genießt wie starke Liköre, nämlich nur um sich zu berauschen und um in Wut zu geraten. Unglück über die, die den Bodensatz einer Nation aufrühren! Für den Pöbel gibt es kein Zeitalter der Aufklärung; er ist weder französisch noch englisch noch spanisch. Der Pöbel ist immer und überall derselbe, immer ein Kannibale, immer ein Menschenfresser, und wenn er sich an seinen Richtern rächt, bestraft er Verbrechen, die nicht immer als solche erwiesen sind.

Abgeordnete der Franzosen, denkt daran: Wenn man ein Volk aufwiegelt, verleiht man ihm immer mehr Kraft, als für den Zweck nötig ist, den man sich vorgenommen hat, und diese überschüssige Kraft läßt es bald alle Grenzen überschreiten. Im Moment gebt ihr einer großen Nation Gesetze und eine Verfassung, und ihr wollt, daß dieser Verfassung eine klare und einfache Erklärung der Menschenrechte vorangestellt wird. Gesetzgeber, Begründer einer Neuordnung der Dinge, ihr wollt jene Metaphysik vor euch her marschieren lassen, welche die antiken Gesetzgeber wohlweislich in den Fundamenten ihrer Gebäude verbargen! Seid nicht weiser als die Natur! Wenn ihr wollt, daß ein großes

Volk sich an den schattigen Blättern des Baumes, den ihr pflanzt, erfreut und sich von seinen Früchten ernährt, dann laßt die Wurzeln bedeckt! Andernfalls müßt ihr fürchten, daß Menschen, zu denen ihr nur von Rechten und nie von Pflichten gesprochen habt, daß Menschen, welche die königliche Autorität nicht mehr zu achten haben, die von den Tätigkeiten einer gesetzgebenden Versammlung nichts verstehen, ihre Hoffnungen darauf setzen, von der durch die Gesetze gewährten bürgerlichen Gleichheit zur absoluten Gleichheit des Eigentums überzugehen. Ihr müßt fürchten, daß aus dem Haß auf die Rang- und Standesunterschiede ein Haß auf alles, was Macht hat, erwächst, und daß diese Menschen mit ihren vom Blut der Adligen befleckten Händen auch noch deren Richter umbringen wollen. Die Menschen brauchen geläufige Wahrheiten und keine Abstraktionen; und wenn sie nach langer Zeit aus der Sklaverei befreit werden, darf man ihnen die Freiheit nur dosiert und ganz allmählich gewähren, so wie man auf großen Seefahrten die ausgehungerten Besatzungen, auf die man gelegentlich stößt, zunächst nur sehr sparsam ernährt. Abgeordnete Frankreichs, vergeßt schließlich nicht den Grundsatz, daß die Könige untergehen, sobald sie zu sehr herrschen wollen; ebenso ergeht es den gesetzgebenden Versammlungen, wenn sie zu viele Neuerungen auf einmal einführen wollen.

Außerdem, warum der Welt rein spekulative Wahrheiten offenbaren? Diejenigen, die sie nicht mißbrauchen werden, sind dieselben, die sie schon kennen, wie ihr sie auch kennt; und diejenigen, die sie nicht schon in sich tragen, werden sie nie verstehen aber immer mißbrauchen. Statt den Völkern zu sagen, daß die Natur alle Menschen gleich geschaffen hat, sagt ihnen vielmehr, daß sie alle höchst unterschiedlich geschaffen hat; daß der eine als Starker geboren wird und der andere als Schwacher; daß der eine gesund und der andere kränklich ist; daß nicht alle gleich geschickt und umsichtig sind, und daß das Meisterwerk einer wohlgeordneten Gesellschaft darin besteht, diejenigen durch die Gesetze gleich zu machen, die von der Natur so ungleich ausgestattet wurden. Aber laßt sie nicht glauben, daß die Bedingungen die gleichen sind; ihr wißt und seht mit eigenen Augen, welches Unglück aus dieser falschen Vorstellung entsteht, wenn das Volk ihr einmal verfallen ist. Kaum war das Gerücht von der Abschaffung der feudalen Rechte ausgestreut, wollten die

Bauern nichts mehr davon wissen, daß die Nationalversammlung zwischen den Sachrechten und den persönlichen
Rechten unterschied; in Scharen sind sie zu den Abteien, zu
den Schlössern marschiert, überall dorthin, wo die Archive
des Adels und die Urkunden über die alten Besitzrechte
aufbewahrt werden. Überall hinterließen diese entfesselten
Tiger Spuren von Feuer, Blut, Zerstörung und Tod[68], und
ihr wurdet bereits gezwungen, gegen diese Wütenden eben
jene regulären Truppen inständig um Hilfe zu bitten, deren
Ungehorsam ihr ehedem zu sehr gelobt habt, als daß ihr jetzt
auf ihren Gehorsam hoffen könntet.

WERDET IHR SAGEN, daß meine Befürchtungen übertrieben oder eingebildet sind, ihr, die ihr in der Nationalversammlung einen der Abgeordneten gehört habt, wie er
verkündete, es gebe im *Palais-Royal* eine Liste der Proskribierten, und der zitternd zugab, daß diese Liste die Namen
einiger Mitglieder der Versammlung enthalte. Ihr, die ihr
gesehen habt, wie eure eigenen Abgeordneten in Saint-
Germain in der Gewalt des noch vom Blute einiger Bürger
triefenden Pöbels auf Knien im Namen der Gesetze und der
Menschlichkeit um Gnade für einen Unschuldigen gebeten
haben und mit knapper Not ihr eigenes Leben retten konnten. Aber reden wir nicht nur vom Volk, Nationalversammlung, wisst ihr nicht, daß es auch in euren Reihen
blutdürstige Männer gibt? Habt ihr vergessen, daß Foulon
und Berthier, so tot und entstellt sie auch waren, noch andere
Henker fanden, als, da ihre blutigen Häupter an den Säulen
des *Palais-Royal* hingen, eines eurer Mitglieder sich ihnen
zuwandte und rief: »Ist das Blut, das hier fließt, denn überhaupt so rein?« Abscheuliche Worte, die ob der Jugend des
Redners noch entsetzlicher klangen! Wenn wir ihn nicht
beim Namen nennen, dann deshalb, weil wir der Nachwelt
nicht die Leute preisgeben wollen, sondern nur die Schandtaten und die schlimmen Maximen, die noch verbrecheri-
scher sind als die schlimmen Taten.

Nationalversammlung, erzittere also davor, daß Frankreich grausam wird und daß seine Hauptstadt, die das Land
seit so vielen Jahrhunderten aussaugt und verdirbt, es vollends enthert. Ihr allein werdet für all die Übel verantwortlich
sein, denn ihr habt alle Gewalt an euch gerissen. Aus eurer

Mitte gewählte Minister bitten euch, dem König die exekutive Gewalt zurückzugeben; wenn ihr sie ihm nicht zurückgeben wollt, wenn es euch zu schwerfällt, dem Königtum, das ihr herabgewürdigt habt, wieder Glanz zu verleihen, und selbst wenn ihr unser Unglück und unser Elend ohne Rührung mit ansehen und uns nicht helfen wollt, dann zittert zumindest um euer eigenes Leben. Zweifelsohne werden eines Tages sechs Millionen bewaffnete Männer die vollkommene und bedingungslose Abschaffung aller Rechte fordern, von denen ihr bislang nur den Rückkauf angeordnet habt. Sie werden euch beschuldigen, sie in ihren Hoffnungen getäuscht zu haben. Was erwarten sie nicht noch alles von einer Versammlung, die den Thron umgestürzt hat. Sie werden Ackergesetze[69] fordern.[70]

So weit bringt ihr diejenigen, denen ihr zu viel von der Gleichheit erzählt habt. Denn auch die Gesetzgeber geben unbedachtsame Äußerungen von sich, und das Volk ist immer bereit, sie auszunutzen. Ihr habt den, der nur eine Hütte hat, gegen den glücklichen Besitzer eines Hauses bewaffnet und den einfachen Schiffer gegen den Eigentümer eines Schiffes. Schließlich werden sich diejenigen, die nichts haben, gegen die Besitzenden erheben, das heißt die große Mehrheit gegen die verschwindend kleine Minderheit. Die Willkür, das furchterregende Trugbild der Freiheit, wird euch in eben den Saal verfolgen, in eben das Gewölbe, wo ihr wie Samson das Volk versammelt habt, und ihr werdet wie er unter den Trümmern des Tempels begraben werden, weil ihr die stärksten Pfeiler, nämlich die Sicherheit der Person und des Eigentums, erschüttert habt. Was tätet ihr denn, wenn es in den Provinzen einen verschlagenen und zu allem entschlossenen Tartüff gäbe? Würdet ihr ihm die philosophisch gebildeten, patriotischen Soldaten entgegenstellen, die ihr gelehrt habt, über den Eid zu räsonnieren? Ein Cromwell würde euch mit den gleichen Argumenten überhäufen, mit denen ihr das Königtum überschüttet habt, und ihr wäret nicht das erste Beispiel einer gesetzgebenden Versammlung, die für einen Usurpator gearbeitet hätte.

Die Nationalversammlung muß ihre Blicke vor allem auf Paris richten. Man zählt in dieser unglücklichen Stadt vierzig- bis fünfzigtausend Menschen, über deren Leben und Absichten man nicht Bescheid weiß; und diese Leute sind bewaffnet! Sie leben mitten unter den braven Bürgern, die sie von einem Tag auf den anderen umbringen können! Ange-

nommen dieses Unglück tritt nicht ein, handelt die Hauptstadt dennoch in ihrem eigenen Interesse, wenn sie weiterhin
unter Waffen steht? Ist Paris eine Stadt, die sich im Kriegszustand befindet? Ist Paris nicht im Gegenteil eine Stadt des
Luxus und des Vergnügens? Als Treffpunkt von ganz
Frankreich und Europa ist Paris niemandes Heimat, und
man kann nur lachen über einen Menschen, der sich Bürger
von Paris nennt. Diese Hauptstadt ist nur ein großes Theater, das allezeit geöffnet sein muß. Sie braucht mitnichten die
Freiheit, denn diese Speise der Republiken ist für verzärtelte
Sybariten unverdaulich. Was sie vielmehr nötig hat, ist Sicherheit, und wenn eine Armee sie bedroht, muß sie in zwei
Tagen vollständig evakuiert sein. Nur eine gemäßigte und
von allen getragene Regierung kann Paris die für seinen
großen Reichtum und sein Wohlergehen nötige Ruhe gewährleisten.

Die Hauptstadt hat also ihren Interessen zuwidergehan-
delt, als sie republikanische Formen annahm. Sie hat sich
nicht nur undankbar, sondern vor allem auch unklug verhalten, als sie eben jene königliche Autorität zerschlug, der
sie sowohl ihre Verschönerungen wie auch ihr erstaunliches
Wachstum verdankt. Außerdem muß gesagt werden, daß
Frankreich eher Grund gehabt hätte, darüber Klage zu führen, was die Könige zu allen Zeiten für die Hauptstadt und
nur für sie getan haben. Wenn die Provinzen je einmal die
Augen öffneten! Wenn sie eines Tages entdeckten, wie sehr
ihre Interessen von denen der Stadt Paris nicht nur verschie-
den sind, sondern diesen geradezu widersprechen, wie allein
und verlassen wird diese Stadt dann sein! Wie werden ihre
Händler seufzen und stöhnen, daß sie die zahlreichen Kun-
den, an denen sie sich bereicherten, vertrieben haben, nur
um diese absurde Bürgergarde aufzustellen, die sie ruinierte.
Mußtest du denn einen bewaffneten Aufstand anzetteln, du
von allen guten Geistern verlassene Stadt! Dein *Palais-Royal*
hat dich an den Rand eines Abgrunds gebracht, vor dem dich
dein *Hôtel de Ville* nicht bewahren wird, und eines Tages
wird in deinen schmutzigen Straßen Gras wachsen. Um dich
zugrunde zu richten, braucht man dich nicht zu erobern; es
genügt, dir den Rücken zu kehren. Es wäre Sache der Provinzen, dich von ferne zu belagern. Bei einem solchen
Boykott, der ihnen ebenso zum Vorteil gereichte wie er für
dich fatal wäre, hörten sie einfach auf, dir die Lebensmittel,
die du brauchst, das Geld, das du vergeudest und die Kinder,

die du verdirbst, zu schicken. Und wenn sie das eines Tages tun, dann gibt es dich nicht mehr!

Die Nachwelt wird vielleicht fragen, was der *Palais-Royal* war, von dem wir so oft reden und der heutzutage so innige und so blutbefleckte Beziehungen zur *Place de Grêve* unterhält. Der *Palais-Royal*, der zunächst *Palais-Cardinal* hieß, läßt sich mit wenigen Worten beschreiben: Unter Richelieu war er die Wiege des Despotismus, unter der Regentschaft Philipps von Orléans das Zentrum aller Ausschweifungen, seither Treffpunkt von Börsenspekulanten und Politikern und damit Mittelpunkt von Paris. In dieser ohnehin schon verdorbenen Stadt zeichnete sich der Garten des *Palais-Royal* durch besondere Verderbtheit aus. Der Einfluß des *Palais-Royal* auf die jetzige Revolution war so groß, daß alles eine andere Wendung genommen hätte, wenn man seine Eingänge geschlossen, seine Cafés überwacht und seine Clubs verboten hätte. Im Moment dienen seine Galerien als *Chambres Ardentes*[71], in denen Todesurteile gefällt werden und seine Arkaden, an denen man die Köpfe der Proskribierten zur Schau stellt, sind die Gemonien[72] der Hauptstadt. Die Freiheit, wenn sie denn die Frucht der Revolution sein sollte, hätte in keiner unreineren Wiege auf die Welt kommen können.

Wir haben ziemlich freimütig die Politik, die Fortschritte und die Schwierigkeiten der Nationalversammlung dargelegt, wie auch die Ansprüche, die Gewalttätigkeit und die Verbrechen von Paris geschildert. Wir wollen jedoch nicht schließen, ohne zuvor noch auf das schmachvolle Verhalten der alten Regierung hingewiesen zu haben.

Wenn eine große Monarchie in eine innere Krise gerät, dann muß man zunächst die Ausgaben aller Art überprüfen, weil es stets besser ist, unabhängig als auf die Gnade und den Kredit anderer angewiesen zu sein, und weil ein sparsamer König immer der Herr über seine Untertanen wie auch Schiedsrichter über seine Nachbarn ist. Ein verschuldeter König ist hingegen nur ein Sklave, der weder Gewalt im Inneren hat noch Einfluß nach außen. Sodann muß man, wenn man die Schrecken einer Revolution verhindern will, die Revolution selbst ausführen wollen. Die Revolution war in Frankreich zu notwendig, als daß man sie hätte vermeiden können. Wie viele europäische Regierungen werden von ihr noch überrascht werden, weil sie ebensowenig vorausschauend dachten, wie das Kabinett in Versailles!

Ununterbrochen wird in Frankreich und im restlichen Europa über die Ursachen dieser Revolution geredet. Man kann entfernte und unmittelbare Anlässe unterscheiden, aber beider sind zuviele, als daß man sie sich alle ins Gedächtnis zurückrufen könnte. Der Pöbel von Paris, ja sogar der aller Städte des Königreichs muß jedenfalls noch viele Verbrechen begehen, bevor er mit den Dummheiten des Hofes gleichziehen kann. Die ganze jetzige politische Lage läßt sich auf fünfzehn Jahre Schwäche zurückführen und auf einen Tag, an den man sich im falschen Moment zur Gewalt entschlossen hatte.

Zunächst verdanken wir (allerdings ohne deswegen zur Dankbarkeit verpflichtet zu sein) die Revolution den Herren de la Vauguyon[73] und de Maurepas[74], der eine Gouverneur und der andere Minister unter Ludwig XVI.; der erste bildete den Menschen und der zweite den König.

Wir verdanken beinahe alles der Pressefreiheit. Die Philosophen haben das Volk gelehrt, über die Priester zu spotten, und die Priester sind nicht mehr in der Lage, den Königen Respekt zu verschaffen, worin eine offenkundige Ursache für die Schwächung der Gewalten zu erkennen ist. Der Buchdruck ist die Artillerie des Denkens. Es ist nicht gestattet, öffentlich zu reden, aber man darf alles schreiben, und wenn man schon keine Armee von Zuhörern um sich zu scharen vermag, dann kann man doch eine Armee von Lesern um sich versammeln.

Viel verdanken wir auch denen, die das Königshaus zum Erlöschen gebracht haben, indem sie dem Thron nicht nur eine notwendige Stütze, sondern auch seinen unentbehrlichen Glanz genommen haben. Die Menschen sind nämlich nicht nur geistige Wesen, auch die Augen haben ihre Bedürfnisse. Dadurch wurden die Herzen vieler Edelleute entfremdet, die sich von glücklichen, dem Hof von Versailles ergebenen Dienern, zu müßigen und unzufriedenen Klugschwätzern in den Provinzen wandelten. Schließlich verdanken wir alles dem Ärger mit den *Parlements*, die lieber mit der Monarchie untergingen, als darauf zu verzichten, sich an ihr zu rächen.

Das sind einige der entfernteren Ursachen für den Zustand, in dem wir uns befinden, während die naheliegenden Gründe zahllos sind.

SEIT GERAUMER WEILE schon war das Kabinett von Versailles, was die Weisheit seiner Mitglieder anlangte, noch weitaus schlechter als der Club mit dem geringsten Ansehen im *Palais-Royal*. Die Nachwelt wird alle Mühe haben, sich vorzustellen, was die Regierung getan und was sie unterlassen hat. Ihre Beratungen waren im wesentlichen dummes Geschwätz. Unmittelbar vor ihren fatalen Entscheidungen betrieben die Minister die Entlassung Neckers, und das erwies sich als eine neue Gunst jenes Glücksterns, unter dem dieser Verwalter stand, der zu diesem Zeitpunkt in der Öffentlichkeit verhaßt war, will sagen, der von der Nationalversammlung geächtet und vom *Palais-Royal* wie dem *Hôtel de Ville* verdammt worden wäre, hätte er sich auch nur zwei Tage länger in Versailles aufgehalten.

Jedermann stimmt darin überein, daß, wenn der König sich aufs Pferd geschwungen und sich seiner Armee gezeigt hätte, diese ihm treu ergeben und Paris ruhig geblieben wäre; allein, an derlei dachte niemand. Als diese Armee schließlich vor Paris zusammengezogen wurde, fehlte es ihr an allem. Sie wurde von eben denen ernährt und versorgt, deren Aufstand sie niederwerfen sollte. Solcherart war das Mittel, mit dem ihre Erzieher sie gegen ihre neuen Wohltäter einsetzen wollten! Die Armee aber schloß sich dem Beispiel der *Gardes Françaises* an, die in Paris im Grunde nie etwas anderes gewesen waren als bewaffnete Bürger. Außerdem war es eine ganz besondere Unklugheit, diese Truppen zusammenzuziehen, nachdem man zuvor bereits den Fehler begangen hatte, die Generalstände vor den Toren von Paris einzuberufen. Die Einwohner dieser großen Stadt und zahlreiche Agenten trieben sich im Lager der Soldaten herum und verteilten Geld mit beiden Händen, so daß es bereits acht Tage nach Ankunft der Truppen so gut wie ausgemacht war, daß diese den Befehl verweigern würden. Als der König die Armee abziehen ließ, handelte er sicherlich nur aus Nachsicht, wiewohl dies auch ein Gebot der Klugheit gewesen wäre. Möglicherweise hätte der König seiner Armee folgen sollen, aber dies setzte ein anderes Herrschaftssystem, eine andere Situation und einen anderen König voraus.

Da man nichts von dem, was geschah, vorhersah, wurde auch keinerlei Vorsorge getroffen und nichts bewacht. Auf diese Weise fiel die *Bastille*, gelangten dreißigtausend Gewehre und hundert Kanonen in die Hand des Volkes, entstand eine Miliz aus sechzigtausend Bürgern, tagte im

Hôtel de Ville und in den sechzig Distrikten von Paris eine Versammlung in Permanenz, unter deren Schutz sich die Nationalversammlung stellte, so daß dem König, den man nach Paris kommen ließ, nichts anderes übrig blieb, als ihre Schreckenstaten und ihren Aufruhr zu billigen. Das waren die letzten und deutlichsten Anzeichen der Revolution; denn die Meuterei der Armee ist keineswegs nur eine der Ursachen für diese Revolution: Sie ist die Revolution selbst.

Aber auch die in Armut und Entbehrung lebende Bevölkerung eines Staates ist eine der Ursachen für Umsturz und Revolutionen. Solange es mehr Arbeit gibt als Menschen, die man beschäftigen muß, verhält sich ein Volk ganz nach den Wünschen derer, die es regieren. Sobald es aber mehr rührige Arme gibt als Arbeit zu verrichten ist, sind viele Menschen ohne nützliche Beschäftigung und werden damit zu einer Gefahr. Unter solchen Umständen muß man die Auswanderung fördern, indem man Kolonien gründet oder man muß diesen Völkern eine starke Verfassung geben, um sie im Zaume zu halten. Wenn aber unglücklicherweise der König, statt ihnen eine solche Verfassung zu geben, sie versammelt, damit sie sich selbst eine geben, dann sind es eben jene Unbeschäftigten und zum Umsturz Geneigten, welche die Versammlung beherrschen, und dann ist alles verloren.

Bei der Aufzählung der Ursachen haben wir bislang weder von den Vorwürfen gesprochen, die man gegen die Königin erhebt, noch von den Veruntreuungen einiger Günstlinge bei Hofe. Bei beiden handelt es sich lediglich um Anlässe, die eine Mißstimmung hervorrufen, aber keine Revolution verursachen können. Man kann lediglich konstatieren, daß die Gunstbeweise, mit denen einige achtlos überhäuft werden, einen großen Teil des Adels und des Klerus entmutigt und der Krone entfremdet haben. Es sind eben diese Adligen und Prälaten der Parlements, die sowohl die Anstifter wie auch die ersten Opfer der Revolution gewesen sind. Dazu mußte es kommen, denn letzten Endes ist jede nationale Bewegung nichts anderes als ein Schlag der natürlichen Gleichheit gegen die Privilegien, um nicht zu sagen der Armen gegen die Reichen. In dem Augenblick nämlich, in dem die Privilegien derart verschrieen sind, läßt es sich kaum vermeiden, daß dem Reichtum der Ruch des Unlauteren anhaftet. Das ist der Grund, warum vom einen Ende des Königreichs bis zum anderen diejenigen, die nichts besitzen, gegen jene die Waffen erheben, die etwas besitzen, und daß das Wohl und Wehe des Staates heute von dem Erfolg abhängig ist, den die Bürgermilizen gegen die räuberischen Banden haben.

Bleibt nur noch die Frage zu erörtern, was geschehen wäre, wenn die Autorität des Königs nicht durch den Abfall der Armee gelähmt worden wäre.

Die Fanatiker wie die Übelmeinenden vertreten hierzu die Ansicht, daß die Mitglieder der Nationalversammlung verloren gewesen wären und daß Paris dem Erdboden gleich gemacht worden wäre, wenn der König die Oberhand behalten hätte. Diejenigen, die diese Mutmaßungen teilen, vermögen dafür aber nicht den geringsten Beweis beizubringen; außerdem spricht alle Wahrscheinlichkeit gegen sie. Um ihnen Bescheid zu geben, muß man nur das Motiv benennen, das den Ausschlag dafür gab, die Generalstände einzuberufen: Es war einzig und allein der schiere Geldmangel. Und dieser war keineswegs geringer geworden, sondern hatte sich vielmehr binnen Jahresfrist erheblich verschärft. Wäre es unter diesen Umständen das geeignete Mittel gewesen, die Unterstützung der französischen Nation zu erhalten, indem man dieser in der Gestalt ihrer Deputierten Gewalt angetan hätte? Wenn schon unter der früheren Regierung die Exilierung der *Parlements* eine Verweigerung der Subsidien fürchten ließ, was wäre dann erst die Folge einer solchen Gewalttat gewesen? Hätte man nicht gerade dann mit einer allgemeinen Aufstandsbewegung rechnen müssen, die durch die bloße Befürchtung einer solchen Absicht ausgelöst worden wäre? Bei alledem ist es sehr viel wahrscheinlicher, daß der König lediglich darauf aus war, seinen Verfassungsentwurf von der Nationalversammlung billigen zu lassen, damit diese ihm die dringend benötigten Steuergelder um den Preis weiterer Versammlungen der Generalstände bewilligte; denn eines Königs, der an Geldmangel leidet, ist man sich stets sicher.

Was die Stadt Paris schließlich anlangt, so besaß der Hof weder je genügend Kenntnisse, noch lag ihm das öffentliche Wohl derart am Herzen, als daß er der Ausuferung dieser riesigen und unübersichtlichen Anhäufung von Menschen und Steinen Einhalt gebieten wollte. Paris, das bislang die Provinzen ausgezehrt hat, kann nur durch diese zugrundegehen. Ein verschwenderischer und gleichzeitig auch mittelloser Hof wird nie ohne eine große Hauptstadt auskommen und immer die in einer Stadt angehäuften Luxusgegenstände den echten Gütern der Menschen vorziehen, wie sie auf dem Lande allenthalben anzutreffen sind.

Im übrigen hatte Paris damals zu wertvolle Geiseln, als daß man nur einen Gedanken darauf verschwendet hätte, eine Kanonenkugel dorthin zu schleudern. Damals lebten dort die ersten Familien des Königreichs, die Frauen und Kinder der Höflinge sowie der höchsten Offiziere der Armee. Aber Paris behauptet weiterhin hartnäckig, man habe seinen Untergang beschlossen, damit es sich seiner Verbrechen nicht allzusehr schämen muß.

Es ist also offensichtlich, daß, selbst wenn die Beweise für und wider die Absichten des Hofes gründlich widerlegt sein sollten, doch eine große Wahrscheinlichkeit für diejenigen spricht, die ihn rechtfertigen, und gegen diejenigen, die ihn verleumden; und diese Wahrscheinlichkeit wird noch weiter gestützt durch den Vergleich mit dem Zustand, in dem wir uns befinden. Paris wäre zwar von Soldaten in Zaum gehalten worden, aber ruhig geblieben; die Versammlung hätte nicht die Ehre gehabt, ihre falsche Verfassung zu beraten, vielmehr hätten sich Nation und König verständigt; die Steuern wären verabschiedet worden, und sicherlich hätte sich die Hauptstadt nicht mit so vielen Verbrechen besudelt, würden die Provinzen nicht von Räubern unsicher gemacht, wären die Abteien nicht in Brand gesteckt worden, die Schlösser nicht zerstört, die Klöster nicht geplündert und geschändet, die persönliche Sicherheit und das Eigentum nicht von allen Seiten angegriffen worden, die Staatseinnahmen nicht beträchtlich gesunken, die Macht der Gesetze nicht geschwächt und die Rechtsansprüche nicht in Unordnung geraten; schließlich wäre die Armee nicht untreu geworden, was in jedem Staat immer ein großes Unglück ist. Wie soll man sich künftighin auf den Eid einer solchen Armee verlassen? Diejenigen, die von ihrem König abgefallen sind, werden sie den städtischen Beamten treu sein? Um sich auf die Armee zu verlassen, mußte die Nationalversammlung zunächst auf ein Wunder oder ein Komplott vertraut haben, während sie jetzt ihr Vertrauen in Tugenden, metaphysische Urteile und Unterscheidungen setzen muß.[75] Eine Armee ist ein Instrument, das man zum Guten oder zum Bösen gebrauchen kann, und die Könige haben eine bessere Hand für solche Werkzeuge als die gesetzgebenden Körperschaften.

Fassen wir zusammen: Die Nationalversammlung war nicht damit beauftragt worden, eine Revolution zu beginnen, sondern uns eine Verfassung zu geben.[76] Unsere Abgeordneten aber haben bislang nichts anderes getan, als zu zerstören. Heute geben sie der Versuchung nach, der Verfassung eine Erklärung der Menschenrechte voranzustellen. Wenn sie dies später nur nicht bereuen müssen! Die Fürsten, denen man immer nur von ihren Rechten und Privilegien spricht aber nie von ihren Pflichten, sind im allgemeinen schlechte Menschen. Sollte die Nationalversammlung aus uns Fürsten machen wollen? Tönen die Leidenschaften nicht schon laut genug im menschlichen Herzen, und soll eine gesetzgebende Versammlung den Neid befördern, der nie will, daß ein Mensch mehr wert sei oder mehr besitze als ein anderer? Seit wann ist das Gesetz, das die Menschen immer verpflichtet hat, nur dazu gedacht, sie von ihren Pflichten zu entbinden und zu bewaffnen?

ALLE GESETZGEBER haben die Bande der Gesetze um die Ketten der Religion ergänzt. Sie glaubten nie genug Vorsichtsmaßregeln treffen zu können, um im Volk den Gehorsam, den Schutzengel der Welt, zu verankern. Aber die heutigen Philosophen gründen ihre Republik wie Plato auf eine strenge Theorie; sie haben ein Idealbild im Kopf, das sie immer an die Stelle der Welt, wie sie ist, setzen wollen. Sie beweisen, daß die Priester und die Könige die größten Geißeln der Erde sind, und wenn sie die Herren sind, bringen sie die Bevölkerung dazu, daß sie sich zuerst gegen die Religion auflehnt, sodann gegen die Autorität. Das ist der Weg, den sie in Frankreich gegangen sind. Sie haben für den König gegen die Päpste gekämpft und für die Bevölkerung gegen die Könige. Aber bald werden sie mit Schmerzen sehen, daß nur in einer Welt der Philosophen auf diese Weise das Joch zerbrochen werden kann, daß die Menschen losbinden sie entfesseln heißt. Sie werden sehen, daß man ihnen keine Waffen zu ihrer Verteidigung geben kann, die sie nicht alsbald zum Angriff gebrauchen. Und sie werden über das Unglück der menschlichen Gattung weinen, das es denen, die sie regieren, nicht gestattet, an Vollkommenheit zu denken. Dann werden aus den ehemaligen Philosophen Politiker werden. Sie werden sehen, daß in der Gesetzgebung wie in der Moral das Gute immer das Beste ist, daß die Menschen sich zusammentun, weil sie Bedürfnisse haben, und daß sie aufeinander losgehen, weil sie von Leidenschaften beherrscht werden, daß man sie weder wie Schafe noch wie Löwen behandeln darf, sondern so, als wären sie sowohl das eine als auch das andere; daß sie sich aus Schwäche zusammenschließen müssen und daß ihre Kraft sie schützt. Der Despot, der nur elende Schafe erblickt, und der Philosoph, der nur stolze Löwen sieht, sie beide sind gleichermaßen unvernünftig und schuldig.

Und doch muß man feststellen, daß die Bücher der Philosophen an sich nichts Schlimmes bewirkt haben, denn das Volk liest sie gar nicht und würde sie auch nicht verstehen. Aber nicht minder wahr ist, daß mit all den Büchern, zu denen sie der Anlaß waren, daß sie geschrieben wurden, und die das Volk sehr wohl verstanden hat, sie dennoch Schaden angerichtet haben.[77] Früher war ein Buch, das nicht über das Vorzimmer hinauskam, nicht sehr gefährlich, heute dagegen sind nur diejenigen, die nie über das Vorzimmer hinauskommen, wirklich gefährlich. Man muß die Philosophen loben, die voller Erhabenheit schrieben, um die Regierungen zu bessern und nicht, um sie zu stürzen, um der Bevölkerung Erleichterung zu verschaffen und nicht, um sie aufzubringen. Aber die Regierungen haben die Stimme der großen Schriftsteller gering geachtet und haben den Kleingeistern die Muße verschafft, die Werke des Genies zu kommentieren und sie dem Pöbel begreifbar zu machen.

Zweifelsohne ist es keine leichte Aufgabe, nur von Fehlern und Verbrechen erzählen und der Nachwelt nur das überliefern zu können, was man lediglich seinen Zeitgenossen vorhalten möchte. Aber wie ein Alter sagt: »Wenn man den Menschen nicht Angst machen kann, muß man sie bei ihrem Schamgefühl packen«. In der Tat ist noch nie eine Regierung so gedemütigt worden wie die unsere, niemals hat es eine unvernüftigere gesetzmäßige Versammlung gegeben, nie eine schuldigere Hauptstadt. Könnte die Nation doch gleichermaßen aus den Fehlern des Hofes, den Verbrechen der Stadt Paris und dem unglaublichen Verhalten ihrer Abgeordneten lernen! Wenn sie doch selbst einsähen, daß, solange sie mit so viel Eifer niederreißen, das Volk nicht aufhört, mutwillig das Baumaterial zu zerschlagen, das sie aus dem alten Gebäude herausbrachen und das zum Bau des neuen dienen sollte!

Sie sollten uns nicht beschuldigen, wir hätten ihre Fehler übertrieben oder ihre guten Absichten untertrieben; wir haben im Gegenteil einen Schleier über die privaten Mißstände geworfen, um nur das öffentliche Unglück des Staates zu sehen und aufzuzeigen. In den Proklamationen zur Aufrechterhaltung der Ordnung gesteht der König mit Bedauern ein, daß das, was sich abspielt, die Schande und das Ärgernis Frankreichs ist. Necker selbst sagt in seinen Reden, daß die Regierung nichts mehr tun kann. Haben wir mehr behauptet? Haben wir alle Verbrechen in allen Einzelheiten geschildert, alle Ränke entlarvt, alle Forderungen öffentlich angeklagt? An unserer Stelle hätten andere von der Affäre von Brest[78] geredet und von dem Widerwillen den die Nationalversammlung gegen die Aufdeckung dieses Komplotts an den Tag legte.[79] Sie hätten gesagt, warum ein gegen seine Vorgesetzten revoltierendes Regiment in Straßburg[80], nachdem es schlimme Exzesse begangen hatte, mit Erfolg den Schutz der Nationalversammlung angefordert hat; warum unseren Abgeordneten ihre Mandate einmal viel, das andere mal nichts gelten. Aber diese und noch einige andere Fragen sind nutzlos. Die Versammlung verstellt sich endlich nicht mehr[81]: Sie will nur den Thron anschwärzen und ihn vielleicht sogar vernichten. Aber die Natur der Dinge ist stärker als der Wille der Menschen, und diese finsteren Vorhaben werden vorübergehen. Der Aufruhr wird dann nur die Fanatiker des Volkes und die Sklaven des Hofes auseinandergesprengt haben, und der Thron wird eines Tages unter einem reineren Himmel im stillen Glanze, gestützt auf die allgemeine Freiheit, erstrahlen.

WENN ES AUF ERDEN eine dem Menschen überlegene Gattung gäbe, würde sie manchmal unseren Instinkt bewundern; aber sie würde sich oft über unsere Vernunft mokieren. Vor allem bei großen Ereignissen würde so viel Schwäche in unseren Anstrengungen und so viel Unvorsichtigkeit bei unseren Vorhaben ihr Mitleid erregen. Die Eitelkeit des Menschen müßte bekennen, daß es eine Art blindes Schicksal, ein unbestimmtes Etwas gibt, das gern die Klugheit Lügen straft und die Ratschläge der Weisheit nach Belieben durchkreuzt. Das liegt aber nur an unserem beschränkten Blickwinkel. Wenn wir die Ursachen entdecken könnten, bevor wir die Wirkungen bemerken, dann würden wir die Ereignisse mit einiger Sicherheit vorhersagen können; da wir aber immer von den Wirkungen auf die Ursachen schließen müssen, verbringt der Mensch sein Leben damit, über die Vergangenheit zu räsonnieren, sich über die Gegenwart zu beklagen und vor der Zukunft zu zittern.

Wer hätte dem alten Maurepas 1774, als er die Parlements wieder einrichtete, gesagt, daß er sie und mit ihnen die königliche Autorität für immer ruinieren würde? Um neuere Beispiele zu zitieren: Wer hätte letztes Jahr dem Adel und dem Klerus gesagt, (als sie lauthals die Generalstände forderten), daß sie dort ein so jähes Ende finden würden? Sie dachten doch nur daran, sich am Bischof von Sens zu rächen und ein paar Pensionen wiederzubekommen, die der Kardinal gestrichen hatte. Necker ist vielleicht der einzige, der, nachdem er dem Dritten Stand die doppelte Stimmenzahl zugestanden hatte, plötzlich gemerkt hat, daß er damit die alte Monarchie umstürzte. Allein die Wirkung lag so nahe bei der Ursache, daß man es dem Minister nicht verzeihen kann, dies nicht früher erkannt zu haben. Seine Reue und seine Bemühungen waren nutzlos. Vergeblich hat er die Abstimmung nach Ständen als wirksames Mittel gegen das Übel empfohlen, das er bewirkt hatte; der Anstoß war gegeben und der Dritte Stand hat aus tausend Kehlen gerufen, er werde nach Köpfen abstimmen.

WENN ES DERZEIT ein interessantes Problem auf der Welt gibt, dann ist es die aktuelle Lage Frankreichs. Was wird aus dem König? Was wird aus den Vermögen? Jeder fragt sich das, und in der allgemeinen Bestürzung antworten abwechselnd das Interesse, die Angst oder der Fanatismus. Wir werden es bald erfahren, ob die Stimme der Vernunft die der anderen übertönen kann; und ohne uns allzusehr in der Kunst der Mutmaßungen zu ergehen, werden wir sehen, wie weit wir mit unseren schwachen Augen in die Zukunft sehen können.

Es waren weder die Steuern noch die *Lettres de Cachet* noch alle anderen Mißbräuche der Autorität, wie die Schikanen der Intendanten[82] oder die ruinöse Langsamkeit der Gerichtsbarkeit, welche die Nation derart in Harnisch gebracht haben. Den meisten Haß hegte man vielmehr dem Adel gegenüber. Das beweist, daß es die Bürger waren, die Literaten, die Geldmänner und schließlich alle, die auf den Adel eifersüchtig waren, die das gemeine Volk in den Städten und die Bauern auf dem Lande gegen ihn aufgehetzt haben. »Der Adelstitel ist eine schreckliche Sache«, sagte Pascal. »Er verleiht einem neu geborenen Kind ein Ansehen, das man in fünfzig Jahren Arbeit und Tugend nicht erlangen kann.« Es mutet in der Tat seltsam an, daß das Vaterland einem Kind von Adel die Prognose stellen kann, es werde eines Tages die Wahl haben, Prälat, Marschall von Frankreich oder Gesandter zu werden, während es seinen übrigen Kindern nichts dergleichen zu sagen hat. Also fanden sowohl die Gebildeten als auch die Reichen den Adel unerträglich, und bei vielen war dieser Abscheu so heftig, daß sie sich am Ende einen Adelstitel kauften. Alsdann aber erlitten sie neue Qualen. Zwar waren sie nun geadelt und damit Adlige, sie waren jedoch noch keine Edelleute von Geblüt. Die Könige von Frankreich haben nämlich nicht daran gedacht, mit dem Adelsprädikat auch noch einen entsprechenden Stammbaum zu verkaufen, der den Emporkömmlingen immer fehlt. Wenn der Kaiser von China jemanden in den Adelsstand erhebt, macht er ihn auch zum Edelmann, weil er zugleich den Vater, den Großvater, den Urgroßvater, den Ururgroßvater, die alle längst verstorben sind, adelt und erst dort in der Ahnenreihe damit halt macht, wo es ihm beliebt. Dieser Kaiser verleiht oder verkauft einem zugleich die Vergangenheit, die Gegenwart und die Zukunft, während unsere europäischen Könige uns nur die Gegenwart und die Zukunft verkaufen. Darin sind sie weniger konsequent und weniger freigiebig als der chinesische Monarch. Die französischen Könige befreien ihre Untertanen vom Makel des bürgerlichen Standes ähnlich wie sie von den Skrofeln geheilt werden, nämlich derart, daß Narben zurückbleiben.[83]

Ich stelle den verschiedenen Völkern Europas und insbesondere den Franzosen jetzt die Frage: Wer ist dafür verantwortlich, daß der Adelswahn unter uns epidemische Ausmaße angenommen hat? Soll einem Edelmann die Schuld daran gegeben werden, daß jedermann ihm sagt, er sei ein Edelmann, daß jeder ihm dafür Anerkennung zollt, nur weil er den Namen seines Vaters trägt, oder daß ein jeder ihm zuruft, er solle seine alten Papiere gut aufbewahren und ein müßiges Leben führen, und daß schließlich alle glauben, man hätte ihm den Adel genommen, wenn die Armut ihn zur Arbeit zwingt und er sich für die Gesellschaft nützlich macht?[84] Es liegt auf der Hand, daß, wenn die Adligen die einzigen gewesen wären, die diese Dummheiten geglaubt hätten, man dieses Spiel nicht so lange betrieben hätte. Und hätte man die Leute, die sich Adlige nennen, von Anfang an ausgelacht, dann hätten sie sich dessen nicht lange gerühmt. Aber die Bürgerlichen litten an dieser Krankheit noch mehr als jene. Der Adel ist in den Augen des Volkes eine Art Religion, deren Priester die Edelleute sind[85]; und unter den Bürgern gibt es sehr viel mehr Gottlose als Ungläubige. Weniger konsequent als die Versammlungen des Adels wollten unsere Akademien, zu denen noch nie jemand aufgrund seines Geistes und seines Talents zugelassen worden ist, sich mit Edelleuten schmücken und haben dem Adel Tür und Tor geöffnet. Sogar unsere Philosophen haben ganze Tage damit zugebracht, sich ihren Kopf über die verschiedenen Genealogien Europas zu zerbrechen und einander zu sagen: »Dieser ist gut, jener nicht; dieser Dummkopf und jener Spitzbube sind anständige Leute; der ist aus dem Holz, aus dem die Bischöfe und die Marschälle von Frankreich geschnitzt werden.« Sie haben einen Haufen sprichwörtlicher Sätze, die von Mund zu Mund gingen und die vernünftigsten Ansichten verdarben, zum Allgemeingut gemacht und schließlich entstand daraus das, was man das Vorurteil vom Adel nennt.

Ich frage dich also, französische Nation, wer kann dafür, daß dieses Vorurteil allen den Kopf verdreht hat? Müßtest du dich nicht dessen selbst beschuldigen? Aber wenn du dich dessen beschuldigst, wenn du dich dafür schämst, warum tötest du dann einen Menschen allein schon deshalb, weil er Edelmann ist? Warum brennst du seine Archive und Schlösser nieder? Vielleicht wolltest du, nachdem du dich für deine Dummheit geschämt hast, deine Schande mit Blut abwaschen und sehr grausam werden, um vergessen zu lassen, daß du dich lächerlich gemacht hast. Aber ich sage dir, deine Verbrechen werden nutzlos sein - denn damit wirst du die Erinnerung nicht auslöschen können. Cäsar sagte zu der demokratischsten Versammlung, die es je auf Erden gegeben hat: »Ich stamme in der männlichen Linie von Ancus Martius ab und in der weiblichen Linie von Venus, so daß in meinem Haus sowohl die Majestät der Götter als auch die Heiligkeit der Könige zu finden ist.« Er sagte es, und man liebte ihn deshalb nicht minder; denn die Römer waren eifersüchtiger auf die Ämter der Republik als auf die Genealogien der Individuen. Und zweifelsohne werdet ihr, Pariser Bürger, eines Tages eine ebenso vernünftige Eifersucht entwickeln, wenn ihr sehen werdet, daß eure Kinder gleich den Adligen Zugang zu öffentlichen Ämtern haben. Aber ich sage euch noch einmal, die Adligen werden die Einkünfte aus den Ämtern immer mit euch teilen, ohne daß ihr den eitlen Stolz auf die Titel je mit ihnen werdet teilen können, ohne daß ihr je vergessen könnt, was sie sind oder was ihr seid. Selbst in eurer künftigen Verfassung werden diejenigen unter euch, die einmal hohe Ämter bekleidet haben, auch Adlige werden, während diejenigen, denen das nur als letztes gelingt, immer als »Emporkömmlinge« behandelt werden. Diese Krankheit ist in unserem Europa unheilbar, und es wäre für eure Philosophen leichter, euch darüber hinwegzutrösten, als euch davon zu heilen.

Das riesige Vermögen des hohen Klerus war in den Augen des Volkes ebenfalls schon lange eine unerträgliche Sache, und es verstärkte noch den Haß und den Neid auf die Adligen, die einzig und allein ein Anrecht auf die hohen Würden und die dicken Pfründen hatten. Deshalb hat man angesichts der verzweifelten finanziellen Situation keinen Augenblick gezögert, zuerst die Kirche zur Ader zu lassen.

Dies nun war das letzte Mal, daß wir von den Fehlern der Regierung und den Beschwerden der Nation geredet haben; wir werden nicht mehr darauf zu sprechen kommen. Die Arbeit der Nationalversammlung und die daraus folgenden Ereignisse werden nunmehr unsere ganze Aufmerksamkeit in Anspruch nehmen.

Wir haben den König in dem Augenblick verlassen, als er mit einer patriotischen Kokarde dekoriert, aber ohne Armee, ohne Kronrat, ohne Minister und ohne Geld allen Entscheidungen der gesetzgebenden Körperschaft ausgeliefert war. Die Gemäßigten dachten, daß die Nationalversammlung an eben diesem Tag sich ihrem wehr- und waffenlosen König hätte zu Füßen werfen müssen, um ihn mit solchen Ehrenbezeugungen für seinen wirklichen Verlust zu entschädigen, ihm derart wieder Achtung zu verschaffen und vor allem auch, um das Volk in Schach zu halten, das sich zu Ausschreitungen würde hinreißen lassen, sobald es merkte, daß die Regierung machtlos war. Man hoffte, daß die Mehrheit der Gesetzgeber sich beeilen würde, die Bande der durch eine so große Erschütterung in Unordnung geratenen politischen Körperschaft wieder fester zu knüpfen und daß die Gewalten durch eine weise Verfassung gezähmt sowie mit der Gesetzgebung begonnen würde. Vor allem aber hoffte man, daß die Nationalversammlung sich alsbald der zerrütteten Finanzen annähme. Bald jedoch wird man sehen, wie unsere Abgeordneten, trunken ob ihres Sieges über die königliche Autorität und benebelt von Weihrauch, der in allen Provinzen für sie entzündet wurde, gestützt auf die immense Bürgergarde und die blinde Gefolgschaft aller großen Städte, die zu dem standen, »was sie getan hatten, was sie gerade taten und was sie noch tun würden«. - Bald also wird man sehen, wie diese Abgeordneten sich über alle Maßen ereifern und wohin Angst und Eitelkeit »die weiseste und erhabenste Versammlung des Universums« noch führen werden.

Unterdessen war Necker auf der Flucht durch die Niederlande und Deutschland und nahm dabei »das Heil Frankreichs« mit sich. Ein Brief des Königs, ein Sendschreiben der Nationalversammlung und ein Beamter des Finanzministeriums galoppierten ihm hinterher und erreichten ihn jenseits des Rheins. Sobald er erfuhr, was alles sich am Tag seiner Abreise zugetragen hatte, erkannte der Minister, daß er als der Sündebock für sämtliche Übel herhalten müsse, war jedoch gerade deshalb um so mehr davon überzeugt, daß er zugleich auch das Heilmittel dagegen sei und kehrte nach Paris zurück. Alle Intriganten hatten sich verbündet, ihn zurückzuholen, um ihn dem Volkszorn entgegenzuhalten, ganz so wie man in manchen Ländern Reliquien zeigt, um Bränden oder Überschwemmungen Einhalt zu gebieten.

Die vernünftigen Menschen hegten die Befürchtung, der Minister wolle erst zurückkommen, wenn die Nationalversammlung eine gute Verfassung verabschiedet und auch dem König wieder genug Autorität verschafft hätte, damit Ruhe und Ordnung gewährleistet wären; aber Necker warf sich ohne weitere Überlegungen und ohne das geringste Zaudern sofort in die Arme des rebellierenden Königreiches, das ihm seine blutgetränkten Hände entgegenstreckte, und kam nach Paris, wo sein Einzug eine schöne, geglückte Parodie auf den Einzug des Königs ein paar Tage zuvor war. Der Monarch hatte nur »Es lebe die Nation!« rufen hören, der Minister dagegen vernahm nur »Es lebe Necker!« Der Monarch hatte »Gerechtigkeit« für seine Untertanen gefordert, der Minister forderte »Gnade«. Dem Monarchen hatte man eine Kokarde angeboten, den Minister dagegen ehrte man mit einer Statue.

Aber dieser Einzug, der alle Welt entzückte, beruhigte gleichwohl niemanden. Die sechzig kleinen Republiken, »Distrikte« genannt, in welche die Hauptstadt aufgeteilt worden war, wollten ihrerseits an den auf Bitten Neckers vom *Hôtel de Ville* gewährten Ehrenbezeugungen nicht teilnehmen und machten sich über die Metropole lustig. Die Folge davon war, daß dem Minister nichts anderes übrig blieb, als sich nach Versailles unter die Trümmer des Thrones zurückzuziehen und von dort aus die Krämpfe von Paris sowie die Winkelzüge der Nationalversammlung zu beobachten.

»Man ist ein armer Tropf«, sagte der große König von Preußen, »wenn man die Staaten in Zeiten der Unordnung und des Unglücks regiert.« In der Tat kann in Krisenzeiten sogar der Kredit des besten Menschen schwinden, sei es weil es am Glauben an Wunder oder weil es dem Glauben an Wundern mangelt; eben diese Erfahrung machte Necker jetzt, wie wir sehen werden.

Der Minister hatte die Nationalversammlung in einer glänzenden, wenn auch heiklen Lage vorgefunden. Sie hatte alle Gewalt in ihren Händen, alle Gerichtshöfe zu ihren Füßen, und von überallher kamen Glückwünsche, ermutigende und zustimmende Schreiben. Aber sie hatte diese Hauptstadt vor ihren Toren, derer sie sich bedient hatte, um den Thron zu stürzen; und die argwöhnische und wilde Macht eines Volkes, das eher von seiner Kraft als von seinen Rechten Gebrauch machte, erforderte geschickte Hände, um es zu führen. La Fayette, der Oberbefehlshaber der Nationalgarde, schrieb an die Bürger von Paris: »Ihre Befehle auszuführen, leben und wenn nötig zu sterben, um Ihnen zu gehorchen, das sind die einzigen Funktionen und die einzigen Rechte desjenigen, den Sie die Güte hatten, zu Ihrem Kommandanten zu ernennen.« Alles verneigte sich mehr oder weniger tief vor diesem Volk aus lauter Königen; und da dieses Volk sehr demokratische Wünsche geäußert hatte, stand durchaus zu befürchten, daß diese Wünsche eben jene Nationalversammlung dazu veranlassen könnten, eine allzu populistische Staatsform zu billigen, obwohl diese

Versammlung einberufen worden war, um die Monarchie in Frankreich zu befestigen, deren Chef die gesamte exekutive und einen Großteil der legislativen Gewalt in Händen hält.

Die Versammlung konnte in der Tat dem von der Hauptstadt ausgehenden Druck, der außerdem noch durch eine ungestüme Mehrheit in ihrer Mitte verstärkt wurde, nicht widerstehen. Von den Erfolgen trunken erachtete sie Vorsicht als Schwäche, Gewalttätigkeit als Stärke und trachtete danach, die wahnwitzige Begeisterung der Bevölkerung noch dadurch anzufachen, daß sie sich über die ältesten Bräuche und Rechte hinwegsetzte und die Dinge von so hoher Warte aus betrachtete, daß sie der Einbildung verfiel, sie nähme an der Erschaffung der Welt tätigen Anteil.

Um die Bedeutung eines derart ruhmreichen Unterfangens noch wirksam zu unterstreichen, nannten sich die Generalstände bald die »Repräsentanten Frankreichs«, bald »Frankreich selbst«, bald »Nationalversammlung« und bald »die Nation«.[86] Dabei hielten sie ihre Mandate je nach Bedarf und Maßgabe der Umstände für alles oder nichts. Statt einer Verfassung und einer Gesetzgebung, die Frankreich so dringend benötigte, verkündeten sie zunächst mit Nachdruck, sie würden eine »Erklärung der Menschenrechte« verfassen: Das heißt, bevor sie uns ein Buch gaben, dessen Inhalt dringend nötig war, wollten sie eine gefährliche Vorrede schreiben. Sie wähnten sich in ihrem Holzhaus[87] wie in einer zweiten Arche Noah, und sie bildeten sich allen Ernstes ein, daß die Erde dem gehöre, der als Erster von ihr Besitz ergriffe und daß sie diese folglich unter ein neues Menschengeschlecht verteilen könnten. Sie verkündeten daher der Welt, daß alle Menschen frei geboren seien und frei blieben, und daß ein Mensch nicht mehr sein könne als ein anderer, sowie hundert andere Entdeckungen dieser Art, die der Welt als erste offenbart zu haben sie sich beglückwünschten. Und nach rechter Philosophenart mokierten sie sich dabei über England, das es nicht verstanden habe, es wie sie anzufangen, als es sich 1688 eine Verfassung gab.

Aber die Freude unserer Abgeordneten war nur von kurzer Dauer. Man fragte sich in Europa bald, was das denn für eine neue Methode sei, die Völker mit metaphysischen Theorien und Abstraktionen zu führen, Praxis und Erfahrung für nichts zu achten, den noch im Naturzustand lebenden mit dem gesellschaftlichen Menschen sowie die natürliche Unabhängigkeit mit der bürgerlichen Freiheit zu verwechseln. Wenn man sagt, daß alle Menschen frei geboren sind und frei bleiben, dann sagt man, daß sie nackt geboren werden und es auch bleiben. Zwar werden die Menschen nackt geboren, aber sie leben bekleidet, ebenso wie sie unabhängig geboren werden und doch unter Gesetzen leben. Die Kleidung schränkt den Körper zwar in seiner Bewegungsfreiheit ein, sie schützt ihn jedoch auch vor den äußeren Unbilden, während die Gesetze zwar die Leidenschaften beschränken, aber gleichzeitig auch die Ehre, das Leben und die Vermögen schützen. So hätte man, um einander zu verstehen, zwischen der Freiheit und der Unabhängigkeit unterscheiden müssen. Die Freiheit besteht darin, nur den Gesetzen zu gehorchen; in dieser Definition allerdings findet sich das Wort »gehorchen«, während die Unabhängigkeit darin besteht, in den Wäldern völlig zügellos zu leben, ohne irgendwelche Gesetze zu achten.

Man fand es daher sowohl merkwürdig als auch gefährlich, daß die Nationalversammlung das Gesetzbuch der Wilden verfaßte und gleichzeitig Maximen zugunsten des Egoismus und aller anderen der Gesellschaft feindlichen Leidenschaften zusammenstellte. Die Neger in den Kolonien und die Domestiken in unseren Häusern können uns mit der »Erklärung der Menschenrechte« in der Hand von unseren ererbten Besitztümern verjagen. Wie konnte eine Versammlung von Gesetzgebern nur so tun, als wüßte sie nicht, daß das Naturrecht keinen Augenblick neben dem Recht auf Eigentum bestehen kann? An dem Tag, an dem ein Mensch durch Arbeit von einem Feld Besitz ergriffen hatte, befand er sich schon nicht mehr im reinen Naturzustand. Sein Dasein war wie das seiner Nachbarn arbeitsam und abhängig. Aber die Versammlung wollte nicht daran denken, daß die politische Körperschaft ein künstliches Wesen ist, das nichts mit der Natur gemein hat, daß die Menschen ungleich geboren werden, und daß das Gesetz die Kunst ist, die natürlichen Ungleichheiten einzuebnen.[88]

Indem sie zum Ursprung der Welt zurückging, um eine Neuordnung der Dinge auf Erden zu begründen, vermied es die Versammlung zunächst sorgfältig, das Wort GOTT in den Mund zu nehmen, und diese Sorgfalt wurde genauestens beachtet. O ihr Lehrlinge in der Politik, ja sogar in der Philosophie! Ist der Richter über alle Gewissen nicht auch der Garant allen Eigentums? Selbst wenn Gott nur die schönste Schöpfung des menschlichen Geistes wäre, mußtet ihr ihn denn gänzlich vergessen, als ihr eure Metaphysik machtet? »Wenig Philosophie«, sagte Bacon, »führt weg von der Religion; viel führt wieder zu ihr zurück«.

Necker bremste seinerseits den Höhenflug unserer Gesetzgeber, indem er sie zwang, von der Wiege der Welt in die Niederungen des Finanzausschusses hinabzusteigen. Die erhabenen Architekten eines neuen Universums mußten sich mit den niederen Bedürfnissen jenes Fleckchens Erde befassen, das man Frankreich nennt. Necker schlug ihnen also in Anbetracht der gähnenden Leere der königlichen Kassen vor, einer Anleihe von dreißig Millionen zu fünf Prozent zuzustimmen, wozu man sich nach einigem Widerstand auch durchrang. Um bei dieser Unternehmung jedoch auch eine Rolle zu spielen, beschlossen die Abgeordneten, daß die Anleihe zu nur viereinhalb Prozent aufgelegt werden solle, womit sich Paris vollends entlarvte und die Repräsentanten der Nation ihre Unfähigkeit bewiesen. Necker mokierte sich daher zu Recht über sie. Der Anleihe war keinerlei Erfolg beschieden. In ihrem unglaublichen Patriotismus legten die Pariser großen Wert auf ein halbes Prozent, und Necker, der nur zu gut weiß, wie Wunder im Finanzwesen zustandekommen, gab unseren Abgeordneten deutlich zu verstehen, daß sie eine viel zu gute Meinung von den Kapitalisten gehabt hätten, daß nämlich nach einem Monat metaphysischer Debatten der Patriotismus abgekühlt, der Kredit geschwunden und damit der Augenblick, eine solche Anleihe zu plazieren, endgültig verpaßt worden sei. Schließlich hielt er auch nicht damit hinter dem Berg, der Nationalversammlung zu sagen, daß sie jedes Mal in die Irre zu gehen drohe, wenn sie sich von dem Pfad entferne, den er ihr wiese.

NACH DIESER HARSCHEN LEKTION, die er den Abgeordneten erteilte, wurde das Projekt einer neuen Anleihe in Höhe von 80 Millionen erörtert. Um das Publikum besser zu ködern, sollte diese neue Anleihe nicht allein nur zu fünf Prozent verzinst werden, sondern es stand den Anlegern auch frei, die Hälfte mit Papieren und die andere Hälfte mit Bargeld zu finanzieren. Aber selbst diese für die Anleger so vorteilhafte wie für den königlichen Schatz nachteilige Anordnung fand keinen besonderen Anklang. Da

Necker folglich nicht in der Lage war, diese Anleihe zu plazieren, mußte er auf diese Geldmittel verzichten. Er wird immer im Stich gelassen werden von den Pariser Rentnern, den ausländischen Kapitalisten wie auch von ganz Frankreich, das fürchtet, der Nationalversammlung Waffen in die Hand zu geben, wenn es ihr alles Geld gibt, das sie benötigt. Wenn man dagegen seine Anleihen nur auf die »treue Gesinnung der Franzosen« gründet, kann man nur auf Patrioten zählen, die nicht rechnen können. Das ist auch der Weg, den Necker eingeschlagen hat. Beunruhigt über die unfruchtbaren Diskussionen unserer Abgeordneten, bestürzt über den Mißerfolg seiner Anleihen und von den schwierigen Umständen in die Enge getrieben, legte er der Nationalversammlung sein »Ultimatum« vor. Dieses Ultimatum war eine lange Rede, in der der Minister den entsetzlichen Zustand beklagte, in den ebensowohl die Übereilung als auch die Langsamkeit der Nationalversammlung Frankreich gestürzt haben: Übereilung aus Begeisterung und Angst, als es darum ging, die königliche Autorität anzugreifen und die Regierung überall vernichtend zu schlagen; langsame und lange Beratungen, als die Ordnung schnell wiederhergestellt werden mußte und es galt, den Sturzbach, den man über die Ufer hatte treten lassen, wieder einzudämmen.

Um so große, keinen Aufschub duldende Übel zu beseitigen, verkündete Necker 1. Reformen und strenge Sparmaßnahmen für das Haus des Königs, der Königin und der Fürsten sowie in allen Ministerien, bei der Besoldung, bei den Pensionen und so weiter; 2. schlug er eine neue Art vor, die Steuer auf allen Landbesitz auszudehnen, da es keine Privilegien mehr gebe; 3. schlug er vor, einen freiwilligen Beitrag in Höhe der Hälfte der Einkünfte zu leisten; 4. forderte er dazu auf, das Tafelsilber und den Schmuck der Münze zu stiften; 5. forderte er Mittel bereitzustellen, die Diskontkasse in eine Nationalbank umzuwandeln, um derart Papiergeld auszugeben; 6. verlangte er, den Zehnten, den man abgeschafft und ohne weiteres Nachdenken den Besitzenden, die davon aufs angenehmste überrascht waren, zum Geschenk gemacht hatte, wieder einzufordern.

Wie man sieht, bediente sich unser Finanzminister der Mittel von Silhouette[89], indem er unser Tafelsilber einforderte, und jener von Law, indem er die Einführung von Papiergeld anbot. Von den reichen Privatleuten verlangte er, daß sie ihr Tafelsilber spendeten, während Bürger und Bauern ihre Kreuze und Ringe in die Münze zu bringen hatten, die so zum »Opferstock« zugunsten der armen Gläubiger des Staates werden sollte. Der königliche Haushalt ist bereits mit gutem Beispiel vorangegangen, und hat sein Tafelgeschirr dorthin geschickt. Die Nationalversammlung selbst ist zu einem großen Pfandhaus geworden, in dem einige Pariserinnen ihren Schmuck deponiert haben.

Eine solche Hilfsquelle ist stets Vorbote der höchsten Not und vernichtet jeden Kredit, das einzige »Almosen«, das man einem großen Staat gewähren sollte. Die Armut fordert, daß man ihr gibt, der Reichtum dagegen will nur, daß man ihm leiht; nun verleiht man zwar viel, gibt aber nur wenig. Diese Regel gilt zumindest so lange als nicht ein Sturm der Begeisterung die Provinzen mitreißt und nicht jeder alle seine Habe preisgibt, um die Gläubiger des Staates zu retten. Mit einer lebhaften und großzügigen Nation kann man keine Kalkulationen anstellen, und Wunder wären keine mehr, wenn sie nicht allen vernünftigen Überlegungen widersprächen. Überdies muß man sich über die unglückseligen Zeitläufte beklagen, die es Necker nie ermöglichten, jene großen Talente zu entfalten, die er zum Wohle der Republik vom Himmel empfangen hat. Gezwungen, eine Anleihe nach der anderen aufzulegen und so das »Defizit« zu vermehren, konnte er das Staatsvermögen, das in seinen unsicheren Händen ruhte, nur dadurch auf eine feste Grundlage stellen, daß er sich auf freiwillig gezahlte Steuern und patriotische Spenden verließ. Man sagt, sein Betragen sei natürlich; dem stimme ich zu, denn warum hätte man ein übernatürliches erwarten sollen? Die fanatischen Anhänger des Ministers, dem man große Qualitäten bescheinigen muß, würden, sofern das möglich wäre, sogar noch seinem Ruf dadurch schaden, indem sie ihm übernatürliche Fähigkeiten bescheinigen.

Dieser Plan Neckers wurde dem Finanzkomitee der Nationalversammlung zugeleitet. Während man dessen Stellungnahme erwartete, beschloß die Versammlung, daß alle Ländereien des Königreichs mit einer einheitlichen Grundsteuer belastet werden, die aber proportional zu deren Erträgen ausgelegt sein sollte. Gleichzeitig wurde der Beschluß verkündet, daß für die restlichen Monate des Jahres 1789 die Bevölkerung von jener Steuerlast befreit werde, die von nun an von den vordem priviligierten, das heißt von jeglicher Steuerzahlung befreiten Ländereien aufgebracht werden mußte. Damit hatten wir jene Grund- und Bodensteuer, die zuvor schon Calonne und Loménie de Brienne vorgeschlagen hatten. Es beginnt immer damit, daß bestimmte Minister lauthals kritisiert werden, und stets endet es dann derart, daß man auf ihren Spuren wandelt und von den Brosamen lebt, die von ihrer Tafel abfielen.

Aber da diese Bodensteuer, die, was die Grundbesitzer anlangt, durchaus gerechtfertigt ist, weder die Kapitalbesitzer und die Banken noch überhaupt all jene trifft, die ihr Vermögen in ihrer Brieftasche tragen, ist es notwendig, eine Steuer zu schaffen, mit der alle diese verborgenen Vermögenswerte belastet werden. Ohne eine solche Steuer sind jene, die beinahe das gesamte Münzgeld im Königreich besitzen, immer noch privilegiert. Wenn man jedoch diese Vermögenssteuer einführt, dann verwirklicht man damit nur eine weitere Idee von Calonne.

Was die weiteren Vorschläge Neckers anlangt, so spürt man förmlich, wie sehr sie das Interesse erregt haben. Dieser Minister möchte die *Caisse d'Escompte* in eine Nationalbank umwandeln. Es liegt jedoch auf der Hand, daß, wenn die Nation die Garantie für alle Geldscheine dieser Bank übernimmt, die noch oder auch nicht mehr in Europa in Umlauf sind, diese Bürde ihre Kräfte übersteigen könnte. Der Hof, sagt Necker, schuldet dieser Kasse sehr viel; noch mehr aber schuldet diese Bank der Öffentlichkeit. Und da sie ihre Zahlschalter nicht geöffnet hat, kann man von ihr sagen, daß sie sich im Zustand permanenter Zahlungsunfähigkeit befindet, wie es ein Mann ist, dem Zahlungsbefehle zugestellt werden. Wenn jenem Vorschlag zugestimmt werden sollte, dann bedeutete dies auch die Einführung von Papiergeld, eine Maßnahme, die unvermeidlich Staatsbankrotte zur Folge haben wird. Diese Staatsbankrotte, sagte Newton, sind in ihrer Bedeutung dem Verhältnis vergleichbar, in dem Bankrotte der Könige zu denen von Privatleuten stehen. Und dieser bedeutende Mann starb mit der Überzeugung, daß England mit seinem Papiergeld an einer dieser großen Katastrophen zugrunde gehen werde. Es ist ausgemacht, daß ein Volk , das uneingeschränkt von der Möglichkeit Gebrauch macht, bei sich selbst Geld aufzunehmen und seine Rechnungen mit Papiergeld bezahlt, wie der sagenhafte Midas[90] enden wird: Die Realitäten verschwinden durch die nämlichen Hände, die immer neue Zeichen schaffen. Es handelt sich dabei um ein ewig gültiges Verhältnis: Das Gold und das Papiergeld sind die beiden Merkmale von Reichtum; aber das eine hat eine universale, das andere lediglich eine lokale und begrenzte Gültigkeit. Die Seltenheit edler Metalle und die Mühen, die ihre Ausbeutung erfordern, geben der Erde die Zeit, die Ernten reifen zu lassen, und die Zahlungsmittel können damit jene Wertdeckung erreichen - oder doch zumindest fast erreichen, die sie repräsentieren. Kann die Natur aber so schnell Reichtümer produzieren, wie die Feder eines Mannes, der Papiergeld fabriziert? Das Geld, dessen Menge beschränkt ist, ist unbeschränkt in seinen Wirkungen, während das Papiergeld umgekehrt in seiner Menge unbeschränkt ist, aber sehr stark begrenzt in seinen Wirkungen. Ein Volk, das sich gezwungen sieht, zu derartigen Mitteln seine Zuflucht zu nehmen, sollte diese grundsätzlichen Überlegungen nicht aus dem Auge verlieren.[91]

Schließlich ist die Steuerquote in Höhe eines Viertels aller Einkünfte ein Vorschlag, der die Nationalversammlung am meisten in Verlegenheit gestürzt hat. Denn wie soll man diese enorme Steuererhöhung einem Volk schmackhaft machen, dem man seit langem von nichts anderem spricht als von seiner Freiheit und Souveränität und das weit davon entfernt ist, mit neuen Steuern zu rechnen, sondern eher erwartet, daß die bereits bestehenden Abgaben reduziert werden? Die Versammlung sieht sich in dieser Frage in einem schrecklichen Zwiespalt: Entweder muß sie sich gemeinsam mit den Gläubigern des Königs in den Abgrund des Staatsbankrottes stürzen oder sie muß der Steuerhydra einen neuen Kopf wachsen lassen. Necker zeigte sich darin so unbeugsam wie es die Umstände, und so unbeirrbar wie es die Not erforderten, indem er die Nationalversammlung für alle Folgen verantwortlich machte, wenn diese ihre Entscheidungen verzögerte.

Da die Versammlung trotz des Berichts ihres Komitees über den Zustand der Finanzen nicht Bescheid wußte, war sie deshalb nicht imstande, Neckers Vorschläge zu diskutieren und sich entweder den Erfolg zu sichern oder etwas Besseres an ihre Stelle zu setzen. Und da sie im übrigen merkte, daß die Gläubiger des Staates sich nicht wie ein Curtius[92] in den Abgrund des Defizits stürzen würden, um es zu decken, traf sie in dieser Sache von größter Bedeutung eine plötzliche Entscheidung. Sie, die mehr als eine Sitzung über einer Eidesformel zugebracht oder mit Überlegungen vertan hatte, ob man das Vaterland vor den König oder den König vor das Vaterland stellen solle, und die anläßlich der Erklärung der Menschenrechte tagelang darüber gestritten hatte, ob man sagen müßte, die Menschen »sind frei geboren« oder »leben frei«, oder sie »sind frei« oder »bleiben frei«, diese Versammlung also erklärte, daß sie, da sie nichts Besseres vorzuschlagen habe, Wort für Wort und in gutem Glauben Neckers Plan annehme und sich dabei in der Hoffnung wiege, ein Minister, der sich so großer Popularität erfreue, werde der Nation nur Angenehmes bringen. Gleichzeitig fügte sie aber auch hinzu, daß, falls das Projekt keine positiven Folgen zeitigen sollte, die Abgeordneten wenigstens ihres Vertrauens wegen von jeglicher Verantwortung freigesprochen werden würden.

Dergestalt erklärte sich die Nationalversammlung über den Zustand der Finanzen und die Mittel, ihn zu bessern, und so wurde, die Umstände zum Vorwand nehmend, das wichtigste Thema der Generalstände behandelt als sei es völlig nebensächlicher Natur. Vor einer Neuordnung der Finanzen wird es keine Verfassung geben; die Macht wird oktroyiert und nicht konstituiert.

Um das zu erklären, muß man feststellen, daß es den Hitzköpfen und Demagogen, welche die Versammlung beherrschen und sie so vehement an ihr Ziel führen, vorzüglich gelungen ist, die Truppen zum Rückzug zu bewegen, Paris zum Aufstand zu reizen, die Bürger und die Bauern zu bewaffnen, die königliche Autorität zu untergraben, sowie die Rechte und die Einkünfte der Fürsten und der Privatleute zugrundezurichten, daß sie sich andererseits aber, als es darum ging, die Lage der Finanzen zu bessern, die Vermögen zu sichern und dem König wie der Nation einen guten Plan zu präsentieren, nur durch geschicktes Ausweichen aus der Affäre ziehen konnten. Necker ist darauf nicht hereingefallen; er hat gemerkt, daß man ihn für die Folgen des Projekts, das er vorschlug, verantwortlich machen wollte. »Da man es blind übernimmt«, sagte er, »muß man mir bei dessen Ausführung freie Hand lassen«. Alsdann hat der Minister, der allein die Rolle der ganzen Versammlung spielte, den Beschluß zu seinem Plan aufgesetzt.[93] Aber die Nationalversammlung, die sich von ihrer dornenreichsten Aufgabe befreit wähnte, wird in den Augen ihrer Wähler nicht minder verantwortlich sein trotz der wortreichen Adressen, die sie ihnen zukommen ließ, um ihr Verhalten zu entschuldigen. Denn in der Tat, wenn der Finanzminister den Staat nicht retten kann, dann wird Necker immer noch das Recht haben, diejenigen für schuldig zu erkären, die die königliche Autorität zu sehr geschwächt haben. Es genügt nicht, einen Beschluß nach dem anderen zu fassen und die Regelungen und die Gesetze zu vermehren; man braucht auch die Mittel und Wege, um sie duchsetzen zu können. Man wird sich immer über eine Akademie von Gesetzgebern mokieren, die damit anfängt, die Triebfeder einer Maschine zu zerbrechen, die man ihr zur Reparatur übergeben hat, bevor sie das Räderwerk vereinfacht und die Gewichte wieder ausbalanciert hat.

Weniger die zeitliche Abfolge der Ereignisse als vielmehr deren inhaltliche Zusammenhänge haben uns zu dieser letzten Unternehmung Neckers geführt. Beiläufig sei noch bemerkt, daß dieser Minister, den man vor drei Monaten nicht entlassen konnte, ohne eine Revolution zu provozieren oder zu beschleunigen, heute alle Mühe hätte zu erreichen, daß wir seine Flucht bemerkten. Der *Journal de Paris*[94] müßte uns schon darauf aufmerksam machen. Es gibt wenige Beispiele dafür, daß nach so viel Lärm eine solche Ruhe einkehrte und eine solche Ruhmlosigkeit auf so viel Glanz folgte. Seine Freunde haben einen Moment lang geglaubt, sie könnten ihn den Schatten, die ihn umgeben, entreißen, indem sie ihn zum Präsidenten irgendeiner Verwaltung machten; dieser traurige Versuch hat aber nur die ganze Misere offengelegt. Wer beim Volk einen guten Ruf hat, kann ihn zweifelsohne auch wieder verlieren. Wer nur durch das Volk lebt, muß oft den Tod des Vergessens sterben, der unerträglicher ist als alle Beschimpfungen und bitterer als der Verlust des Lebens. Der entsetzliche Zustand, in dem sich Necker und sein Ruhm befinden, ist jedoch das Meisterwerk der Nationalversammlung, die sich zuerst des Ansehens und der Popularität des Ministers wie eines Hebels bedient hat, um alle Hindernisse beiseite zu räumen, und die ihn jetzt, da die Gefahr vorüber ist, sich selbst überläßt. Das Unglück von Necker ist, daß er zu sehr auf seinen eigenen Einfluß wie auch auf die Anerkennung dieser Versammlung vertraut hat. Er glaubte, die Gewalt, die er geschaffen hatte, leicht lenken zu können oder aber, daß sie nicht von der ganzen Macht Gebrauch machen würde, mit der sie von ihm ausgestattet worden war. So behaupten einige Irrgläubige, Gott bereue es, den Menschen geschaffen zu haben, weil er nicht vorhergesehen hatte, daß sein Geschöpf sich von all den Leidenschaften fortreißen ließe, mit denen er es ausgestattet hatte.

Um nichts auszulassen, ist es jetzt notwendig, auf jene Zeit zurückzukommen, als sich die Nationalversammlung, beschämt ob der Lektionen, die man ihr erteilt, und auch wegen der Zeit, die sie damit vergeudet hatte, eine vollständige Sammlung der Rechte des im Naturzustand lebenden sowie des gesellschaftlichen Menschen zusammenzustellen, mit Feuereifer an die Verfassung machte, die eine Monarchie von ihr erwartete, welche nicht erst seit kurzem besteht, sondern die schon eintausendvierhundert Jahre alt ist und in der, was immer man auch sagen mag, kein einziger Mensch anzutreffen ist, der noch im reinen Naturzustand lebt.

Das Komitee, das aus der Mitte der Versammlung gewählt worden war, um die Verfassung auszuarbeiten, gab das Ergebnis seiner Beratungen schließlich bekannt. Mounier[95], einer der besten Köpfe des Komitees, verlas den Verfassungsentwurf und bewies als erstes, daß unsere Regierung, obwohl im wesentlichen monarchisch, seit Ludwig dem Heiligen und vor allem seit Philipp dem Schönen nie eine festgelegte Form gehabt habe, weil in ihr alle Gewalten nie voneinander geschieden gewesen seien. Die königliche Autorität, die allein nicht ausreicht, um eine gute Verfassung zu gewährleisten, habe die Franzosen selbst unter ihren besten Königen nie zufriedenstellen können, insofern sie ununterbrochen mit den Ansprüchen der Stände und mit den vielen Privilegien zu kämpfen gehabt habe, und sie überdies von der Unbedarftheit und dem bösen Willen der Minister immer irregeleitet worden sei. Man konnte in Frankreich mit dem König sehr wohl über die Interessen des Volkes sprechen, aber mit den Ministern war nur von den Interessen des Königs zu reden, während sich die privilegierten Stände weder mit den Interessen des Monarchen noch mit denen des Volkes je abgaben.

Wenn man die Geschichtsbücher liest, wird man feststellen, daß unsere Könige, um ihre Macht zu vergrößern, ihr Leben damit zubrachten, die Privilegien des Adels und des Klerus zu beschneiden, so daß das Volk und die Nationalversammlung, indem sie in der gegenwärtigen Revolution den Klerus, den Adel und die *Parlements* zermalmten, nichts

weiter getan haben, als das Werk der Könige zu vollenden.[96]

Nicht minder wahr ist, daß die französischen Monarchen
unter dem Druck ständig wiederkehrender Bedürfnisse ihre
Macht gegen Geld veräußerten, so oft sie dazu Gelegenheit
fanden, dergestalt, daß sie sich entweder einer Ungerechtigkeit schuldig machten oder ihnen ihre Ohnmacht zur
Gewohnheit wurde; ihren Zuwachs an Macht auf der einen
Seite glichen sie mit einem Verlust auf der anderen stets
wieder aus. Wenn sie sich jedoch durch die Privilegien, die
mit den verkauften Ämtern verbunden waren, allzu sehr
eingeengt fühlten, ernannten sie einen Kommissar, der die
Funktionen wahrnahm und dem Amtsinhaber nur das Ansehen seines Amtes überließ, was eine weitere Quelle der
Ungerechtigkeit war. Daher rührt, daß die französische Verwaltung stets zwei Gesichter hatte: auf der einen Seite den
Amtsinhaber und auf der anderen den königlichen Kommissar. Das führte zu ständigen Konflikten und Gewalttä-
tigkeiten in der Hauptstadt sowie in den Provinzen.

Die Folge davon war, daß niemand an seinem Platz war.
Tagtäglich übte der König die judikative Gewalt aus, indem
er entweder Prozesse an sich zog oder sie durch Sondergerichte entscheiden ließ. Die *Parlements* usurpierten die
legislative Gewalt mit ihren »Sanktionen« und ihren »Vetos«, bekannt unter dem Namen »Registrierungen«. Gemeinsam mit dem Adel und dem Klerus behinderten sie
ununterbrochen die exekutive Gewalt. Wenn die Könige mit
den *Parlements*, dem Adel und dem Klerus fertig geworden
wären, hätte es ständige Streitereien zwischen Fürsten und
Untertanen gegeben, aus denen am Ende entweder eine
Verfassung oder eine unumschränkte Despotie hervorge-
gangen wäre. Das ist genau die Situation, in der wir uns jetzt
befinden: Der Widerstand der privilegierten Städe vereitelte
entweder ein großes Übel oder eine große Wohltat und eben
darin, im Handeln des Monarchen wie in der Reaktion der
Stände darauf, bestand seit achthundert Jahren das Wesen
der französischen Regierung.

Ich sage seit achthundert Jahren, weil vor Ludwig dem
Heiligen und Philipp-August das Lehnswesen, wiewohl au-
ßerordentlich verhaßt, dennoch eine echte und solide
Verfassung darstellte, an der es nichts auszusetzen gab. Das
Böse, das Gute, die Privilegien, die Rechte und Vorrechte
sowie die Dienstbarkeit, alles war geregelt. Die Bevölkerung

war eine Herde, die Adligen die Hirten; der König, der Herr über eine besondere Herde, die man »Domäne« nennt, war nur das Oberhaupt der anderen Schäfer, ein primus inter pares; daher kommt die *Pairie*[97]; denn in Frankreich wie auf den *Champs-Elysées*[98] bewegt man sich stets noch im Schatten alter Verhältnisse.

IN DEM ZUSTAND, in dem Frankreich sich seit der Enthüllung des Defizits befand, hätte sich ein von geschickten Ministern beratener Monarch umgehend für das Sicherste und Ehrbarste entschieden, indem er strengste Sparmaßnahmen getroffen und rigorose Reformen und Einschränkungen veranlaßt hätte, um seine Unabhängigkeit zu wahren. Statt um neue Steuern für die Aufrechterhaltung alter Mißbräuche zu betteln, wäre er der Gebieter gewesen, der seiner Bevölkerung eine Verfassung diktierte, die ihr zum Glück und ihm zur Ehre gereicht hätte. Der König von Frankreich war aber zweifelsohne selbst mit guten Ministern nicht mächtig genug, um auch nur eine einzige der großen Reformen in Gang zu setzen, die wir heute miterleben. Drohte ihnen die geringste Einbuße, forderten die privilegierten Stände und die Höflinge die Einberufung der Generalstände. Man mußte sie ihnen also gewähren. Das Volk jedoch hat davon profitiert, daß Haß gegen Haß stand und die Interessen aufeinanderprallten.

Der französische Adel war geteilt. Zuerst wurde der Hof- und der in Paris lebende Adel, der wegen des Börsenwuchers und seines Gunstmonopols schon lange verhaßt war, vom Provinzadel verlassen, und als er sich bald danach selbst aufgab, fiel ihm nichts Besseres ein, als zu fliehen und seinen Reichtum zu retten. Die Mehrzahl der Abgeordneten des Adels hatte dummerweise in der Nationalversammmlung dessen uralte Stellung abgeschafft, um dort auch einmal etwas zu sagen zu haben. Das Betragen des Klerus war nicht minder sträflich; und die *Parlements*, die den Galliern die Tore Roms geöffnet hatten, sahen dem Tod auf ihren kurulischen Stühlen sitzend entgegen.[99] Überdies hat der glückliche Dritte Stand, der von der Schmach der einen und dem Stillschweigen der anderen profitierte, zunächst über diejenigen triumphiert, gegen die man ihn losließ, und danach über jene, die ihn dazu anstifteten. Die Adligen, die in den Augen des Volkes zunächst nur Unrecht hatten, weil sie Privilegien besaßen, brachten sich schon bald einfach deshalb in Mißkredit, weil sie adlig waren. Die Erben der alten Eroberer des Königreiches und Eigentümer der größten Besitzungen haben es weder verstanden, sich zu behaupten, noch sich zu gemeinsamer Verteidigung zusammenzufinden; im Dritten Stand war hingegen alles Stärke und Harmonie. Die Bürger haben sich als freigebig erwiesen und das gemeine Volk als mutig, so daß in dieser großen Revolution die Sieger, so grausam sie auch sind, ihren Erfolg ebenso verdient haben wie die Besiegten ihr Unglück. Wenn die Versammlung es gewollt hätte, oder besser gesagt, wenn sie es gekonnt hätte, dann hätte die Revolution nur Vorurteile und Privilegien zerstört. Aber die Redner, bei denen die Leidenschaften der großen Versammlungen zum Ausdruck kommt, haben der Vernunft nicht das Wort geredet. Daher mußte man Lärm machen, statt Gutes zu tun, Paris für sich einnehmen, anstatt zuerst den Staat zu retten, und die Povinzen bewaffnen, statt zunächst die Finanzen zu regeln.

Alles hätte eine glücklichere Wendung genommen, wenn die Fragen von den Ausschüssen der Nationalversammlung bis zur Entscheidungsreife diskutiert worden wären, denn dann hätten die Redner und die Agenten des *Palais-Royal* in diesen Fragen nicht geglänzt und auch das gemeine Volk, das der Versammlung beiwohnte, hätte deren Beschlüsse nicht dermaßen beeinflußt. Aber alle diese Einflüsse wollte man ja gerade haben. Deshalb hat sich der Tempel der Gesetzgebung in eine Schaubühne für eine eitle Menge von Kanzelrednern verwandelt, in eine stürmische Arena, in der der Wagemut und die Gewalttätigkeit über die Schwäche und die Schüchternheit triumphiert haben. Hier begleitet der abwechselnd vor Begeisterung und Wut rasende Pöbel bald mit Drohungen, bald mit Beifall die lauten Stimmen seiner Tribunen, die Gesetze herausbrüllen und die Verfassung in aller Eile zustandebringen wollen. Die obersten Apostel der Freiheit wie Mounier, Bergasse[100], Malouet[101], schließlich alle Initiatoren der Generalstände, die man letztes Jahr so stark fand und die damals die einzigen mutigen Männer des Königreiches waren, wurden bald schon von denselben Leuten, die vor kurzem noch unter der Knute der Minister gezittert hatten, der Schwäche und Feigheit geziehen. Die Satelliten des königlichen Despotismus, die immer schon bereit waren, dem Stärksten zu dienen, sind plötzlich zu

Satelliten der despotischen Herrschaft des Volkes geworden. Und waren in Wirklichkeit die schärfsten Demagogen der Versammlung, die sich als erste für das Volk ausgesprochen haben, nicht diejenigen, die nach Versailles krochen oder sich in Paris versteckten, als Mouniers Stimme für die Freiheit in allen Städten der Dauphiné ertönte?

Also wurde die Arbeit des Verfassungskomitees in der Versammlung für zu schwach befunden, weil sie nur das Gleichgewicht zwischen den Gewalten, die Wiederherstellung der königlichen Autorität, Freiheit und Ruhe und Ordnung vorsah; kurzum, das Angebot war nur eine Verfassung, man wollte aber eine Revolution.

Das Verfassungskomitee hätte alles vollenden können, aber man wollte weiter regieren. Auch wurde die Arbeit an der Verfassung zunächst eher verworfen als diskutiert, sei es, weil die Intriganten, die die Versammlung lenkten, den Sieg davontrugen, sei es, weil das Volk einschüchternd auf die Gemüter einwirkte, oder sei es, weil eine gesetzgebende Körperschaft, die bereits eine große Revolution entfacht hatte, zu stark ist, um eine Verfassung zu entwerfen; und weil Hände, die ans Zerstören und Töten gewöhnt sind, nicht aufbauen und Leben schenken können.

Aber verweilen wir einen Augenblick bei dem, was man unter einer Verfassung versteht, bevor wir von den Taten der Nationalversammlung reden. Unter einer »Verfassung« versteht man das Zusammenspiel der drei Gewalten, der legislativen, exekutiven und judikativen Gewalt. Die Verfassung ist gut, wenn die drei Gewalten zum Wohlergehen des Volkes und zum Ruhme der Regierung zusammenarbeiten; mangelhaft ist die Verfassung dann, wenn die Gewalten entweder nicht streng voneinander geschieden sind oder zum Unglück der Untertanen sowie zur Schmach des Monarchen und seiner Beamten in ein und derselben Hand vereint sind.

Jede zivilisierte Nation ist eine künstliche politische Körperschaft. Ihre Verfassung verhilft ihr zur Existenz, ihre Gesetze erhalten sie am Leben.

Im menschlichen Körper macht das Zusammenspiel der Organe die Verfassung aus. Der Kopf diktiert Gesetze, und die Gliedmaßen führen sie aus. Der Kopf, der die legislative und die judikative Gewalt repräsentiert, muß ruhig sein und darf seine Beschlüsse nicht übereilt fassen; der Arm, der Repräsentant der exekutiven Gewalt, muß hingegen schnell und kräftig sein. Aber wir werden bald sehen, wie die Nationalversammlung nur den Kopf handeln ließ und dabei den politischen Körper lähmte.

Wer hätte gedacht, daß die Franzosen, die die englische Regierungsform, seit sie sie kennen, loben und die Engländer darum beneiden, die erste Gelegenheit, dieses Ziel zu erreichen, verpassen würden? Und doch geschieht eben dies in diesen Tagen vor unseren Augen und mit unserem Einverständnis. Denn man kann nicht länger verhehlen, daß die Verfassung mißglückt ist und die Monarchie nicht mehr besteht. In Wirklichkeit gibt es in Frankreich nur noch drei anerkannte Gewalten: Paris, die Nationalversammlung und die Gemeinderäte in den Städten. Aber wo ist der König? Wo sind die Gerichte? Und wenn die Provinzialversammlungen dem Treiben der Nationalversammlung nicht Einhalt gebieten, wenn die Pariser Distrikte den *Hôtel de Ville* nicht in Schach halten, was wird dann aus uns werden?

Die Eitelkeit der meisten Abgeordneten ist Ursache dieses großen Unglücks. Diese Leidenschaft der gemeinen Seelen hat die Früchte der gegenwärtigen Revolution schon im Keim erstickt. Was haben wir denn verlangt? Wir wollten nur so gut sein wie die Engländer, aber unsere Abgeordneten wollten, daß wir es noch besser machten. Statt von dem Experiment in England zu profitieren, wollten sie eines mit uns machen. Sie haben die Monarchie aufs Spiel gesetzt. Vergeblich sagte ihnen die Vorsicht, sie sollten nachahmen; die Eitelkeit hat ihnen eingeflüstert, sie müßten etwas Neues schaffen, und sie haben keinen Augenblick gezögert, dies zu tun.

Um die Sache auf den Punkt zu bringen, muß man sagen, daß die Nationalversammlung sogleich nach der Vereinigung der drei Stände in zwei Fraktionen gespalten war. Die Minderheit, welche die besten Köpfe aufwies, stimmte gemäß ihren Beschwerdeheften für eine Verfassung, die für die königliche Autorität ebenso vorteilhaft war wie für die allgemeine Freiheit. Die lärmende Mehrheit hingegen, die schließlich den Sieg davontrug, achtete ihre Beschwerdehefte und den König für nichts und wollte, daß das Volk alles sei; oder, genauer gesagt: Diese Fraktion wollte alles für das Volk und alles durch das Volk. Man nannte sie gemeinhin die »Fraktion des *Palais-Royal*«, nicht weil sie in ihrer Mitte einige Mitglieder hatte, die ohne Wissen der anderen nur für das Haus Orléans arbeiteten, sondern weil sie von den Kapitalisten angetrieben und bcherrscht wurde, deren Versammlungsort der *Palais-Royal* war. Dasselbe Wort stand für zwei verschiedene Interessen.

Vielleicht wird man die Frage stellen, warum die Provinzen nicht gegen die Mißachtung ihrer Aufgabe durch die Abgeordneten Einspruch erhoben oder warum sie sich über all die Anschläge auf die königliche Autorität, auf das Eigentum und die öffentliche Sicherheit nicht empörten. Die Antwort ist, daß die Provinzen, nachdem die Abgeordneten sie mit falschen Berichten über angebliche Verschwörungen gegen ihr Leben oder ihre Freiheit überschwemmt hatten, glaubten, sie könnten ihren Abgeordneten und der Hauptstadt gar nicht genug Zeichen ihrer Anerkennung und ihres Vertrauens geben, weil diese als erste Widerstand geleistet und sich an die Spitze des Aufstandes gegen die Obrigkeit gesetzt hatten. Diese trunkene Begeisterung der Provinzen für die Nationalversammlung und für Paris wird noch anhalten, denn die entsetzliche Lage des Königreichs und des Königs hat ihnen immer noch nicht die Augen zu öffnen vermocht.

Erst am 6. Juli kam der Vorschlag, sich mit der Verfassung zu beschäftigen. Aber bevor noch Adel und Klerus im Dritten Stand sozusagen untergegangen und mit ihm verschmolzen waren, hatte die Nationalversammlung schon beschlossen, daß sie alle bestehenden Steuern dem Recht und der Form nach für illegal erachte und abschaffe, daß man diese aber dennoch in der Zwischenzeit, um das Königreich nicht vollends ins Unheil zu stürzen, weiterzahlen solle. Fast alle Dekrete der Nationalversammlung sind nach diesem Muster abgefaßt, das heißt, daß die Nationalversammlung in deren ersten Teil etwas abschafft, um im zweiten Teil festzulegen, daß eben doch noch für eine Zeit daran festgehalten werde. Aber das Volk hat nicht genau hingehört, nur den ersten Teil des Beschlusses ausgeführt und sich über den anderen mokiert. Das ist der Schlüssel zu der ganzen Unordnung, unter der wir zu leiden haben.

Da die Schriftgelehrten des Dritten Standes und durchweg alle Philosophen das Prinzip, wonach »die Souveränität ihren Ursprung im Volke« hat, bis zur letzten Konsequenz durchdekliniert haben, mußte die Revolution, wie es in den Büchern geschrieben stand, in der Hauptstadt und den Provinzen durchgeführt werden. Hätte man denn ernstlich eine

Versammlung aufhalten können, die die Souveränität des Volkes ausübt und die Armee für sich gewonnen hat? War es nicht zugleich ein wahrer Genuß für die Abgeordneten, die in ihrer Mehrzahl ihr ganzes Leben damit verbracht hatten, in ihren Dörfern den *Bailli* zu grüßen oder in ihren Provinzen den Intendanten zu hofieren? War es nicht eine süße Genugtuung für sie, einen der ersten Throne der Welt mit Füßen zu treten? Konnten Advokaten der Freude widerstehen, die souveränen Gerichtshöfe zu demütigen? Mußte es denen, die nichts hatten, nicht gefallen, die Schätze der Kirche an die Blutsauger des Staates zu verteilen?

Man kann gar nicht häufig genug feststellen, wieviel Böses ein gutes Prinzip anrichten kann, wenn man es mißbraucht.

»Die Souveränität hat ihren Ursprung im Volke«: Dieser Grundsatz hat allerdings nur implizite Bedeutung, will sagen, gilt nur unter der Voraussetzung, daß das Volk die Souveränität lediglich ausübt, um seine Repräsentanten zu bestimmen. Wenn es sich aber um eine Monarchie handelt, dann gilt dieser Grundsatz nur unter der Bedingung, daß der König immer der erste Beamte ist. Genauso ist es mit der Erde: Ihr verdanken wir im Grunde alles, aber man muß sie dennoch bestellen und sie sich durch Arbeit untertan machen, so wie man sich das Volk durch die Obrigkeit und die Gesetze untertan macht. Die Souveränität ist im Volke auf ideelle Weise wie die Frucht auf unseren Feldern. Die Frucht braucht den Baum, der sie hervorbringt, so wie die Amtsgewalt das Szepter desjenigen benötigt, der sie ausübt. Außerdem könnte nur in einer sehr kleinen Stadt das Volk selbst die Regierung besorgen.[102] Aber dann müßten temperamentvolle Redner und hitzige Tribunen es jeden Tag aus seinen Werkstätten holen, um es auf den öffentlichen Plätzen regieren zu lassen. Man müßte es also ständig begeistern, um es immer in Trab zu halten. Nun begeht der »Souverän« aber, wenn er seinen Leidenschaften freien Lauf läßt, nur Ungerechtigkeiten, Gewalttaten und Verbrechen.

Diese Maxime von der Souveränität des Volkes hatte die Gemüter dennoch so sehr erregt, daß die Versammlung, statt klug das Projekt des Verfassungskomitees zu verfolgen und ein haltbares, ordentliches Gebäude zu errichten, sich ganz den wechselnden Anträgen sowie dem Schwung der Redner hingab. Diese verabschiedeten nach Belieben ein Dekret nach dem anderen, häuften Trümmer auf Trümmer, um das Volk zufriedenzustellen, das in den Vestibülen des Versammlungssaales wimmelte oder sich im *Palais-Royal* drohend zusammenrottete und in den Provinzen für Unruhen sorgte.

Wenn man, anstatt das Volk in Aufregung zu versetzen, versucht hätte, es zu besänftigen, dann hätte man ihm gesagt, daß eine Nation gar keine ihrem Glück entgegengesetzten Rechte hat, daß ein Kind, das sich verletzt, seine Kraft gebraucht und nicht seine Rechte ausübt. Jedes Volk ist nämlich ein Kind und jede Regierung ein Vater. Aber die Versammlung hatte etwas anderes vor. Aus dem Prinzip der Souveränität des Volkes leitete sich zwingend das Dogma der absoluten Gleichheit zwischen den Menschen her, und dieses Dogma der Gleichheit der Personen führte ebenso notwendig zur gleichen Verteilung von Grund und Boden. Es ist heute ziemlich offenkundig, daß die Nationalversammlung für ihren Erfolg eines der großen Themen des Evangeliums, nämlich den Haß auf die Reichen, zu predigen gewählt hat, und das heißt, daß man alle Reichen für Spitzbuben hält. Von da ist es nur ein Schritt zur Teilung der Güter. Das ist ein letztes Mittel, das unsere Philosophen allerdings lediglich für eine ferne Zukunft und mit geheimen Schrecken ins Auge faßten. Wahrscheinlich hätten sie sich schon dazu entschlossen, wenn ihnen die langanhaltende Schwäche der exekutiven Gewalt nicht Zeit gegeben hätte, sich langsam voranzutasten, und bevor sie sich diesem schrecklichen Mittel zuwandten, zunächst alle anderen auszuprobieren. Vielleicht hat aber auch die Nachgiebigkeit des Königs die Versammlung daran gehindert, ihre ganze Tatkraft zu entfalten und eine Explosion zu verursachen; denn derjenige, der angreift und dabei auf keinen Widerstand stößt, richtet weniger Schaden an. Auch die Regierung verhielt sich sehr nachgiebig. Glücklicherweise ist der Ausweg, den Armen gegen den Reichen zu bewaffnen, ebenso absurd wie abscheulich. Es gibt zweifelsohne fünfzehn bis sechzehn Millionen Menschen in Frankreich, die nichts anderes besitzen als ihre Arbeitskraft, dagegen vier bis fünf Millionen, denen alles gehört. Aber Bedürfnis und Notwendigkeit haben mehr Bande zwischen Armen und Reichen geknüpft, als die Philosophie zerreißen könnte. Die schiere Not läßt die Mehrheit der Armen spüren, daß sie ohne die kleine Zahl der Reichen nicht existieren kann. Dieselbe Notwendigkeit bewahrt den Efeu davor, mit seinen tausend Armen die Eiche, die ihn an sich emporranken läßt, zu ersticken. Ja, die Not ist menschlicher als die Philosophie, denn die Natur hat die Not geschaffen, während wir unsere Philosophie selbst machen. Diese Verhältnisse bestehen seit undenklichen Zeiten. Aus der Ungleichheit der Lebenschancen ergeben sich Licht und Schatten, die das Gemälde des Lebens gestalten. Die Neuerer hoffen vergeblich, diese Harmonie beseitigen zu können.[103] Die »absolute Gleichheit« zwischen den Menschen ist das Mysterium der Philosophen.[104] Die Kirche wirkte wenigstens ständig aufbauend; die jetzigen Maximen dagegen nur zerstörerisch. Sie haben bereits die Reichen ruiniert, ohne die Armen zu bereichern. Und statt der Gleichheit der Güter haben wir bislang nur die Gleichheit des Elends und der Übel.

ICH WEISS WOHL, was die Philosophie eines Individuums ausmacht, was ein Mensch ist, der sich von den Sitten des Volkes, ja sogar von den Leidenschaften freigemacht hat, ein Philanthrop und ein Kosmopolit also, für den alle Nationen nur eine einzige Familie darstellen. Aber was soll die Philosophie eines Volkes sein? Was ist diese Philanthropie, diese allgemeine Freiheit des Handelns, diese Wohltätigkeit, die darin besteht, auf alle Vorteile zu verzichten, die die anderen nicht vorweisen können? Was ist das eigentlich für ein Volk, das ohne Leidenschaften wäre und all seine Häfen öffnete, seine Zollhäuser zerstörte, ständig seine Schätze und seine Ländereien an alle Menschen verteilte, die weder Vermögen noch Talent vorweisen können? Ein Mensch ist nur dann Philosoph, wenn er nicht zum Volk gehört; also wäre ein »philosophisches Volk« kein »Volk«, was absurd wäre. Die wahre Philosophie der Völker ist die Politik; und während die Philosophie den Individuen das zurückgezogene Leben, die Mißachtung der Reichtümer und Ehren predigt, ruft die Politik den Nationen zu, sie sollen sich auf Kosten ihrer Nachbarn bereichern, alle Meere mit ihren Schiffen befahren und durch ihren Fleiß und ihre Tätigkeit den Vorrang auf allen Märkten des Universums erringen. Im reinen Naturzustand sind zwei Nationen nämlich wie zwei Wilde, die sich um dieselbe Beute streiten.

Überdies darf man sich keiner Täuschung hingeben: Der Patriotismus ist die Heuchelei unseres Jahrhunderts[105], und hinter diesem populären Begriff verstecken sich Ehrgeiz und Herrschsucht. In der alten Gesellschaftsordnung waren die Rollen verteilt, und erst durch den Umsturz ist der Patriotismus ans Licht gekommen. Außerdem war es keineswegs das Volk, waren es nicht die Armen, in deren Namen man so viel Böses angerichtet hat, welche die Gewinner der Revolution waren. Der Beweis ist, daß das Elend jetzt größer ist als zuvor und die Armen viel zahlreicher sind; außerdem ist das Mitgefühl erloschen; es gibt kein Mitleid, kein Erbarmen mehr in Frankreich. Als man noch glaubte, wohltätig sein zu müssen, hat man viel gegeben. Die Barmherzigkeit verringerte immerzu die Kluft zwischen den Armen und den Reichen, und Eitelkeit wie Ehrgeiz wirkten sich stets zugunsten der Menschlichkeit aus. Nicht das Schwert, sondern das Gebet war der Schutz der Armut, und der Reichtum, der angesichts der Bedrohung verschwunden ist, wies das demütig bittende Elend nicht barsch ab. Was aber können die verfolgten Reichen den aufrührerischen Armen jetzt noch geben? Man hat die öffentlichen Brunnen unter dem Vorwand geschlossen, das Wasser werde zu Wucherpreisen verkauft, mit der Folge, daß dieses Naß nun versiegt ist.

Unsere Philosophen gaben darauf zur Antwort, daß die Armen, die künftig alles nehmen, dann nichts mehr fordern werden. Aber woher sollen sie es denn nehmen, außer sie veranstalten ein allgemeines Massaker an allen Eigentümern? Und wenn man ein solches System zu Ende denkt, dann müssen die Armen jeder Generation immer die Reichen töten, solange es Besitzunterschiede gibt, solange ein Mensch beispielsweise eine bessere Ernte erzielt als ein anderer, oder der Fleiß über die Faulheit siegt, bis endlich die unbebaute und entvölkerte Erde zur Zufriedenheit der Philosophie nur noch die weitläufige Gleichheit der Wüsten und die schreckliche Monotonie der Gräber darbietet.

Sobald wir den ersten Schritt auf eine Verfassung hin taten, brach ein Kampf auf Leben und Tod zwischen dem Oberhaupt des Staates und den Vertretern der Nation aus. Die exekutive wie die judikative Gewalt sind daran untergegangen und mit ihnen das Empfinden für Recht und Gerechtigkeit überhaupt. Die Versammlung unserer Repräsentanten und Gesetzgeber war nur mehr eine siegreiche Truppe, die überall vom Recht des Eroberers Gebrauch machte und die bei den Besiegten gemachte Beute an Sieger verteilte, die sie niemals zufriedenstellen kann.

Aber die Verfassung, die sowohl Ursache wie Folge des Zusammenspiels der drei Gewalten ist, konnte weder die Frucht eines solchen Kampfes noch die ihrer Zerstörung sein. Wenn die Nationalversammlung, statt die tolle Freude des Volkes zu teilen und noch anzustacheln, über ihren fatalen Sieg geweint hätte, dann hätte die ganze Nation unter dem Eindruck des erhabenen Schmerzes ihrer Repräsentanten ihrem Oberhaupt bald Respekt gezollt und ihm ihr Vertrauen geschenkt, statt ihm furchtsam und unterwürfig zu begegnen. Durch die Verehrung seines Volkes ermutigt hätte der Monarch seinerseits mit seiner ganzen Macht die Beschlüsse der Versammlung unterstützt, und schon wäre die heilige Freiheit im geweihten Schatten der monarchischen Gewalt erblüht. Aber statt das Volk in Schach zu halten, hat alles dazu beigetragen, es zum Aufruhr zu reizen, und der Monolith der Monarchie, der auf eine sichere Grundlage gestellt werden sollte, wurde von Tag zu Tag mehr erschüttert und verächtlich gemacht. Vergeblich hat die Nationalversammlung wie die Priester im alten Ägypten dem leblosen Koloß Leben einzuhauchen versucht und ihn dazu gezwungen, Orakel zu sagen; das Volk wußte nur zu gut, daß die Statue kein Gott mehr ist, und mit dem Ansehen ist der Respekt verschwunden.

In dem langen Zeitraum, der zwischen dem 17. Juni und dem 4. August vergangen war, hatte man außer der »Vereinigung der drei Stände zur Nationalversammlung«, der »Verantwortlichkeit der Minister« und der »Erklärung der Menschenrechte« noch nichts beschlossen, was zu einer Verfassung gehörte.[106]

Necker war der erste Minister, der vor der Nation öffentlich angeklagt wurde, und zwar von Mirabeau.[107] Es ist zweifelsohne ehrenvoll, von Mirabeau denunziert zu werden; und dieses Ereignis kann daher zu den Glücksfällen im Leben Neckers gerechnet werden. Vielleicht finden sich eines Tages sogar Abgeordnete, die über ein hinreichend gutes Ansehen verfügen, so daß sie mit ihrer Anklage allein den Ruf eines Ministers schädigen oder ihn stürzen können, ohne daß es dazu noch weiterer Mittel bedürfte. Wir stellen diese Beobachtung an, weil die Versammlung in der ersten Freude über ihre Erfolge den Wunsch zu haben schien, selbst die Minister des Königs zu ernennen, was die Verantwortlichkeiten vertauscht hätte. Dann nämlich wäre die Versammlung für die Minister, die sie ernannt hat, verantwortlich gewesen. Aber vor welchem Gericht hätte sie dann ihr eigenes Werk unter Anklage stellen können?

Von der Erklärung der Menschenrechte haben wir bereits gesprochen. Dieses gefährliche Schriftstück enthält Rechte, welche die Staatsbürger niemals ausüben können, selbst dann nicht, wenn die Beschlüsse der Nationalversammlung vollständig ausgeführt worden sind. Im übrigen herrscht darin eine vage Metaphysik, die das Volk als unverständlich und substanzlos empfindet. Um diesen gebieterischen Herrn zufriedenzustellen, mußte man also von den Höhen der Theorie und der abstrakten Prinzipien zu den ganz gewöhnlichen Folgen und Auswirkungen der Souveränität des Volkes und der absoluten Gleichheit zwischen den Menschen hinabsteigen.

In der Nacht des 4. August standen die Demagogen des Adels, ermüdet von einer langen Debatte über die Menschenrechte und darauf brennend, ihren Eifer zu beweisen, alle auf einmal auf und verlangten mit lauten Rufen die Beseitigung des Lehenswesens. Das begeisterte die Versammlung. Man teilte die letzten Überreste dieser Ordnung in persönliche Rechte und in Sachrechte auf, je nachdem, wie die Eigentümer dieses Lehen im Besitz hatten. Man schaffte alle persönlichen Rechte entschädigungslos ab und erklärte alle Sachrechte für ablösbar. Von diesen schaffte man diejenigen wiederum entschädigungslos ab, die vor Zeiten persönliche Rechte gewesen waren, und von denen sich die Lehenspflichtigen mit Geld freigekauft hatten. Damit gerieten zahllose Eigentümer mit einem Mal an den Bettelstab und deren wohlerworbene Rechte, die heilig waren, solange man keine anderen hatte, wurden durch die neuen Bestimmugen null und nichtig. Man schaffte auch die Patrimonialgerichtsbarkeit ab, das Jagdrecht und das Recht auf Taubenschläge, die Käuflichkeit der Ämter, die Nebeneinkünfte der Pfarrer, die Steuerprivilegien sowie die Vorrechte der Provinzen und der Städte. Man führte den Rückkauf aller Renten und Gülten ein und die Zulassung zu allen Ämtern, gleichgültig ob man von Stand war oder nicht. Gleichzeitig wurden auch so gut wie alle anderen Vorrechte beseitigt; man verlangte, daß sich die Höhe der Pensionen künftig an der Apanage der Könige orientieren sollte und schaffte auf einen Schlag die Annaten und den Zehnten ab.[108] Schließlich beschloß man, zur Erinnerung an die vielen bedeutenden Beratungen zum Glücke Frankreichs eine Medaille schlagen zu lassen, daß alle Welt sich über die vielen Opfer, die für die Freiheit der Franzosen gebracht worden seien, freuen sollte, wie auch darüber, daß Ludwig XVI. den Ehrentitel *Restaurateur de la Liberté Française* erhalten soll, daß man ein *Te Deum* in seiner Kapelle singen lassen werde, und daß dieses in seiner Gegenwart geschehen solle.

Alle Köpfe hatten Feuer gefangen. Die jüngeren Kinder aus gutem Hause, die nichts besitzen, waren entzückt, ihre vom Glück begünstigten erstgeborenen Geschwister auf dem Altar des Vaterlandes opfern zu können. Einigen Land-pfarrern bereitete es ebenfalls sehr viel Freude, auf die Vorrechte ihrer Oberen zu verzichten. Was der Nachwelt allerdings schwer fallen wird zu glauben, ist, daß der ganze Adel von derselben Welle der Begeisterung erfaßt wurde. Und doch verhielt es sich so, trat der Eifer an die Stelle des Verdrusses, brachte man Opfer über Opfer. Und wie es die Ehre bei den Japanern gebietet, sich in Gegenwart von an-deren zu töten, so überboten sich die Abgeordneten des Adels darin, aufeinander wie auch auf diejenigen, die sie vertraten, einzuschlagen. Durch sein Geschrei machte das Volk, das diesem edlen Kampfe beiwohnte, seine neuen Verbündeten nur noch trunkener. Und als die Abgeordne-ten des Dritten Standes sahen, daß diese denkwürdige Nacht ihnen zwar nur von Vorteil war, sie ihnen aber andererseits keine Ehre einbrachte, trösteten sie ihre Eigenliebe damit, daß sie bewunderten, was der Adel gemeinsam mit dem Dritten Stand alles vermochte. Sie nannten diese Nacht »die Nacht der Toren«, während die Adligen sie als »die Nacht der Opfer« bezeichneten.

All diese Verbrechen wurden unter der Präsidentschaft eines gewissen Chapelier[109], eines bretonischen Advokaten von gemeiner Gesinnung und verwegenem Charakter be-gangen. Da er sich wegen seines früheren Rufes zu fürchten hatte, brauchte er wie Frankreich eine Neuordnung der Dinge, um in neuem Lichte dazustehen. Es gibt in der Na-tionalversammlung noch zwei oder drei Männer, die durch ihre völlige Unbekanntheit geschützt sind. Das Publikum, das den Sitzungen beiwohnte, hat durch seinen Haß und seine Drohungen diejenigen bekannt gemacht, die es wert sind, geachtet zu werden; und sein lautstarker Beifall hat die Weisen gelehrt, die anderen zu verachten. Männer wie Pé-tion[110], Buzot[111], Barnave[112], Lameth[113], Menou[114] und all die anderen, ehemals vollkommen unbekannten Namen[115], die dem Ansehen heute jeden Glanz nehmen, haben zwar viel Aufhebens gemacht, ohne jedoch dadurch Ruhm zu erlangen. Denn der Lärm vertreibt nicht die Dunkelheit, während der Ruhm wie das Licht ist. Wenn also an dieser Versammlung etwas denkwürdig ist, dann nur sie selbst und sonst nichts und niemand.

Wir haben schon vor langer Zeit gesagt, daß der Adel, gezwungen, sich mit dem Dritten Stand zu vereinigen, mit Rücksicht auf sein imperatives Mandat sich an den Beschlüssen nur mit beratender Stimme beteiligt hat. In der Nacht jedoch, in der alle Grenzen überschritten wurden, erging es dem heiligen Eid nicht besser als dem Eigentum, und so unglaublich es klingt, sogar die Gewissen brachten Opfer. Die Adligen berieten über das, was der Adel vorschlug. Sie betrachteten sich nicht mehr als ein Stand, sondern glaubten vielmehr, sie könnten eine eigene Macht werden. Aber sie verloren sich im Dritten Stand wie ein kleiner Bach in einem großen Fluß. Und ihre gesellschaftliche Stellung, die seit der Abschaffung des Lehnswesen nur noch eine angenehme Vorstellung war, ist heute nicht mehr als eine der Ungereimtheiten unserer modernen Verfassung.

ALLERDINGS MUSS MAN FESTHALTEN, daß in der Nacht des 4. August nicht alle Vorschläge, die damals gemacht wurden, auch gleichzeitig beschlossen wurden. Dem Volk aber, das bei den Diensten, die man ihm erweist, keine Umsicht und keine Sinnesänderung duldet, galt das eine für das andere.

Unter den vielen Rechten, auf die verzichtet werden sollte, gab es zweifelsohne einige, denen man nicht nachzutrauern brauchte. Allerdings hätte der Vicomte de Noailles[116], ein Abgeordneter und ein grüner Junge, gegen den die anderen geradzu reif wirkten, sich damit begnügen sollen, sein ganz persönliches Opfer darzubringen, ohne aus seiner Privattugend eine alle bindende Notwendigkeit zu machen.

Der Artikel jedoch, der einen Teil der Versammlung - die Minister und alle jene, für die Vernunft und Rechtschaffenheit ein und dasselbe sind - am meisten bestürzte, war die Abschaffung des Zehnten. Der Klerus widersetzte sich diesem Beschluß als Anschlag auf seine Existenz, eine Vermutung, die, wie sich erweisen sollte, in der Tat nur zu berechtigt war. Die Pfarrer, die bis zu diesem Tag als der Klerus des Dritten Standes aufgetreten waren, versuchten zwar, am Rande des Abgrunds einen Rückzieher zu machen. Aber die tobende Galerie trieb sie mit lautem Geschrei in ihr Verderben: Darüber befiel sie ein derartiges Entsetzen, daß sie sich gemeinsam mit ihren Prälaten mitten in der Nacht aus der Versammlung flüchteten, ohne daß es ihnen damit jedoch gelungen wäre, sich vor dem gemeinen Volk von Versailles und den Agenten des *Palais-Royal* zu retten. Denn diese schienen trotz des Stolzes auf alle ihre Siege über die beiden privilegierten Stände und besonders auf ihren letzten Triumph, den sie über die gesamte Versammlung davongetragen hatten, als sie Thouret[117], der ihnen nicht genehm gewesen war, zum Verzicht auf die Präsidentschaft zwangen, über eine Weigerung eher noch mehr aufgebracht, anstatt mit dem Verzicht auf so viele Privilegien und Rechte zufrieden zu sein.

Die Prälaten und Pfarrer erhielten noch während der Nacht und an den darauffolgenden Tagen so klare Warnungen und so ausdrückliche Hinweise auf das Los, das sie erwartete, daß der Bischof von Paris sechs Tage später an den Altar des Patriotismus trat, um dort im Namen aller Mitglieder des Klerus den Zehnten zu opfern. Dieser tugendhafte Prälat wurde schmählich beklatscht von dem Volk, das die Nationalversammlung umringte und er beendete seine Rede, indem er den Fortbestand der Kirche der edlen Gesinnung und der Großzügigkeit eben dieses Volkes anempfahl.

Es hieß, der Zehnte sei zum Besten der Nation abgeschafft worden, ohne daß es Überlegungen gegeben hätte, wodurch er zu ersetzen wäre, um den Unterhalt der Altardiener sicherzustellen.

So wurde der Zehnte, dieser altväterliche, älteste und ehrwürdigste Tribut, den es seit Menschengedenken gegeben hat, abgeschafft; derart also wurde das Band zerrissen, das die irdischen Hoffnungen mit der Güte des Himmels verband, das Interesse des Hohepriesters mit dem Wohlergehen des Arbeiters und die Gesänge und Gebete aller Zeiten mit den Blüten und Früchten aller Jahreszeiten.

Durch diesen Beschluß büßte die zur Sanierung der Finanzen berufene Nationalversammlung rund siebzig Millionen an Einkünften aus dem Ertrag des kirchlichen Zehnten ein; der Staatsschatz war von nun an mit dem Unterhalt des

Klerus belastet, während die reichen Bodenbesitzer, an die man dabei überhaupt nicht gedacht hatte, von einem Teil dessen, was die Kirche verlor, profitierten.

Vergeblich erklärten die Abgeordneten einiger Provinzen, als sie am nächsten Tag wieder zur Besinnung gekommen waren, daß die Zustimmung zu solchen Opfern ihre Vollmachten übersteige. Vergeblich betrat der Abbé Sieyès, das Idol des *Palais-Royal* und der oberste Apostel der Demokratie, die Rednerbühne, um das Eigentum der Kirche zu verteidigen. Vergeblich rief er den Demagogen zu, daß sie zwar frei sein wollten, aber nicht gerecht sein könnten. Fruchtlos rieb er sich auf inmitten all der Leidenschaften, die er entzündet hatte und verlor nicht nur die Sache, für die er sich stark machte, sondern darüber auch seine Popularität. Man fragte sich, wie ausgerechnet dieser Mann, der in seinen ersten Werken die Grundlagen allen Eigentums angegriffen hatte, sich Hoffnungen machen konnte, nun dem Eigentum des Klerus Respekt zu verschaffen. Er sagte die Wahrheit, aber man sah nur das Interesse; man hielt ihm seine eigenen Aussagen entgegen. Das Volk war erstaunt zu hören, daß er die Felle behalten wollte, nachdem er geraten hatte, die Herde zu töten, und es zwang die Weisen zuzugeben, daß der Abbé Sieyès entweder jetzt auf der Rednerbühne unvernünftig urteile oder in seinen Büchern unvernünftig geurteilt habe. So gelangte man zu der Auffassung, daß er zwei Gruppen auf einmal hinters Licht führen wollte: Den Klerus, der in ihm zunächst nur einen Philosophen im Priestergewand gesehen hatte, und den *Palais-Royal*, der in ihm nur einen Priester im Mantel des Philosophen zu sehen gewähnt hatte.

Der Abbé Montesquiou[118] hielt in dieser bedeutenden Angelegenheit ein Plädoyer voller Anmut und Gelehrsamkeit, und der Abbé Maury[119] sprach wortgewaltig. Beide trotzten lieber dem Volk als ihrem Gewissen zuwider zu handeln. Sie werden später noch eine Rolle spielen im Entscheidungskampf des Volkes gegen die Kirche, der ausbrach, als die Börsenspekulanten, die sich immer wütender gebärdeten, einen Komplizen im Episkopat gefunden hatten.[120]

In dem Dekret über die Abschaffung des Zehnten hieß es, die Nation würde ihn ersetzen; damit wurde in Aussicht gestellt, daß der Kirche ein Äquivalent für den Zehnten gezahlt werde. Während der Abfassung des Dekrets besann man sich jedoch darauf, daß man den Zehnten nur abgeschafft hatte, um den Immobilienbesitz mit höheren Steuern belasten zu können und damit die Kapitalisten zu bezahlen; gleichzeitig erkannte man auch, daß der Fiskus nichts von der Abschaffung des Zehnten hätte, wenn man seinen Gegenwert in Geld an die Kirche abführte.

Folglich zwang man die Sekretäre der Versammlung, als sie die redigierte Fassung des Dekrets, so wie es beschlossen worden war, vorlegten, das unbestimmte Wort »Besoldung« *(traitement)* statt des präzisen Ausdrucks »Ersatz« *(replacement)* zu verwenden; und als sie sich auf die Achtung vor dem Wortlaut des Beschlusses beriefen, antwortete man ihnen, die Gesetzgebende Versammlung Frankreichs könne nicht ein Wort für das andere gesagt haben. So galt das schlechte Gewissen als weniger gefährlich als ein einfacher Irrtum, und man log, um unfehlbar zu sein.

Wir könnten noch eine ganze Reihe anderer Bemerkungen machen über das unverdauliche Sammelsurium von Entscheidungen jener Nacht; aber die schiere Fülle der Gegenstände zwingt uns, ihrer rasch ledig zu werden. Man muß sich an dieser Stelle deshalb mit der Feststellung begnügen, daß das Dekret über den Zehnten, trotz der Ungenauigkeiten bei seiner Abfassung, nichts von dem bewirkte, was man sich von ihm versprochen hatte. Auf der einen Seite hörte der gemeine Mann, daß er diese Steuer nicht mehr bezahlen mußte und stellte sich vor, die Versammlung habe sie der Nation geschenkt, auf der anderen Seite beabsichtigten einige Gemeinderäte, ein Viertel davon für ihre Armen zu verwenden. Dieses Beispiel wirkte ansteckend, mit der Folge, daß mehr als das, was man künftig von den reichen Eigentümern an Steuern wird eintreiben können, wieder für das Nötigste des Klerus wie auch für den Zins auf seine Schulden aufgewendet werden muß.

Die Kapitalisten gewinnen also nichts von diesem skandalösen Dekret. Der Staatskredit, der bei allen Zuckungen des politischen Körpers in Mitleidenschaft gezogen wird, ist mehr und mehr geschwunden, und der Vicomte de Noailles hat ihm ohne böse Absicht den Todesstoß versetzt, indem er die Versammlung veranlaßte, den Zinssatz mit viereinhalb Prozent anzusetzen. Dies ist vielleicht das erste Mal, daß die Senkung des Zinssatzes die Folge fehlender Kreditwürdigkeit und des Geldmangels war. So geartet war der Erfolg dieser Anleihe, den wir weiter oben geschildert haben.

Es muß auch gesagt werden, daß durch die Abschaffung der Patrimonialgerichtsbarkeit das Land just in dem Augenblick ohne Gerichte war, da die Wege und Felder aufgrund der unbeschränkten Jagdfreiheit von bewaffneten Banditen und Bauern nur so wimmelten. Die Nationalversammlung bekräftigte wohl in jedem Dekret, daß man in der Übergangszeit noch die alten Abgaben bezahlen und auch die alten Gerichte weiterhin respektieren müsse, aber das Volk, das, so hieß es, durch all diese Opfer besänftigt werden sollte, und für das der Graf Castellane[121], der Vicomte de Noailles und der Herzog von Aiguillon[122] einstanden, gebärdete sich nur um so unersättlicher und grausamer. In dieser Zeit des allgemeinen Verzichtes wurden denn auch im ganzen Königreich mehr Schlösser niedergebrannt und Morde begangen als je zuvor. Die Versammlung schaffte die feudalen Rechte ab, und das Volk verbrannte alle Archive und Besitzrechte. Die Versammlung tilgte den Unterschied zwischen der adligen und der bürgerlichen Herkunft und das Volk massakrierte die Adligen. Die Versammlung beschloß statt der steuerlichen Privilegien eine gleiche Verteilung der Steuern, mit der Folge, daß das Volk keinerlei Abgaben mehr zahlte. Das mit der exekutiven Gewalt ausgestattete Volk ist somit immer weiter gegangen als die Beschlüsse der Versammlung; es entschied stets durch die Tat, was jene durch die Gesetzgebung zu etablieren suchten, und so erschien die Versammlung dem Volk schließlich zaghaft und verachtenswert, so daß ihre Verheißungen schon genauso verrufen waren wie die Anordnungen des Königs.

Indem sie dem Volk schmeichelte, verfolgte die Nationalversammlung zwei Ziele. Das eine war, die königliche Autorität zu vernichten und das andere, die Nation dazu zu veranlassen, sich an die neuen Gesetze und Steuern zu halten. Das Volk hat der Versammlung jedoch nur den ersten Wunsch erfüllt, in allen anderen Fragen dagegen hat es sie tyrannisiert. Zunächst hatte sich die Nationalversammlung der Stadt Pars bedient, um den Thron zu stürzen. Jetzt aber bediente sich Paris der Versammlung, um Frankreich zu beherrschen. Es ist eine seltsame Sache, mit welch gewissenhafter Aufmerksamkeit und Fügsamkeit die legislative Gewalt sich dem anpaßt, was das gemeine Volk denkt. Streng ist sie gegen die *Parlements* eingeschritten, weil das Volk diese im Stich ließ, aber sie respektierte die Distrikte, die ihr die Stirn boten; sie verhinderte die Provinzversammlungen, sobald das Volk gegen sie vorging, zitterte aber selbst vor ihren eigenen Ausschüssen, wenn das Volk diese unterstützte. Schließlich nimmt die Nationalversammlung, jedesmal wenn der Pöbel rumort, Anteil an dessen Exzessen oder verschleiert sie; ähnlich einem Schiff in stürmischer See folgt sie dem Auf und Ab der Wellen. Mit Ausnahme der Dekrete, die das Pariser Volk nicht interessieren, werden ihre Beschlüsse in den Distrikten oder im *Palais-Royal* abgefaßt. Kurzum, die traurige Abhängigkeit und der schwankende Zustand dieser erhabenen Versammlung ist heutigentags so weit gediehen, daß sie Europa ebenso zum Lachen reizen kann wie sie Frankreich erzittern läßt.

HÄTTE DER KÖNIG die Generalstände nicht unglücklicherweise so nahe der Hauptstadt, diesem riesigen Herd der Unzufriedenheit und Verderbtheit aller Art versammelt, dann hätten die bösen Geister der Versammlung nachweislich nicht gewußt, woran sie ihre Fackeln entzünden sollten, und Paris hätte sicher nicht das Königreich in Brand gesteckt. Aus diesem zunächst ganz unerheblich scheinenden Umstand resultierte jedoch das Unglück und die Schande der Franzosen. Denn kaum war die Nationalversammlung in Versailles zusammengetreten, entwickelte sich eine sehr enge Verbindung zwischen ihr und Paris. Die Abmachung war, daß die Hauptstadt vor der Versammlung den Thron demütigen, und die Versammlung ihrerseits die Provinzen der Hauptstadt ausliefern sollte. Eine dritte Gewalt trat dem Vertrag bei und übernahm es, die Truppen zu verderben. Aber ihre Bevollmächtigten hatten so geheime und von der gemeinsamen Sache so abweichende Befehle, daß, sollte das Schicksal das Verbrechen begünstigen, sich herausgestellt hätte, daß Paris und die Versammlung nur für diese Gewalt gearbeitet haben. Ich werde diese Gewalt aus dem Schatten hervortreten lassen, in dem sie sich versteckt hält, sobald die Ereignisse sie mir entdeckt haben werden.

Unterdessen ist es so, daß die Versammlung gezwungen ist, Paris um so mehr Zugeständnisse zu machen, je mehr der König der Versammlung welche macht. Aber der König ist für nichts verantwortlich, nicht einmal für seine Minister, die aus der Versammlung kommen, ja nicht einmal mehr für seine Person, die von der Versammlung abhängig ist.

Was das Dekret über die Jagd angeht, sollte ich nicht mit Stillschweigen übergehen, daß auf diesen Beschluß hin im ganzen Königreich zu den Waffen gegriffen wurde. Das Ergebnis war, daß ein Mensch, der nicht für den geringsten Teil meines Vermögens bürgen kann, dennoch über mein Leben verfügen oder Verheerung anrichten kann, die wiedergutzumachen er nicht imstande ist. Es gibt also keine Entschädigungen mehr. Die Armut wird zu einem Mittel, den Gesetzen zu entgehen, und die Reichen sind ihres Lebens weniger sicher als diejenigen, die nichts zu beißen haben. In England gilt folgender Grundsatz: Dort hat ein Mann nur dann das Recht, Waffen zu tragen, wenn er in der Lage ist, für all seine Handlungen auch einzustehen.

Derselbe Fehler findet sich wieder in dem Dekret, das alle Untertanen ohne Unterschied zu denselben Stellen zuläßt. Man wird ihnen Schätze anvertrauen, ohne daß sie dafür bürgen können und dies lediglich in der Annahme, daß, wenn sie schon keine großen Vermögen haben, sie doch mit den Gaben der Natur und der Erziehung ausgestattet sind, das heißt mit Talenten und Tugenden. Aber warum hat die Nationalversammlung, als sie die Gleichheit der Rechte unter den Menschen anordnete, nicht gleich mitbeschlossen, daß sie alle die gleichen Talente und Tugenden haben? Freilich würde die Natur den Dekreten der Versammlung eher widerstehen, als die Monarchie es vermag.

Die Natur bringt ungleiche Produkte hervor; sie verteilt auch die Geschenke, die sie austeilt, ungleich, und diese Ungleichheit nennen wir Vielfalt. Warum soll man die Standesunterschiede und die ungleichen Bedingungen nicht genauso benennen? Die Stände sind hassenswert, werden Sie sagen, und die großen Vermögen unerträglich. Aber seit wann richtet sich das Gesetz denn nach dem Neid? Soll man etwa die Häßlichkeit und die Dummheit nach dem Preis des Genies und der Schönheit fragen? Man hat aus Frankreich eine große Lotterie machen wollen, in der jeder ohne eigenen Einsatz gewinnen kann. Gehen Sie die Reihe der Dekrete der Versammlung durch, Sie werden bis in die Redekunst hinein die Stimme der Gracchen und all der Tribunen hören, die der römischen Kanaille kriechend schmeichelten und am Ende die Republik stürzten. Die Nationalversammlung glaubt durch Abschaffung der ständischen Hierarchie, die zum Charakter der Monarchie so gut paßt, eine bessere Ordnung der Dinge zu erreichen. Würde Sie auch glauben, daß sie

neue Akkorde schaffen und der Welt eine neue Harmonie
schenken kann, wenn sie allen Noten denselben Wert ver-
liehe und sie alle auf ein und derselben Linie aufreihte?

WÄHREND MAN DIE ERKLÄRUNG der Menschen-
rechte und die Verfassungsartikel der Nacht des 4. August,
die man eine Bartholomäusnacht[123] des Eigentums nennen
könnte, abfaßte, wurde das Königreich von Bürgerkrieg und
Hungersnot heimgesucht. Sendboten, Überbringer falscher
Befehle des Königs, durcheilten das Land und wiegelten es
gegen die Schlösser und die Häuser der Großgrundbesitzer
auf. In den Städten verbreitete man Gerüchte, die von Verschwörungen wissen wollten, von Komplotten, geheimen
Waffenlagern oder vom Nahen einer Armee. Jeden Tag
erhielt die Nationalversammlung alarmierende Nachrichten
und jeden Tag wußte sie darauf keine andere Antwort, als
einen Teil des alten Gebäudes abzureißen, weil sie davon
überzeugt war, der Feuersbrunst durch Zerstörung Einhalt
gebieten zu können. Schließlich jedoch wurden die Klagen
so nachdrücklich und das Bild unseres Unglücks so er-
schreckend, daß die Versammlung ein *Comité des Recherches*[124] einsetzte. Allein, dieses Komitee brachte niemanden
zur Anzeige. Der englische Botschafter gewann nichts dabei,
daß er die Verschwörung von Brest aufdeckte, und es war
auch ganz vergebens, daß man die Sendboten in Gewahrsam
nahm, so wie es auch völlig unnütz war, daß sich ein Schauspieler hängen ließ.[125] Sei es, daß das Komitee andere
Schuldige suchte als diejenigen, derer es habhaft wurde, sei
es, daß es diejenigen aufspürte, die von ihm nicht gesucht
worden waren, gewiß ist einzig und allein, daß es gleichermaßen taub und stumm war, und weder verstehen wollte,
was man ihm sagte, noch sagen wollte, was es wußte.

Es bedurfte erst schrecklichster Verbrechen und Katastrophen, ehe man sich seiner Verschwiegenheit schämte und die
einander feindlichen Parteien in der Nationalversammlung
dieses Komitee endlich einvernehmlich aufforderten, sich zu
äußern, woraufhin Goupil[126], der Kalchas[127] dieses Komitees, sich nicht weigern konnte, auf der Tribüne zu
erscheinen. Aber er speiste die Versammlung mit derart
doppeldeutigen Auskünften und derart seltsamen Verdächtigungen ab, daß man sich nach seinem Schweigen zurück-

sehnte. Nach ihm sprach einer seiner Kollegen, Glezen[128], viel deutlicher, indem er sowohl den Argwohn der einen wie die Befürchtungen der anderen auf Malouet richtete, einen redegewandten Bürger, dessen Reputation durch den Haß der Schurken von Tag zu Tag gefestigt wurde. Alle Augen richteten sich nun auf ihn: Die übelwollenden Bürger waren außer sich vor Entzücken darüber, daß man ihn anklagte, während die gutmeinenden zitterten, ob er schuldig sei. Aber Malouet zerstreute bald die Freude der einen und die Befürchtungen der anderen. Mit der Haltung eines untadeligen Mannes forderte er, die Beweise für seine Verbrechen beizubringen. Daraufhin legte der Vorsitzende des Komitees einen Brief vor, den jeder Mann von Ehre hätte geschrieben haben können. Die darüber vollends verwirrte Versammlung kassierte daraufhin die meisten Mitglieder ihres Inquisitionstribunals und ernannte neue. Lediglich der mit Schande bedeckte Goupil blieb ihm zusammen mit seinem Kollegen erhalten, dessen Ansehen in der öffentlichen Meinung zwischen Torheit und Boshaftigkeit schwankte; sein geringes Ansehen ließ ihm nämlich zwischen beidem die Wahl.

Vergleichen Sie jetzt diese Lauheit der Nationalversammlung sowie die heuchlerische Beibehaltung ihrer Inquisitoren mit dem glühenden Eifer bei den Ermittlungen in der märchenhaften Geschichte von Vesoul[129] oder gegen den Fürsten Esterhazy[130], vergleichen Sie sie mit den zahlreichen Anklagen, die auf undefinierbare »Verbrechen gegen die Nation«[131] lauten, mit der barbarischen Unkenntnis aller Prinzipien, mit denen gegenwärtig die Prozesse gegen den Fürsten Lambesc[132], den Baron de Besenval und Augeard[133] geführt werden! In der Affäre von Vesoul wollte uns die Nationalversammlung Glauben machen, daß ein Richter des *Parlement* von Besançon vor seiner Abreise in die Schweiz seinen Leuten geraten habe, die Bauern seiner Güter in seinem Schloß zu versammeln, und dieses sowie alle, die sich darin aufhielten, in die Luft zu sprengen. Sie sehen also, daß die Versammlung allen Ernstes den Eindruck erwecken wollte, daß ein vernünftiger Mensch einen solchen Befehl geben, und - noch schlimmer - darauf bauen konnte, daß er befolgt werde, ausgerechnet in einem Moment, in dem die Reichen keine anderen Feinde haben als ihre Domestiken. Sie können außerdem sehen, wie diese Versammlung schamlos einen König kompromittiert, den sie bereits vor den

Augen von ganz Europa herabgesetzt hat, indem sie ihm Befehle abnötigt, die Ludwig XIV. zu erteilen sich in all seiner Herrlichkeit gefürchtet hätte, und ihn schließlich dazu zwangen, sich an alle Mächte zu wenden, um die Auslieferung dieses Richters aus Besançon zu erwirken. In der Affäre des Fürsten Esterhazy können Sie der Versammlung bei widerwärtigen Nachforschungen zusehen, die den Demagogen zur Schande gereichen, weil sie mit Erstaunen feststellen müssen, daß ein Freund der Königin unschuldig sein kann. Und wenn Sie ihr Augenmerk auf die zahllosen Prozesse richten, die man gegen jene anstrengt, die ein »Verbrechen wider die Nation« begangen haben sollen, wie sehr müssen Sie darüber empört sein, daß eine gesetzgebende Versammlung in ihrer Mitte ein Inquisitionsgericht eingerichtet hat und gleichzeitig ein weiteres in Paris duldet, die beide dazu bestimmt sind, ein Verbrechen zu verfolgen, das sie weder erklären noch feststellen können. Zwei Gerichtshöfe, die sich Tag und Nacht mit nichts anderem beschäftigen als nachzuweisen, daß der König sich völlig freiwillig in Paris aufhält, und die jene bestrafen sollen, die nicht daran glauben mögen, daß er tatsächlich freiwillig bleibt, oder richtiger, die nicht überzeugt sind, daß es ihm frei steht, die Stadt zu verlassen. Wenn sie denn beweisen wollen, daß ein König von Frankreich sich nicht nach Metz begeben kann, warum beweisen sie es dann nicht? Geschieht dies nur um des grausamen Vergnügens willen, alle diejenigen für schuldig zu erachten, die diese Entdeckung bislang noch nicht gemacht haben? Kann sich eine gesetzgebende Versammlung jemals dafür entschuldigen, ein Gericht zur Aburteilung von Verbrechen gänzlich neuer Art geschaffen zu haben, ohne ihm auch nur die mindeste Verfahrensvorschrift an die Hand gegeben zu haben? Weiß diese Versammlung denn nicht, daß in den Bürgerkriegen und bei einem Aufstand der Souverän gespalten ist? Und daß folglich beide Parteien sich im Kriegszustand befinden; daß man weder auf der einen, noch auf der anderen Seite schuldig ist, oder, um es treffender zu sagen, daß die eine wie die andere Partei sich gleichermaßen in die Schuld teilen?

Diejenigen, welche die *Bastille* belagerten, sind gleichermaßen zu loben wie diejenigen, die sie verteidigten. Beide sind gleichermaßen dafür verantwortlich zu machen, daß Blut von Franzosen vergossen wurde. An welchem Zeichen konnten die Diener des Königs erkennen, daß es ihre Pflicht war, vom Chef des Staates abzufallen? Bestand dieses Zeichen darin, daß der Pöbel von Paris die Festung angriff? Aber die übrige Stadt und vor allem das ganze restliche Königreich hatten sich keineswegs eindeutig erklärt. Besenval und der Fürst de Lambesc hätten sich in der Tat schuldig gemacht, wenn sie damals den Monarchen im Stich gelassen oder ihn mehr schlecht als recht verteidigt hätten; denn auf ihn hatten sie ihren Schwur geleistet, und die Treue erheischt nur die pünktliche Erfüllung des Gehorsams. Damit ein Untertan anderen Sinnes werden kann, muß er warten, bis jener Teil des Souverän, der im König personifiziert ist, dem anderen Teil unterliegt, der im Volk seinen Sitz hat. Aber, sobald sich die beiden Teile des Souverän vereinigen, wenn sich also der König auf die Seite des Volkes schlägt, wie läßt sich dann die Sache der königlichen Offiziere von der seinen trennen? Machen sich denn die Hände schuldig, wenn sie ausführen, was der Kopf befiehlt? Um das Recht zu haben, einen Soldaten des Königs zu bestrafen, muß man ihm entweder nachweisen, daß er bei dessen Verteidigung unnötige Grausamkeiten begangen hat, oder aber man hat das Recht, sollte der König für geisteskrank erklärt worden sein, jene zur Verantwortung zu ziehen, die seine Befehle gegen den gesunden Teil des Souverän ausgeführt haben. Hier jedoch kann man weder den einen noch den anderen Fall in Betracht ziehen. Der stets menschenfreundlich gesinnte König hat sich seinem Volk angeschlossen; Besenval und die anderen Offiziere waren kaum in Paris angelangt, als sich die Souveränität spaltete und jeder Franzose unschlüssig darüber war, welchen Namen er denn in diesem Moment trage. Denn ebenso, wie im Augenblick der Gärung die Früchte nicht mehr Früchte aber auch noch nicht Likör sind, so verhält es sich in der Krise eines Aufstands, wenn die Untertanen nicht mehr Untertanen sind, der Staat nicht mehr Staat ist, jeder sich als Soldat begreift und alles ein Schlachtfeld ist. Aber sobald wieder Eintracht herrscht, kommen auch wieder die Bürger zum Vorschein, und, da nichts abwegiger ist, als daß dann die Sieger die Besiegten vor Gericht ziehen, bleibt den einen wie den anderen nichts anderes zu tun übrig, als die Grausamkeiten zu bedauern, die man einander zugefügt hat. Für den König bleibt das Volk unverletzlich, wie umgekehrt auch der Monarch für das Volk. Und diese Unverletzlichkeit gilt ausnahmslos für alle, gehören sie nun der einen oder der anderen Partei an. Das erheischt das Völkerrecht, das verlangt der gesunde Menschenverstand. Ich sage deshalb mit aller Bestimmtheit: Der Prozeß, den man gegen den Baron de Besenval angestrengt hat, gereicht der Versammlung, die ihm stattgegeben hat, ebensosehr zur Schande, wie jenen unvernünftigen Untersuchungsrichtern, die ihn führen.

Man muß sich davor hüten, diese Revolution mit irgendeiner anderen Revolution der alten oder modernen Geschichte zu vergleichen.[134] In einem großen Königreich, in dem Herkunft, Ehre, Würden und Talente die Ursache so großer Unterschiede zwischen den Menschen sind, wo alles seine Ordnung hat, wo die Bevölkerung, die Distanz sowie die Vielgestaltigkeit der Provinzen keine andere Regierungsform gestattet als die Monarchie, ereignete sich dennoch eine Erhebung des Volkes, wie sie sich sonst nur in einer kleinen Stadt hätte zutragen können, in der man den Magistrat umbringt. Die Mehrheit der Nationalversammlung war dem Volke zugehörig, und die Fürsten so wie andere wichtige Persönlichkeiten, die etwas vorstellten, konnten sich nur Gehör verschaffen, indem sie sich mit dem Volk gemein machten. Die Begriffe »Vaterland«, »Staatsbürger« und »Freiheit« tönten von den Alpen bis zu den Pyrenäen und vom Mittelmeer bis an den Rand des Ozeans wider, ganz so, als ob man erst ein Vaterland besitzen müsse, um eine Heimat zu haben, als ob man zunächst Staatsbürger sein müsse, um als Bürger zu gelten, oder als ob man sich nur den Barbaren zurechnen müsse, um frei zu sein!

Diese Revolution hat eine Menge böser Geister und sogenannter Philosophen an den Tag gefördert, die die Freiheit für erstrebenswert hielten, weil sie nicht den Gesetzen gehorchen wollten, und die die Knechtschaft haßten, weil diese sie nicht aus ihrem Elend rettete. Wie viele Helfershelfer der Polizei waren überrascht, als man sie bat, sich für die Freiheit einzusetzen, und wie viele Schöngeister waren großzügiger als sie es sein wollten! Ihre Vermögen waren bedingt durch die Mißbräuche des *Ancien Régime*, und sie haben keine andere Freiheit erlangt als die, Hungers zu sterben. Die einen, einst zu Füßen der Großen, erniedrigten sich systematisch, da sie die Verachtung, die man dem Reichtum entgegenbrachte, nicht mehr zu ertragen vermochten und ihr Ehrgeiz bürgte für ihre Unzuverlässigkeit. Die anderen, die Neid mit Stolz verwechselten, haßten die Reichen, ohne aber deshalb den Staat zu lieben, oder besser gesagt, sie liebten das Geld so sehr, daß sie diejenigen nicht leiden konnten, die es besaßen. Die einen wie die anderen haben den ersten Teil ihres Lebens damit zugebracht, zu lobhudeln oder zu kriechen; sie werden den Rest ihres Lebens mit Unverschämtheiten oder Widerspenstigkeiten zubringen, Staatsbürger werden sie jedoch nie sein.

Aber die Kapitalisten und die Demagogen haben sich ihrer mit Geschick bedient, wie sie überhaupt niemanden barsch abwiesen. Die Markthalle und die Klubs, die Akademie und die Polizei, die Dirnen und die Philosophen, die Flugschriften und die Dolche, diejenigen, die das »Veto« als vernünftig beurteilten, wie diejenigen, die es für das Schlüsselwort des Despotismus oder für eine Steuer hielten, der ganze Abschaum von Paris schließlich, das heißt der der ganzen Welt, alle und ·jeder ist in die Armee der Demokratie eingetreten!

Wir haben gesagt, daß der Pariser Pöbel, den man die Nation nennt und der von den Feinden des Königs aufgehetzt wird, zunächst nur für diese gearbeitet hat. Das beweist allein der Umstand, daß er die *Bastille*, von der er nichts zu befürchten hatte, eingenommen und gleichzeitig *Bicêtre*[135], dem er nicht entrinnen kann, außer acht gelassen hat; daß er diejenigen, die ihn ernährten und bereicherten, verjagt oder umgebracht hat, daß er das Brot verschwendet hat, das man überall für ihn speicherte, und daß er sich schließlich in einem tollen, lang anhaltenden Rausch zwischen Hungersnot und Aufruhr versetzt hat. Wir haben gesehen, wie er an einem Tag, ohne es zu wissen, zunächst die Interessen des Herzogs von Orléans unterstützte, dann die Ansichten der Nationalversammlung favorisierte, bald die einen, bald die anderen zum Besten hatte, und Necker, der ihn immer nur verachtet oder gefürchtet hat, abwechselnd vergötterte oder seiner überdrüssig ward. Mit seinem brutalen Instinkt hat er dem Willen der Versammlung entsprechend mitgeholfen, das Königtum zu zerstören, wenngleich er bislang noch die Person des Königs verschont und damit den Anhängern des Herzogs von Orléans einen Strich durch die Rechnung gemacht hat, wie wir bald sehen werden.

Der Pariser Pöbel versetzte die Adligen und den Klerus in Schrecken, um das Geld einzustreichen, das zwei verschiedene Parteien ihm freigebig versprachen. Gleichzeitig hat der Pöbel aber auch die Schlagbäume zerstört, sich geweigert, Steuern zu zahlen und sich so über die Beschlüsse der Nationalversammlung wie über die Seufzer von Necker und das Geschrei der Kapitalisten lustig gemacht. Dergestalt hat der Pariser Pöbel, der für die verschiedenen Fraktionen gleichermaßen nützlich wie auch von ihnen gefürchtet ist, schließlich etwas hervorgebracht, woran er nicht gedacht hatte, ich meine eine demokratische Anarchie, bei der alle Vorteile auf seiner Seite, während alle Ehren und Gefahren auf seiten der Nationalversammlung sind. Ja, Nationalversammlung, alle Gefahren und Katastrophen sind für dich bestimmt, du, die du keine Ahnung hattest, daß man in einem großen Reich keine Demokratie einführt und vor allem, daß man in einer Demokratie keine Hauptstadt bestehen läßt! Deshalb wirst du die Monarchie als Regierungsform nur um den Preis abschaffen können, daß du sie in Gestalt einer großen Stadt wieder antreffen wirst und du wirst nicht mehr den König der Franzosen haben, sondern statt dessen die Königin der Städte.

Gegen Ende des Monats August, als alle Intrigen herangereift waren, begann man sich zu fragen, was das eigentlich sei, die »königlichen Sanktionen«, und allein durch diese Frage verdunkelte man, was ziemlich klar war. Man fand, daß das Wort »Sanktion« Annahme, öffentliche Bekanntmachung, Veröffentlichung bedeutete, sowie zwei Arten eines Vetos, das aufschiebende und das absolute.[136] Wahrlich, die Nation hatte an keine dieser Feinheiten gedacht! Indem sie zu ihren Abgeordneten sagte, »Ihr werdet nichts ohne die Mitwirkung des Königs unternehmen«, hatte sie ihn als wesentlichen Bestandteil des Souveräns, das heißt der gesetzgebenden Gewalt, anerkannt. Die Verfassung und die Gesetze konnten also nicht ohne die Zustimmung des Königs verabschiedet werden.

Die Nationalversammlung half sich aus dieser ersten Schwierigkeit heraus, indem sie erklärte, ihre Mandate seien in dieser Frage vollkommen unerheblich; außerdem enthielten sie keine genauen Angaben, ob der königliche Einspruch absolut und unumschränkt oder ob er nur aufschiebend sein solle. Die Gemäßigten sagten, sie müßten sich für die Nation schämen, wenn Frankreich von seiner Nationalversammlung nur eine so unvollkommene Verfassung wie die englische bekäme; sie arbeiteten in dem guten Glauben, uns vor dieser Schande und diesem Unglück zu bewahren.

ABER DIE ANFÜHRER der Parteien hatten, als sie sahen, daß die Mehrheit der Versammlung glücklicherweise mit dieser Frage nichts anfangen konnte, Angst davor, daß eine lange Beratung dennoch zur Einsicht führen könnte; vor allem fürchteten sie die Arbeit des Verfassungskomitees. Das Komitee forderte denn auch wirklich zwei Kammern und das absolute Veto für den König. Bei diesen Worten war nur ein einziger Aufschrei zu hören. Eine dieser Kammern, so hieß es, werde die Aristokratie, und das absolute Veto werde der Despotismus sein. Die Gewandten sannen also darauf, wie sie so bald als möglich aus dieser Wut und dieser Ignoranz Kapital schlagen könnten, indem sie mit etwas Schrecken nachhalfen.

Der *Palais-Royal* hatte sich zusammengerottet, zwischen Paris und Versailles verkehrten unentwegt Kuriere; erstaunlich schnell folgte ein Antrag auf den anderen; die Wut und die Gärung waren auf dem Höhepunkt und alles erzitterte, sobald auch nur das Wort »königliches Veto« fiel. Schließlich jagte man dem Volk mit diesem Wort eine solche Angst ein, daß es unheimlich wurde. Ein Demokrat erhob sich und schrieb, eine Waffe in der Hand, an die Nationalversammlung, um sie davon in Kenntnis zu setzen, daß fünfzehntausend Mann loszögen, um die Schlösser jener Abgeordneten anzuzünden, die das absolute Veto unterstützten. Auch wußte er mitzuteilen, daß eine zweite Armee nach Versailles marschierte, um den König und die königliche Familie zu entführen.

Die Versammlung erschrak über die hitzige Reaktion und zitterte an allen Gliedern, ausgenommen diejenigen, die um das Geheimnis wußten, und das war die Minderzahl. Der Marquis de La Fayette, der zuständig war für die Aufrechterhaltung von Ruhe und Ordnung und nicht daran glaubte, daß der Augenblick, den König zu entführen, bereits gekommen sei, stellte dem Patriotismus des *Palais-Royal* Truppen und Geschütze entgegen, während der gute Demokrat Saint Huruge[137], der alles ausgeheckt hatte, als Hauptschuldiger ins Gefängnis gesteckt wurde. Aber man weigerte sich, weitere Nachforschungen anzustellen, und auf Mounier, der eine Belohnung von fünfhunderttausend *Livres* für denjenigen versprach, der die Verschwörer gegen die Person des Königs und die Freiheit der Versammlung zur Anzeige bringen würde, wurde überhaupt nicht gehört.

Die Aufregung hatte unterdessen auch die Provinzen erfaßt und sie war dort um so größer, als man gar nicht genau wußte, worum es eigentlich ging. Die Vaterstadt von Chapelier tat sich besonders hervor. Das gemeine Volk von Rennes machte aufs Geratewohl den Vorschlag, das aufschiebende Veto mit einer Armee unterstützen zu wollen, zumal die meisten in ihm die Verfassung sahen, während andere sie in den Steuern vermuteten; die Anhänger des Herzogs von Orléans suchten sie in der Anarchie, Necker dagegen im absoluten Veto, jedoch nur heimlich. Kurz, es war so, wie wenn ein Franzose den Polarstern in Deutschland sieht, ein Deutscher in Schweden und ein Schwede in Lappland.

Inmitten der demokratischen Rasereien, der Zwistigkeiten, der Schrecken und Verderbtheiten aller Art, trotz böser Absichten, übler Taten und schlimmer Reden und unbeschadet aller Elemente einer Revolution, glaubte man dennoch unbeirrt daran, daß die Nationalversammlung Erfolg haben würde, und in der Tat komme ich nicht umhin, darauf zu bestehen, daß sie sich in einem so kritischen Augenblick sehr geschickt verhalten hat.

Zunächst stellte sie fest, daß Frankreich ein monarchischer Staat ist, daß die Person des Königs unverletzlich und die Krone an den männlichen Erstgeborenen zu vererben ist, folglich die Frauen von der Thronfolge ausgeschlossen sind, während sie sich über den Thronverzicht ausschwieg. Andererseits aber verkündete sie auch den Beschluß, daß die Versammlung in Permanenz tage, ohne dies jedoch des Näheren zu erläutern, daß sie nur aus einer Kammer bestehen solle und daß die ganze legislative Gewalt in dieser Kammer ihren Sitz habe. Mit anderen Worten: Sie verfügte, Frankreich sei eine Monarchie; tatsächlich aber mußte man darunter eine Demokratie verstehen. Dadurch wurde jede weitere Diskussion über den Charakter des Vetos überflüssig. Das haben die Herren Mounier, Bergasse und Lally-Tollendal, die Mitglieder des Verfassungsausschusses, so gut begriffen, daß sie um ihre Entlassung baten. Die anderen Mitglieder des Komitees, der Abbé Sieyès, der Bischof von Autun[138], Chapelier und Clermont-Tonnerre[139], die die Geringschätzung, mit der man ihrem Entwurf begegnete, zu teilen schienen, wurden dadurch gezwungen, ebenfalls, und sei es auch nur aus Scham, ihren Abschied zu nehmen. Da sie über die Entscheidung der Versammlung aber nicht gekränkt und gleichzeitig zufrieden sein konnten, traten sie ohne rot zu werden dem Komitee bei, das neu gebildet wurde.

Mirabeau scheute sich nicht, sich für das unumschränkte Veto auszusprechen, so sicher war er sich, daß man seine Bemühungen nicht ernst nehmen würde! Andererseits wollte er aber auch nicht allzusehr in Widerspruch zu sich selbst stehen. Er erinnerte sich nämlich daran, daß er gut zwanzig Mal geschrieben hatte, man brauche die königliche Sanktion unbedingt, und war daher bestrebt, seine Schriften und seine Anhänger miteinander in Einklang zu bringen. Das ganze war ein einziges Konzert der Heuchler.

Necker, der nicht der Minister des Königs ohne Krone sein wollte, unterstützte dagegen heimlich die Menge der ehrenwerten Leute, die weniger aufgeklärt als wohlmeinend waren und die noch immer für das absolute Veto eintraten. Sie sagten alle, ein König, dem man nur ein aufschiebendes Veto einräume, sei kein König mehr; er sei dann höchstens noch ein oberster Beamter, ein Mann mit einem nicht erblichen Titel und mit einer Pension. In der Tat, welch ein Hohn, dem Staatsoberhaupt das Recht, etwas zu verhindern einzuräumen, das nichts wirklich verhindert![140] Das Volk wird immerzu den Augenblick in Erinnerung haben, in dem der regierende Fürst gehorchen muß; und eben dadurch wird er in der öffentlichen Meinung herabgesetzt. Die Versammlung wird den König viel besser dazu zwingen, ihre Beschlüsse zur Kenntnis zu nehmen, als der König die *Parlements* dazu zwingen konnte, seine Edikte zur Kenntnis zu nehmen. Auch wird der regierende Fürst, wenn er nur ein aufschiebendes Veto hat, immer schon bei der ersten Aufforderung seine Zustimmung erteilen, um die sonst unvermeidliche Konfrontation zu vermeiden. Damit hätte man ihm nur ein rein illusorisches Vorrecht eingeräumt. Daraus ergibt sich, daß, wenn die Vorsichtsmaßnahme eines aufschiebenden Vetos für eine oder mehrere Legislaturperioden notwendig erschiene, um eine Neuordnung der Dinge zu gewährleisten, man dennoch das Ziel verfehlt hätte, das man sich gesetzt hatte!

Derart waren die Überlegungen der Leute mit guten Absichten, die aber ohne Prinzipien waren. Die Demagogen, die in Logik und Ironie stark waren, antworteten ihnen jedoch: »Sie wissen nicht, was Sie fordern. Wenn die Souveränität ganz bei der Gesetzgebenden Versammlung und bei den Gemeinderäten liegt, die die ausführenden Organe der Versammlung sein werden, dann würden wir sowohl den König als auch das Volk hintergehen, wenn wir dem regierenden Fürsten ein absolutes und unumschränktes Veto einräumten, nachdem wir beschlossen haben, daß es nur eine gesetzgebende Kammer geben soll; denn dann würden wir ihn in die Souveränität eingreifen lassen, von der er ausgeschlossen ist, und damit würde das Volk hintergangen. Wenn wir in jeder Legislaturperiode einen Bürgerkrieg anzettelten, in dem das Volk sich immer hinter die Versammlung stellte, dann würde der König hintergangen. Denn wenn man die Souveränität zwischen dem regierenden Fürsten und der Versammlung teilte, wo wäre dann die Körperschaft, die im Falle eines Vetos dazwischentreten könnte? Man muß sich immer ans Volk wenden, das heißt, es würde zum Aufruhr angestachelt. Sie werden uns vielleicht entgegnen, daß wir eine Monarchie ohne einen Monarchen errichten, oder eine Demokratie, für die das Gespenst eines König nur hinderlich ist; das geben wir zu. Aber man kann nicht schon mit dem ersten Schritt etwas Vollkommenes schaffen. Wir mußten ein bißchen Rücksicht nehmen auf die Gewohnheit, die Schwäche und die alten Vorurteile. Worte erschrecken mehr als Tatsachen, eine »Republik« Frankreich hätte die Provinzen vielleicht in Aufruhr versetzt. Überdies hätte man dann die königliche Familie außer Landes jagen oder umbringen müssen. Aber kommt Zeit, kommt Rat. Wenn die Demokratie aber dem Namen und dem Aussehen nach eine Monarchie bleibt, dann ist die Verfassung das Zauberwort, die Krönung unserer Aufklärung und die gückliche Verbindung aller Parteien und aller Interessen.«

Als Necker sah, daß er von den Demagogen zum Narren gehalten und die Abschaffung der Monarchie gewaltsam herbeigeführt wurde, versuchte er, wenigstens in diesen letzten Akt einzugreifen. Da er das absolute Veto für den König nicht hatte durchsetzen können, faßte er den Plan, ihm selbst die Forderung nach einem aufschiebenden Veto zu entlokken, und bediente sich der Erregung der Gemüter sowie der Drohungen des *Palais-Royal*, um den Kronrat einzuschüchtern. Er teilte sein Mißtrauen und sein Grauen so vielen Abgeordneten mit, daß er bei Bedarf eine Mehrheit in der Versammlung hinter sich gehabt hätte. Schließlich schickte er, um seinen Einfluß auf diese Entscheidung sicherzustellen, seinen Bericht, der ganz zugunsten des aufschiebenden

Vetos ausfiel; hartnäckig bestand er darauf, der National-versammlung und der Nation ein solches Geschenk zu machen und nicht sterben zu wollen, ohne in Frankreich Minister der Republik oder der Nation gewesen zu sein.

Mounier, der Präsident der Versammlung war von einer Gewandtheit und Schlauheit, die ehrenwerte Menschen mangels Gelegenheit nur selten unter Beweis stellen können. Seiner Sache sicher, daß der Bericht, den Necker geschickt hatte, sich für das aufschiebende Veto aussprach, tat er gleichwohl so, als fürchte er, dieser könnte sich dagegen wenden. Da es aber unwahrscheinlich ist, daß ein Minister seinen Herrn herabzusetzen sucht, spielte Mounier sehr ge-schickt die Wahrscheinlichkeit gegen die Wahrheit und damit alle Parteien gegen das Verlangen von Necker aus. Also wurde beschlossen, daß der Brief des Ministers, ob er sich nun für die Prärogative des Königs aussprach oder nicht, erst gar nicht geöffnet werden sollte. Necker verdankt Mou-nier deshalb entweder das Glück, sich nicht mit der sträflichen Entscheidung der Versammlung besudelt, oder das Unglück, in der Verfassungfrage für nichts gesorgt zu haben.

Das war der letzte Versuch des Ministers, die Politik der Nationalversammlung zu beeinflussen. Wenn er seither manchmal vor ihr erschienen ist, dann nur, wie wir schon gesagt haben, um zu erreichen, daß Beschlüsse zugunsten seiner Anleihen oder einer kleinen Bank gefällt wurden, die auf der Grundlage der Diskontkasse errichtet werden sollte. Unter dem Druck der ständigen Bedürfnisse des Staates sowie der Verblendung und der bösen Absichten der De-magogen konnte der Minister bei seinen Auftritten vor der Nationalversammlung über Geld immer nur reden und hat es nie gewagt, davon genug zu verlangen, so daß er immer das Pech hatte, in einem ohnehin schon unzulänglichen Sy-stem auch selbst noch unzulänglich zu erscheinen.

Wenn man sich die verschiedenen Züge von Necker ein-mal vergegenwärtigt, bedauert man unweigerlich, daß der Minister seine Stärken so wenig gekannt oder sie so schlecht eingesetzt hat. Welch ein Augenblick war seine Rückkehr nach Frankreich, das heißt nicht nur für ihn, sondern auch für die Monarchie! Ich gehöre nicht zu denen, die der Auf-fassung sind, er hätte die Generalstände listig umgehen können, aber ich glaube fest, daß er bei seiner Rückkehr aus dem Exil bei der Nationalversammlung, die ihn brauchte, um das Königreich zu lenken, einiges hätte durchsetzen können, wenn er sie gezwungen hätte, sich an ihre Beschwerdehefte zu halten, und daß er sie im Falle ihrer Weigerung mit Erfolg vor der Nation angeklagt hätte. All das hätte Necker gelingen können und ihm einigen Ruhm eingetragen: Der König schuldete ihm heute den Thron, Frankreich eine Verfassung, die Kapitalisten eine solide Garantie und die Nationalversammlung ihren feierlichen Dank dafür, daß er sie vor pflichtwidrigem Handeln bewahrte. Zu sehr in sein Vorhaben vertieft, fand er jedoch Gefallen daran, über die königliche Autorität zu triumphieren, statt ihr Ansehen zu heben, als er in Begleitung seiner Gattin und seiner Tochter in Paris Einzug hielt, eine Schwäche, die man nur den beiden letzteren verziehen hat. Ihm wird man ewig vorhalten, daß er den Vorwand, den ihm die Inhaftierung von Bezenval bot, so schlecht genutzt und daß er dessen Freilassung derart demütig vom *Hôtel de Ville* gefordert hat. Damit hat er als Mann des Volkes eine subalterne Macht ohne Tradition anerkannt und als Minister des Königs gleichzeitig die uralte Würde seines Hern vergessen, in dessen Namen er vielleicht als einziger Mann im Königreich mit Freimut und Entschlossenheit hätte sprechen können. Die Beweihräucherung durch die Bevölkerung machte ihn glauben, er könne das Königszepter außer acht lassen oder herabsetzen. Er hielt im *Hôtel de Ville* von Paris dieselbe Rede wie vor der Nationalversammlung und verwechselte, indem er ihnen mit gleicher Ehrerbietung gegenübertrat, zwei ganz verschiedene Gewalten. Aber die grobe Beleidigung, die er sich inmitten seines Triumphs von den Distrikten gefallen lassen mußte, ließ ihn schmerzlich spüren, daß er durch sein falsches Vorgehen nur den Einfluß der Nationalversammlung auf das Volk, die törichte Bewunderung der Provinzen für Paris und die allgemeine Unehrerbietigkeit gegenüber dem Thron gefördert hatte, an den er selbst kraft- und glanzlos gebunden blieb. Nur durch ein kunstvoll unter den Leuten ausgestreutes Gerücht einer Verschwörung gegen seine Person, das die Besorgnis und die zärtlichen Gefühle des Volkes wiedererweckte, könnte er das wiedergewinnen, was er verloren hat. Aber dieses Mittel der Demagogen ist schon etwas abgedroschen und wird am Ende bald ganz in Verruf kommen.

Am selben Tag, als Necker der Nationalversammlung seinen Bericht schickte, schrieb auch La Fayette an den

Präsidenten, er wolle nicht für das unvermeidliche Blutvergießen verantwortlich sein. Alle Minister waren gleichermaßen bestürzt und von den gegenwärtigen, vermeidbaren Übeln stärker beeindruckt als von dem künftigen, unvermeidlichen Unglück. Unter dem einhelligen Geschrei des *Palais-Royal*, der Distrikte, der Demagogen, ja sogar der Minister wurde also beschlossen, daß alle gesetzgebende Gewalt, das heißt die Souveränität, der Nationalversammlung zukomme und der König den Handlungen des Souveräns nur einen aufschiebenden Einspruch entgegensetzen könne. Außerdem wurde verfügt, daß sein Widerspruch in der zweiten, der abgelehnten Gesetzesvorlage folgenden Legislaturperiode wieder hinfällig werde. Dennoch kam man überein, daß der König die Versammlung auffordern könne, sich mit einem bestimmten Gegenstand zu befassen, gleichzeitig wurde ihm aber jeder Gesetzesvorschlag untersagt. Zuletzt wurde der König von Frankreich außerhalb der französischen Verfassung gestellt, und wenn man jetzt noch sagt, seine Zustimmung sei notwendig, dann heißt das, daß sie erzwungen ist.

Mirabeau, der immer noch vorgab, er plädiere für die königliche Prärogative, wollte, daß man dem König die höchste exekutive Gewalt zugestehe; aus diesem Vorschlag machte man ein Dekret, das, kurz gesagt, Hohn und Dummheit vereint. Die Macht, den Willen anderer auszuführen, ist immer die höchste: es ist die Oberhoheit eines Hausvorstehers. Jeder Dienstbote hat die höchste exekutive Gewalt im Anwesen seines Herrn: Ludwig XVI. ist also nur mehr Großwürdenträger der Nationalversammlung. Der Titel König bleibt ihm erhalten wie ein uralter Orden, den unsere auf der Höhe ihrer Zeit stehende Höflichkeit selbst einem abgesetzten König nie abgenommen hat.

So wurde am Freitag, dem 11. September 1789, die im Jahre 420 der christlichen Zeitrechnung gegründete französische Monarchie nach eintausendvierhundert Jahren wechselvollen Schicksals abgeschafft oder suspendiert. Sie hatte als königlich-militärische Aristokratie begonnen, wurde dann mehr oder weniger absolute Monarchie und endet nun als Demokratie mit einer Krone im Wappen.

ES WÄRE IN DER TAT der Gipfel der Heuchelei oder Ignoranz, wollte man Frankreich noch eine Monarchie nennen. Es hieße, Ludwig XVI. zu täuschen, der, nur weil er ein paar Dekrete unterschrieben hat, noch glauben darf, er sei Teil und Garant einer Verfassung, von der er vollkommen ausgeschlossen ist. Und es hieße, die Nation zu täuschen, die glaubt, ihre Repräsentanten hätten ihre Anweisungen voll und ganz erfüllt oder richtig ausgelegt; die weiterhin annimmt, die Regierung sei nach wie vor monarchisch und die Zustimmung des Nachfolgers von Ludwig XV. für die Handlungen der Nationalversammlung notwendig, während doch feststeht, daß die Krone nur noch ein Schattendasein führt, und die Unterschriften Ludwigs XVI. nicht nur unnütz, sondern auch null und nichtig sind, wie ich bald zeigen werde.

Ich muß auch sagen - und der Nachfahre unserer alten Könige kann sich das nicht oft genug wiederholen -, daß die Person des Königs künftighin nur wegen des dritten Dekrets der Nationalversammlung unverletzlich ist und nicht wie früher aufgrund seiner Natur. Die Heiligkeit ist nicht mehr Vorrecht und Wesen des Thrones, sie ist vielmehr eine Gnade und ein Geschenk der Versammlung. Das hat Mirabeau sehr wohl zu verstehen gegeben, als er um die schreckliche Erlaubnis bat, die heiligste Person des Staates nach dem König nennen zu dürfen.

Im Angesicht Europas erkläre ich also, daß ich in Frankreich, nachdem die Nationalversammlung in der Person Ludwigs XVI. das Königtum getötet hat, nur noch die Versammlung als Souverän ansehe und mit ihr auch den *Hôtel de Ville*, die Distrikte und den *Palais-Royal* verehre. Das sind meine Gesetzgeber und meine Könige; sie können mich zu ihren Untertanen zählen. Es ist nur ein Unglück, daß eine Revolution lediglich imstande ist, Blutgerüste aufzurichten, nicht aber Altäre!

Um den Opfern der Revolution auch noch die letzte Aus- und Zuflucht zu nehmen, umgibt die Nationalversammlung den Staat mittels der Organisation der künftigen Versammlungen und der Gemeinderäte zweifach mit ihren großen Netzen. Sobald der Repräsentant des kleinsten Bezirks einmal Abgeordneter wird, ist er von seinen Auftraggebern nicht mehr abhängig; fremd und heilig steht er ihnen als Repräsentant von ganz Frankreich gegenüber; als Glied des Souveräns ist er für sie gleichermaßen unverletzlich und unabsetzbar. Eine solche Demokratie wird eine der gewalttätigsten Aristokratien sein, die es je gegeben hat. Zwar sind die Sitzungen oder Legislaturperioden auf zwei Jahre beschränkt, aber die Versammlung wird ewig sein; die Kommissionen werden austauschbar, die Gewalten hingegen unveränderbar. Die Folge wird sein, daß unsere frei gewählten Abgeordneten nacheinander als Souveräne regieren werden und, da es nun einmal gesagt werden muß, als Despoten. Denn überall, wo die Gewalten nicht geteilt sind, herrscht Despotismus. So ist nun aber gemäß den Beschlüssen der Nationalversammlung die französische Verfassung: »Es gibt in Frankreich keine über dem Gesetz stehende Autorität« (Artikel 1), und »diese Autorität liegt bei der Nationalversammlung« (Artikel 8). Gibt es da noch irgendeine Zweideutigkeit oder auch nur irgendeine Chance für die Monarchie?

Nachdem ich also öffentlich und deutlich die Oberhoheit der Nationalversammlung anerkannt habe, möge man mir auch gestatten festzustellen, daß, wenn sie durch die Abschaffung der monarchischen Regierung schon damals ihrem Auftrag untreu geworden ist, sie sich heute nicht minder wider die Politik versündigt, als sie zum Schein Spuren dieser Regierungsform in einer wirklichen Demokratie weiterbestehen läßt. Wenn man den König schon überflüssig gemacht hat, warum ihn dann nicht auch für überflüssig erklären? Warum soll man die Nation weiterhin mit dem Unterhalt des Hofes belasten? Und warum stellt man fünf bis sechs Millionen guter Franzosen eine Falle, die[141] immer versucht sein werden, Ludwig XVI. als König zu behandeln, und die sich so, ohne es zu wissen, des Verbrechens der Majestätsbeleidigung gegenüber der Nation schuldig machen werden?

Sicher könnte sich die Versammlung vor Europa und der Nachwelt eher für die Usurpation der Souveränität rechtfertigen als für den Gebrauch, den sie von ihr machte, da sie Frankreich eine Verfassung gab. Gegen den Vorwurf der Ungerechtigkeit könnte sie zumindest Caesars Entschuldigung anführen: »non violandum jus, nisi regnandi gratia (nur für eine Krone darf man das Recht verletzen)«. Aber wie will die Versammlung ihre Treulosigkeit oder Ignoranz entschuldigen, wenn man ihr vorhalten wird, daß es gegen das Beispiel aller Epochen sei, wenn sich eine große Monarchie in eine Republik verwandelt? Rousseau sagte: »Je weniger sich die Einzelwillen auf den Allgemeinwillen beziehen, um so mehr muß die Unterdrückung zunehmen. Also muß die Regierung, wenn sie gut sein will, um so stärker sein, je zahlreicher das Volk ist.«[142] Andererseits ist die Regierung um so schwächer, je mehr Beamte es gibt. Deshalb haben Macchiavelli, Montesquieu und die Schriftsteller, die sich mit der Gesetzgebung befaßten, festgestellt, daß die Republiken, wenn sie größer wurden, sich notwendigerweise zu Aristokratien und diese wiederum zu Monarchien veränderten, weil es in der Natur der Regierungen liegt, umso kleiner zu werden, je größer und verderbter die Staaten werden. Daraus ergibt sich, daß Frankreich sich nicht plötzlich von der großen Distanz erholen konnte, die zwischen der absoluten Monarchie und der Demokratie liegt, und von einem Extrem zum anderen übergehen, ohne durch diese unüberlegte, rückläufige Bewegung auf die Anarchie zuzutreiben. Auch ist in Frankreich alles gelähmt, alles erschüttert, alles in Frage gestellt: die Armee, die Gerichte, der Handel, die Betriebe, die Künste, die Arbeiten, die Pflichten, bis hin zu den süßesten Hoffnungen und Wünschen. Die Liebe verstummt, die Natur ist sprachlos, man weiß nicht, wohin mit den Kindern; man heiratet in diesem unglücklichen Reich nur noch zitternd. Wie hätte doch alles ganz anders aussehen können! Wie hätte sich Frankreich verjüngt, wenn die Versammlung die Dinge ihrer Natur gemäß geregelt hätte; wenn sie die despotische Herrschaft der Minister auf die wahre und echte Monarchie reduziert hätte, statt selbst vom Despotismus eines einzelnen auf den aller zurückzugehen!

Abgeordnete Frankreichs, das ist es, was euch alle guten Geister durch meinen Mund zurufen, deren Stimme diejenigen unter euch erblassen, die diese Prinzipien erkannt, und diejenigen rot werden lassen wird, die sie nicht erkannt haben. Zweifelt nicht daran, daß es fürchterliche Richter für euch gibt, die wissen, daß der Erfolg eines jeden Ereignisses nur eine Täuschung ist, und die euch noch mehr dafür tadeln werden, daß ihr die Verfassung nicht ordentlich gemacht habt, als euch dafür zu loben, daß ihr den Thron gedemütigt habt. Vielleicht werdet ihr auch eher eure Perfidie als eure Ignoranz zugeben, denn schließlich hat es die menschliche Verderbtheit so gewollt, daß eine Dummheit ehrenrühriger ist als eine Gewalttat oder eine Ungerechtigkeit. Aber ich prophezeie euch: Ob ihr die Grundsätze einer guten Verfassung nur nicht erkannt oder mißachtet habt, ihr werdet euch eures Werkes nicht lange erfreuen. Denn in ihrem Schwerpunkt ruhen die Körper; Frankreich aber, das ihr zum Aufruhr angestachelt, nicht jedoch auf seine eigentliche Grundlage gestellt habt, wird sich in den Krämpfen der Anarchie winden und am Ende wieder zur Monarchie werden oder aber sich im Zuge seines Verfalls in seine einzelnen Teile auflösen und nur noch aus verbündeten Provinzen bestehen wie die Schweiz. Ihr könnt nicht verhindern, daß eine dieser beiden Revolutionen stattfindet. Was nützt es, das zu verhehlen? Dieses von euch gestaltete Frankreich, wird nicht einmal die dritte eurer Legislaturperioden erleben. Es muß eine echte Monarchie werden wie England[143], oder alles endet wieder im königlichen Despotismus, und wenn das geschieht, dann verdanken wir das euch. Ja, dir, Nationalversammlung, verdanken wir die despotische Herrschaft eines einzelnen, denn du hast sie gewollt: und diesen Despotismus wird man dem deinen vorziehen. Wenn der König eine Armee hinter sich oder die Armee einen König hätte, dann würde Frankreich für deine Fehler und deine Verbrechen Sühne leisten. Das ist in der Tat dein eigentliches Verbrechen, Nationalversammlung, daß du die Revolution verleumdet hast, indem du sie vergiftete Früchte tragen ließest. Du hast diese Revolution so gekonnt verleumdet, daß sie für alle Jahrhunderte verflucht sein wird, und wir die Ruhe der echten Knechtschaft den schmerzlichen Unruhen der falschen Freiheit vorziehen werden.

Man fragt sich immer wieder, warum die Mehrheit in der Nationalversammlung, die ja keineswegs um die geheimen Absichten der Feinde des Königs wußte, sich dennoch gemeinsam mit diesen gegen die Einrichtung einer zweiten Kammer sträubte, mit der Folge, daß das absolute Veto zu Fall gebracht wurde. Wir aber sind dafür unseren Lesern eine Erklärung schuldig.

Auch wenn unsere Adligen nicht mehr darstellen als einen schwachen Abglanz ihrer Vorfahren, und die Könige überdies nie versäumten, sie sowohl durch weitere Nobilitierungen als auch durch die Aufhebung von Privilegien zu schwächen, so richtete sich seit der Eröffnung der Generalstände der Haß der kleinen Leute dennoch vor allem gegen sie. Von nichts anderem als von ihrer Adelsherrschaft war die Rede, und man sprach darüber stets nur mit Feuer und Schwert im Sinn. Die Nationalversammlung, die diese Empörung noch nach Kräften schürte, war andererseits nicht in der Lage, sie zu kontrollieren als es darum ging, die Verfassung auszuarbeiten und es notwendig war, die Leidenschaften beiseite zu lassen und alle Ideen zu konzentrieren. Frankreich, das sich anschickte, zu einem staatsbürgerlichen Ganzen zu werden, konnte schließlich auf keines seiner Mitglieder verzichten. Man gab vor zu glauben - und die übergroße Mehrheit glaubte es wohl wirklich auch - ‚daß es unmöglich sei, diese zweite Kammer auf eine andere Weise zu bilden als mit Hilfe des Adels. Aber wie sollte man einen Senat von Adligen einem Volk vorsetzen, das man zuvor derart gegen sie aufgehetzt und glauben gemacht hatte, daß Aristokrat und Edelmann dasselbe seien? Die Versammlung täuschte sich selbst, und die Strafe dafür, das Volk einmal in die Irre geführt zu haben, bestand darin, daß sie es nicht mehr auf den richtigen Weg zurückführen konnte.

Die Adligen gleichen alten Münzen, denen die Zeit den Charakter von Medaillen verliehen hat. Für die Monarchie zwar unabdingbar, sind sie jedoch keineswegs notwendig, wenn man einen Senat schaffen will. Außerdem ist es durchaus vorstellbar, im Rahmen einer guten Verfassung eine Aristokratie einzusetzen, ohne dabei auf den alten Adel zurückzugreifen. Ein Senat, in dem nur Bauern sitzen, könnte nämlich durchaus eine Versammlung von Aristokraten werden, denn sehr bald schon würden sie als Patrizier und Adlige gelten. Die Aristokratie wirft naturgemäß stets einen großen Glanz auf jedes einzelne ihrer Mitglieder: Allein, wenn man einen Senat bildet, von dem man den Adel ausschließt, dann beraubt man sich der Werkzeuge, denen die Zeit Glanz verliehen hat. Stattdessen hat man einen neuen Adel und folglich auch einen Senat, der entsprechend weniger verehrungswürdig ist.

Nordamerika hatte keinen König und keinen Adel als Elemente seiner Verfassung wie die alten Reiche Europas, weshalb es sich deren Abbilder in seinem Präsidenten und in seinem Senat geschaffen hat. Diese immer noch neue Welt war deshalb bestrebt, das, was die Zeit nicht bewerkstelligt hatte, auszugleichen: Ihr gilt der Präsident als König und der Senat ersetzt ihr den Adel. Da aber der Adel ein altehrwürdiges Andenken ist, konnte weder der Volkswille noch gar der Glanz der Schriften beispielsweise Washington oder Franklin diesen Adel verschaffen. Alles, was sie von ihrem großen Ansehen gewärtigen konnten, war, wie bei Cicero und vielen anderen bedeutenden Männern, daß sie am Anfang eines neuen Geschlechts standen: Man kann von ihnen abstammen, sie aber haben keine andere Herkunft als ihre Werke. Ich war zugegen, als unsere Demagogen mit einem Mal erkannten, worin die Essenz des Adels besteht. Wir verachten, so sagten sie, den Duc de Bouteville[144]; aber wir verachten keineswegs seinen Namen. Mit einem Wort: Das eben ist es, was den Adel ausmacht; es ist ein Name, der von der Zeit dem Gedächtnis der Menschen eingegraben wurde, und das ist es auch, was Amerika abgeht und was es sich nicht zu verschaffen vermag. Seine Kräfte waren alle gleicher Art und namentlich in der Politik waren sie völlig homogen. Man konnte daher nicht einige Familien adeln, indem man sie zu den Ämtern des Senats zuließ, während man die anderen einem plebeischen Vergessen überantwortete. Amerika hat sich einen aus Wahlen hervorgehenden Senat geschaffen, so daß seine Regierung, der Kongreß, im Grunde nichts anderes ist als ein und dieselbe Kammer, die lediglich in zwei Sektionen oder Geschäftsbereiche unterteilt ist. Der Präsident, der aus den Reihen des Volkes stammt, konnte auch nicht anders als durch Wahl bestimmt werden. Daraus ergibt sich, daß sowohl die Aristokratie wie die Monarchie in Philadelphia[145] sich lediglich als solche ausnehmen, also pure Fiktionen sind, derer sich der Gesetzgeber bediente, um die Regierung zu festigen. Aber die Demokratie verträgt sich damit vorzüglich, so daß es auch nicht den kleinsten Bezirk gibt, der sich nach seinem eigenen Belieben vom Gemeininteresse oder gar vom Staat abspaltete. Nordamerika kann also Frankreich kaum als Vorbild dienen, das in seiner Gesamtheit erhalten bleiben muß, wenn es nicht seinen Einfluß in Europa verlieren will. Es ist eben dieser nationale und politische Stolz, der allen Franzosen eigentümlich ist und der sich auf die Ehre gründet, einem großen Reich anzugehören, dessen ich mich gleich eines Hebels bediene, um das Gebäude der gesetzgebenden Versammlung zum Einsturz zu bringen: Denn wenn sich jeder kleine Kanton in Frankreich von der gemeinsamen Sache und aus dem allen gemeinsamen Zusammenhang löste, um seine Geschicke selbst zu bestimmen, dann wüßte ich in der Verfassung keine anderen Absurditäten zu benennen als das Phantom einer Monarchie und den Unterhalt eines Hofes.

ES GILT DESHALB, will man die Verfassung Frankreichs für alle Zeiten auf ihren eigentlichen Fundamenten gründen, die Monarchie zu erhalten, Kommunalverfassungen zu stiften und die Aristokratie im Rahmen eines weitgehend unveränderbaren Senats, das heißt, eines Senats, dessen Mitgliedschaft erblich und wenig zahlreich ist, zu schaffen. Das Ergebnis des Zusammenspiels dieser drei Kräfte, von denen jede ihrem Wesen nach despotisch ist, wird eine Regierung sein, der jeglicher Despotismus fremd ist, die aber gleichzeitig derart energisch und kraftvoll sein wird, daß Frankreich sehr rasch zu jener Größe aufsteigen wird, zu der es die Berufung in sich trägt.

Nichts sollte also die Nationalversammlung davon abhalten, jene zwei Kammern einzurichten. Nachdem sich die Herren Clermont-Tonnerre, Mortemart[146] und de la Rochefoucauld[147] mit dem Volk gemein gemacht haben, warum sollten dann nicht Pétion, Populus[148] und Regnault[149] Senatoren werden? Außerdem, wenn man schon einen Senat einberuft, warum sollte man dann dieser Minderheit des Adels, die sich als derart volksnah erwiesen hat, den Vortritt verweigern? Es war seinerzeit durchaus selbstverständlich, daß die ersten Senatoren Frankreichs Adlige waren; außerdem wäre es höchst lächerlich, wenn gerade diese nicht Senatoren würden, nur weil zahlreiche Mitglieder der Nationalversammlung eben jenen Umstand in Erwägung zögen, so daß man daraus folgern müßte, daß die der Minderheit zugehörenden Adligen sich gleich in doppelter Hinsicht schuldig gemacht hätten: Zum einen gegenüber dem König, für den sie so voller Unheil waren, und zum anderen gegenüber der Nation, die sie mit all ihrem Haß, den sie für den König hegen, liebten und mit dieser ganzen Liebe die Nation um eine gute, wirkliche Verfassung gebracht haben und damit eine Teilung der legislativen Gewalt verhinderten. Außerdem muß man immer bedenken, daß die übergroße Mehrheit nie etwas von der Sache, von der die Rede ist, versteht. Allein das vermag ihre Unschuld zu gewährleisten. Man hat nicht wenige erlebt, die ganz naiv sagten: »Wir mögen die englische Regierungsform nicht«, ganz so, als ob sie gesagt hätten: »Wir lieben die Geometrie nicht.« Und La Fayette war derart davon überzeugt, daß eine Zweite Kammer für die geplante Verfassung unnütz sei, und daß schon jetzt die Nationalversammlung ganz Europa zum leuchtenden Vorbild diene, daß er einem Engländer,

der im Begriffe war, nach London zurückzukehren, mit auf den Weg gab: »Leben Sie wohl, mein Herr! Bei Ihrer Ankunft werden Sie kein Oberhaus mehr antreffen!« Ein bemerkenswertes Wort, das in London die Runde machte, wo es sehr zur allgemeinen Aufheiterung des britischen Ernstes beitrug.

Das also sind die Ursachen und die Menschen, die unsere Zukunft verspielt haben: Ihnen allen ist jene Verfassung zu danken, die das Land der Aristokratie der Städte, die Städte den Gemeindeverwaltungen, und beide zusammen der Nationalversammlung untertan machen und die den König nur noch als Münzinschrift duldet. Schon spricht man davon, ihm seinen Kronbesitz, die *Domaine*, wegzunehmen. Das wäre ohne Zweifel der letzte Anschlag, den die Versammlung gegen den König ausführen könnte. Dazu möchten wir bemerken, daß noch niemals zuvor der Besitz dieser *Domaine* dem König angemessener war als jetzt, da er kaum mehr Anteil am Staat hat; ohne Zweifel trägt man sich jedoch mit der Absicht, diesen Fürsten umso abhängiger von uns zu machen, als wir nicht mehr von ihm abhängig sind.

Ich kann dieses wichtige Thema nicht verlassen, ohne die naheliegende Frage zu beantworten, welche die Ausländer immerzu stellen. »Wir können wohl glauben«, sagen sie, »daß Paris, in Aufregung und Aufruhr versetzt durch die Parteien, die in der Stadt rumorten, plötzlich mit der Nationalversammlung pflichtwidrige Handlungen, Verbrechen und Ausschweifungen aller Art begangen hat. Aber wie haben die Provinzen diese widerwärtigen Erscheinungen aufgenommen und wie sind sie ihrerseits ihnen begegnet? Wieso haben sie sich über die Treulosigkeit ihrer Repräsentanten nicht empört, als sie sahen, daß der König von der Verfassung ausgeschlossen wurde?«

Man muß zunächst zugeben, daß die politisch unkluge Truppenansammlung um die Nationalversammlung die Sachlage plötzlich von Grund auf verändert hat. Der König war nicht mehr der von seinen Kindern umringte Familienvater, sondern ein von Leibwächtern umgebener argwöhnischer Gebieter. Paris, der ewige Gegenstand des Mißtrauens und Zentrum aller Verderbtheiten, zog plötzlich alle Wünsche und alle Hoffnungen auf sich. Schließlich galt die Nationalversammlung als das Staatsschiff, das man in Gefahr sah, weil sich, trotz der exakten Befehle, die es erhalten hatte, als es zu seinem Bestimmungsort auslief, ein jäher Schiffbruch ereignete, der es zum Einlaufen in einen fremden Hafen zwang. Zahllose, von den Aufrührern ausgesandte Kuriere verstärkten auch in den Provinzen ein allgemeines Gefühl des Schreckens. Für die Pfarrer war es ein gefundenes Fressen, und sie widmeten sich dem Thema von allen Kanzeln herab. Das unangebrachte Exil von Nekker forderte Wut und Trauer heraus, und seine vom Volk erzwungene Rückkehr machte dieses hochmütig, statt es zu besänftigen. Der König verlor jeden Tag eine Schlacht gegen die Nationalversammlung, und seine Minister täuschten sich und ihn in allem. Eine wenig bekannte, nichtsdestoweniger sichere Hand[150] hielt ihm das Bild der Gegenwart und der Zukunft vergeblich vor Augen. Man hatte dem regierenden Fürsten nie auch nur ein Wort davon gesagt, daß die Souveränität von dem Tag an, da der Monarch seine Untertanen um Rat angeht, so gut wie außer Kraft gesetzt ist. Es herrschte das Interregnum, ohne daß Ihre Majestät es ahnte. Das wohlüberlegte Stillschweigen von Necker war um so perfider, als er damit das Gewissen der Provinzen beruhigte, deren Minister er noch weit eher war als derjenige der Finanzen. Dieses Stillschweigen über die Unternehmungen der Nationalversammlung war zweideutig: Dem Hof erschien es als Mißbilligung, während es Paris und die Provinzen als Billigung auffaßten. Kurz, Neckers Stillschweigen glich seiner Rede bei der Eröffnung der Generalstände. In dieser Rede, die keine der Parteien zufriedenstellte, weil sie in der Absicht abgefaßt war, den Interessen aller zu genügen, können geübte Leser die Winkelzüge und Widersprüche, das ganze Vor und Zurück der Politik dieses Ministers erkennen, der die Generalstände eröffnete wie Janus[151] mit seinen zwei Gesichtern das Römische Jahr.

Aber unbeschadet der Tücken von Necker, der Unerfahrenheit der Minister und der Unruhe in Paris: Wenn die Nationalversammlung im Zuge ihrer Beratungen über die Frage der königlichen Sanktionen die Alternative formuliert hätte: »Soll der König ein Bestandteil der Verfassung sein oder nicht? Soll Frankreich eine Monarchie sein oder ein demokratischer Staat?« dann zweifle ich nicht daran, daß die Povinzen laut und vernehmlich zugestimmt und die Nationalversammlung gedrängt hätten, die monarchische Verfassung zu übernehmen. Da die Demagogen die Frage aber auf eine hinterlistige Weise gestellt und sie überdies noch mit

Fachausdrücken gespickt hatten, beließen sie, ohne mit der Wimper zu zucken, alle Franzosen gleichermaßen in ihrer tiefen Unkenntnis und Gutgläubigkeit. In der Tat gibt es nur wenige, die Ludwig XVI., dem man lediglich ein »aufschiebendes Veto« zugebilligt hat, nicht mehr für den König von Frankreich halten; eben deshalb ist es unsere Aufgabe, sie davon in Kenntnis zu setzen, daß sie keinen König mehr haben, eine Tatsache, die wir klar und deutlich genug ausgesprochen haben, so daß Dummheit und Treulosigkeit nie mehr eine Entschuldigung vorbringen können.

Am Ende dieser langen und bedeutenden Debatte ist noch festzustellen, daß es zwar von seiten der Provinzen viel Zustimmung zu den Beschlüssen der Nationalversammlung gegeben hat, andererseits aber hat es auch an Einsprüchen gegen dieselben nicht gemangelt. Aber die Versammlung hat diese mit ebensoviel Umsicht und Güte verheimlicht, wie sie jene prahlerisch und freudig ausposaunte.

Ich habe von all dem Mitteilung gemacht, noch während es sich ereignete; aber ich bin der einsame Rufer in der Wüste. Das verblendete Volk hält sich für aufgeklärt. So abscheulich und rasend es ist, so hält es sich dennoch für frei und ist im Grunde doch nur ein aufständischer Sklave. Die Leute mit den besten Absichten verstehen schon lange nichts mehr von unserer Lage, derart haben die Intrigen die Interessen durchkreuzt und alle Tatsachen verschleiert. Die Nationalversammlung hat ihre Beschwerdehefte mit ihren Prinzipien ebenso gründlich widerlegt, wie sie ihren Prinzipien mit ihren Taten widersprach; alle Köpfe sind voll von Komitees und Distrikten, von *Départements*[152] und Gemeinderäten, von Verbrechen und Verschwörugen, so daß in diesem schrecklichen Chaos der warnende Zuruf, der kommendes Unheil ankündigt, kaum mehr zu vernehmen ist, weil er immer von dem Geschrei nach einer Verfassung und nach Freiheit übertönt wird. Das sind verlogene und verwirrende Worte, die überall Irrtum und Schrecken verbreiten, Hoffnung und Licht aber vertreiben.

Zunächst aber muß ich einmal mehr neue verbrecherische Anschläge aufdecken; ich muß vor allem vom Ursprung, den Fortschritten und dem schließlichen Scheitern der orleanistischen Partei sprechen, um das Bild aller Ursachen der Revolution zu vollenden und um mich dann, wenn auch nicht ohne Entsetzen, der Nacht vom 6. Oktober zu nähern, jener Nacht, die mit ihren Schatten unsere Gewalttaten nicht verdunkeln kann und in der Geschichte ihren Vergleich nur in der Bartholomäusnacht findet. Frankreich, dir war es bestimmt, zweimal vor dem Angesicht des ganzen Universums vor Scham rot zu werden, damals wegen des Verbrechens des Königs an seinem Volk und jetzt wegen des Attentats des Volks gegen seinen König![153]

ES BEGAB SICH MITTE SEPTEMBER als man die Frage der Thronfolge regelte und unter Ausschluß der Frauen die Erstgeborenen männlichen Geschlechts als Prätendenten bestimmte, es war also, wie gesagt, Mitte September, als die Intriganten, die für die Orléans arbeiteten, mit einem Mal ihre patriotische Maske fallen ließen und ihre waren Absichten in der Nationalversammlung zu erkennen gaben. Denn kaum war die männliche Primogenitur bei der Thronfolge als Gesetz verabschiedet worden, meldete sich ein gewisser Reubell[154] zu Wort, um zu bemerken, daß dieses Gesetz dem spanischen Zweig der Bourbonen zum Nachteil des Hauses Orléans die Thronfolge einräume. In dieser Ansicht wurde er von Mirabeau, einigen Adligen, die zur Minderheit gehörten, sowie von dem Marquis de Sillery[155], Hauptmann der Leibwache des Duc d'Orléans und einer seiner engen Vertrauten, unterstützt, der durch Zufall, wie er behauptete, eine Abschrift des Friedensvertrages von Utrecht[156] in seiner Tasche fand, woraus er mit lauter Stimme den Artikel vorlas, der von dem Thronfolgeverzicht der spanischen Linie handelt. Die Abschrift ließ er danach auf dem Präsidententisch liegen.

Bei dieser Gelegenheit wurden allen die Augen geöffnet und die verschiedenen Parteien schauten einander mit einer Mischung aus Überraschung und Abscheu an, weil sie nun endlich erkannten, von wem sie unterstützt wurden und für wen sie gearbeitet hatten. Die Öffentlichkeit, die ihrerseits die Schmach ob dieser Entdeckung teilte, erinnerte sich voller Verachtung, was für eine Kreatur dieser Fürst, der gerade für sechs Monate seinen Patriotismus zur Schau gestellt hatte, sein ganzes Leben lang gewesen war. Man entsann sich wieder jener Verachtung, die er stets der öffentlichen Meinung gegenüber gezeigt hatte, ein Gefühl, das die höchste Stufe der Verderbtheit oder die letzte Konsequenz der Philosophie ist, insbesondere wenn sie nicht auch gleichzeitig von der Verachtung für den Reichtum begleitet wird. Daß er die öffentliche Meinung mißachtete[157], verzieh man ihm umso weniger, weil es ihm andererseits so vorzüglich gelungen war, sich bei ihr einzuschmeicheln, als sie ihm für die Befriedigung seines Ehrgeizes unverzichtbar schien. Gleichzeitig schämte man sich aber auch darüber, daß man sich nicht noch mehr über die Almosen empört hatte, die dieser Fürst an die Armen zur Zeit der Einberufung der Generalstände verteilen ließ. Wenn ein durch und durch schlechter Mensch etwas Gutes tut, dann kann man an dieser Anstrengung das ganze Ausmaß an Üblem ablesen, das er im Schilde führt. Die Anweisungen für die Beschwerdehefte seiner *Bailliages*, die vom Abbé Sieyès[158] verfasst und von demokratischem Gedankengut durchtränkt waren, kamen einem ebenfalls wieder in den Sinn. Man erneuerte auch die Beschwerden über die illegale Wahl der Adelsvertreter von Paris, die ganz nach den Wünschen des Duc d'Orléans ausgegangen war und die der Nationalversammlung entweder Analphabeten oder wüste Redner beschert hatte. Ein schlimmeres Symptom für das, was noch kommen mußte, konne es gar nicht geben, als diese Gelassenheit von ganz Paris gegenüber den allzu offensichtlichen Manipulationen bei jener Wahl. Allein, so weit war die Trunkenheit der Kapitalisten schon vorangeschritten, daß sie es mit freudiger Zustimmung begrüßten, wie man ihre Vollmachten und alle Regeln mit Füßen trat, nur um noch schneller zur Revolution zu gelangen.

Diejenigen, die ganz nüchtern den Geist beurteilten, der damals in den *Chambres des Communes* herrschte, stimmen ausnahmslos darin überein, daß deren Mehrheit durchaus allem Guten gegenüber aufgeschlossen gewesen sei, daß sie nichts anderes angestrebt habe als eine Reform der Übelstände, die Beibehaltung der königlichen Autorität und, mit einem Wort, die Verabschiedung einer wirklichen Verfassung. Der Abbé Sieyès hatte seinen Staat noch nicht ausgeheckt, und jedermann schämte sich noch des Comte de Mirabeau. Aber der Anschluß der Pfarrer und der siebenundvierzig Adligen bedeutete einen wirklichen Einbruch, der alle Gedanken durcheinanderbrachte und sie in wilder, unregelmäßiger Bewegung aus ihrer Bahn warf. Der Augenblick, an dem der Duc d'Orléans, gefolgt von den siebenundvierzig Adligen, in die *Salle des Communes* eintrat, kann nicht vergessen werden. Man weiß, daß er, um sich ein ruhigeres und seinem Vorhaben gemäßeres Aussehen zu geben, den Saal mit einem Brustpanzer betrat; allein, die Furcht findet ihren Weg auch durch die dickste Panzerung und ergreift Besitz von dem Herzen, das ihr entgegenkommt. Dieser Fürst fühlte sich nicht wohl als er das Tagungszimmer der Noblesse verließ, um sich in das des *Tiers Etat* zu begeben; und der blinde Eifer einiger seiner Lakaien, die ihm den Brustharnisch abnahmen, machte das Geheimnis seiner Schwäche offenbar.

Als der König, noch mehr als seine Ratgeber von den Verrätereien und den Machtmitteln seiner Feinde überzeugt, der Mehrheit der Adligen schrieb, um ihr für ihren Eifer zu danken und sie gleichzeitig aufforderte, sich dennoch den Aufrührern anzuschließen, wandte sich auch der Comte d'Artois mit der Aufforderung an sie, daß sie sich doch damit beeilen möchten, um das Leben des Königs zu retten. Zur Zeit da der König mit seinen Brüdern erschien, um die Generalstände, die Nationalversammlung, als konstituiert anzuerkennen und ihr den Rückzug der Truppen ebenso wie die Rückberufung Neckers anzukündigen, lag ein Deputierter des Dritten Standes namens Blanc[159] im Sterben. Als nun jemand den Sterbenden davon unterrichtete, daß der König und seine Brüder sicher und wohlbehalten die Nationalversammlung wieder verlassen hätten, stieß dieser einen lauten Schrei aus und verschied, nicht ohne noch den Namen des Comte d'Artois ausgesprochen zu haben; sei dies nun aus Wut oder aus Befriedigung. Sein jäher Tod hüllte diese Frage in einen ewigen Zweifel. Aber solcherart waren die Erinnerungen, die jedermann unter diesen Umständen in den Sinn kamen. Ein sehr bekannter Artillerieoffizier[160] trug durch die Beziehungen, die er mit diesem unterhielt, auch noch das Seine dazu bei, die Verdachtsmomente gegen den Duc d'Orléans zu verstärken. Wenn man schließlich auch Necker seine häufigen Besuche bei diesem Fürsten zum Vorwurf zu machen wagte, dann erinnerte man sich nicht weniger genau des Umstandes, daß ihrer beider Bildnisse am 12. Juli im *Palais-Royal* umkränzt worden waren und daß man ihre Büsten unter den freudigen Zurufen des Volkes wie der Kapitalisten durch die Straßen getragen hatte: Seither sah man sie immer auf dem nämlichen Podest und von demselben Lorbeer umrankt.

Das alles erklärt, warum jedesmal, wenn der Hof eine Niederlage oder eine neue Schmach erlitt, der *Palais-Royal* alsbald illuminiert wurde und warum Madame de Sillery[161] Mademoiselle d'Orléans sich mit den Kindern des Volkes auf einem Tanzboden im *Palais-Royal* vergnügen ließ. Damals schon verdächtigte man diesen Fürsten, seine Hand bei den gelegentlichen Unruhen des Pöbels und bei den immer wiederkehrenden Hungersnöten im Spiel gehabt zu haben, die ohne sein Zutun ebenso unerklärlich waren wie die Unruhen in allen jenen Städten, wo sich Personen aufhielten, die ihm oder seinem Haus verpflichtet waren. Außerdem machte man die Entdeckung, daß die Abgaben, die er aufgrund seines Ehrgeizes in mehreren Städten, die zu seiner Apanage gehörten, abgeschafft hatte, bald seines Geldmangels und seiner Habsucht wegen wieder eingeführt wurden, daß alle von den Zeitungen groß herausgestellten Wohltaten und humanitären Gesten entweder völlig falsch oder weit übertrieben waren, was ihre Dauer oder ihren Umfang anbetraf. Schließlich fragte man sich auch, was ein Prinz von Geblüt von einer durch und durch demokratischen Revolution gewinnen könne, deren Früchte seinem Haus sehr bitter schmecken mußten. Man hätte diesem Fürsten das Herz eines Heroen unterstellen müssen, das sich in Liebe zum Volk verzehrt und gleichzeitig auch das eines Weisen, dem alle Größen und Reichtümer dieser Welt völlig gleichgültig sind. Das aber waren entschieden zuviele Annahmen und Ungereimtheiten auf einmal; doch alles kommt ins Lot und klärt sich auf, wenn man ihm statt des Heroismus eines wahrhaften Patrioten den Ehrgeiz eines Unzufriedenen unterstellt, der eine Revolution zu seinem Vorteil ausschlachten und allein vom Zusammenbruch einer Monarchie profitieren will.

Dieser Gedanke jedoch hatte in der Vorstellung des niederen Volkes keinen Platz. Es schien vielmehr, daß der bedeutendste Prinz von Geblüt, der ein immenses Vermögen besaß, auch als der natürliche Vertreter der Thronerben betrachtet wurde. Kaum weniger einleuchtend war auch, daß er nicht nur bestrebt war, aus den Fehlern des Königs, aus dem Wüten des Volkes und dem aller Parteien der Nationalversammlung seinen Profit zu schlagen, sondern daß er ferner auch die Absicht verfolgte, die einen gegen die anderen auszuspielen, um sich durch das Zusammenspiel so vieler gegensätzlicher Kräfte emportragen zu lassen, ganz so wie ein Schiff auf den Wogen reitet, die sich unter ihm aufbäumen und wieder zusammenbrechen. Allein, da bei

Verschwörungen es häufig der Geist oder der Charakter des Hauptverschwörers und nicht sein Geld ist, das den Ausschlag gibt, war es erstaunlich, daß sich geistreiche Menschen fanden, die sich diesem Fürsten anschlossen und sich zu seinen Werkzeugen machen ließen. Und wie oft hat man gesehen, daß sie seinetwegen weitaus stärker beunruhigt waren als der Revolution wegen, daß sie über sich selbst entsetzt waren und zitterten, weil sie ihre eigenen Pläne, ihre Ehre und ihr Leben einem solchen Kopf verpfändet hatten! Ihre Verwirrungen hielten so lange an, wie der König noch Macht genug hatte, so daß der Duc d'Orléans in Versuchung kam, sich ihm zu Füßen zu werfen. Dieser Fürst, der immer bereit war, sein Leben auf Kosten anderer zu retten, war deshalb seinen eigenen Anhängern stets eine größere Bedrohung als der König selbst.

Das waren am Hofe, innerhalb der Nationalversammlung wie auch beim Volk die Eindrücke, die ersten Schlußfolgerungen und die weiteren Konsequenzen, die durch Aufdeckung der Verschwörung des Duc d'Orléans ausgelöst wurden. Aber welchen Gunstverlust dieser Fürst auch erlitt, er besaß immer noch genug Mittel: Sein Geld zirkulierte im Überfluß in Paris, und die Schwäche der Regierung war auch so offenkundig, daß sich seine Anhänger in der Nationalversammlung nicht weiter beunruhigten. Die Frage nach Ansprüchen und Verzicht der spanischen Linie wurde vier Tage lang mit einer unvorstellbaren Hartnäckigkeit debattiert. Zu keiner Zeit während der Friedensverhandlungen von Utrecht haben die Feinde Ludwigs XIV. mehr Hindernisse zwischen der französischen und der spanischen Krone aufgebaut als jetzt die orleanistische Partei, und niecals äußerte sich der Neid Englands oder der des Kaisers mit solcher Deutlichkeit. Die Sitzungen waren derart lang und verliefen so stürmisch, daß man deutlich erkannte, wie ein Teil der Nationalversammlung in gutem Glauben Widerstand leistete, während der andere, die orleanistische Fraktion, mehr wegen des Escorial in Verlegenheit war als wegen des Hofs von Versailles. Alle Parteien aber offenbarten ihre wahren Absichten: Die einen hatten es auf den König, die anderen auf die Monarchie abgesehen. Mit einem Wort: Es war eine Auseinandersetzung zwischen Königsmördern und Antimonarchisten, die letztere für sich entschieden. Philippe d'Orléans schlug mehr Verachtung entgegen als Ludwig XVI., und außerdem war man bestrebt, kein unnützes Verbrechen zu begehen. Der Pöbel von Paris hat sich seither nach dem Vorbild der Nationalversammlung entschieden, insofern er den Thron umstürzte, aber die Person des Königs vor Schaden bewahrte. Vielleicht ist es auch nicht überflüssig zu bemerken, daß während der Lobreden, die man anstimmte, um den Patriotismus des Duc d'Orléans ebenso wie seine anderen Tugenden und auch allen Dank, zu dem ihm die Nationalversammlung wie die Revolution angeblich verpflichtet waren, ins helle Licht zu rücken, ein Deputierter darauf aufmerksam machte, wieviel Takt dieser Fürst besitze, da er, seitdem die Versammlung über seine Interessen debattiere, ihren Sitzungen ferngeblieben sei; worauf ein anderer Abgeordneter die Versammlung in sehr witziger Weise darauf hinwies, daß auch der König von Spanien dasselbe Taktgefühl bislang unter Beweis gestellt habe.

Da sich nun die Nationalversammlung weder für das Haus Orléans noch für die spanische Linie entschieden, sich vielmehr nur für die erbliche Thronfolge ausgesprochen hatte, ohne irgendetwas hinsichtlich des Thronfolgeverzichts gesagt zu haben, blieb dem Duc d'Orléans keine andere Wahl mehr, als einen äußerst gewalttätigen Volksaufstand zu provozieren, der geeignet schien, die königliche Familie unter sich zu begraben und, wenn es denn sein mußte, die Nationalversammlung selbst zu vernichten.

Bevor ich mich in die Schrecken des 6. Oktober vertiefe, sollte ich noch einen Blick auf den Teil der Nationalversammlung werfen, der zu keiner Partei gehört[162], um kein Geheimnis gewußt und sich am Ende weder als lasterhaft noch als tugendhaft erwiesen hat. Es scheint, daß Abgeordnete, die man weder loben noch tadeln kann, sich entweder jeder Beurteilung entziehen, oder aber man darf nur Nachsicht für sie hegen. Aber ich werde verhindern, daß sie sich eines Tages vor dem Tribunal der Geschichte auf ihre Bedeutungslosigkeit herausreden. Ich werde ihnen sagen, daß sie zu den Bösewichtern zählen, daß sie an all dem Übel schuld sind, das sie nicht verhindert haben, daß sie für all die Fallen verantwortlich sind, die die Treulosigkeit ihnen gestellt hat, und für all die Fehltritte ihres Gewissens. Trotz ihrer Ehrlichkeit haben nämlich zwei Leidenschaften sie ständig in ihrem Vorgehen gelenkt, in ihren Maßnahmen bestimmt und ihnen ihre Anträge diktiert: die Angst und die Eitelkeit.

Aufgrund des tiefen Schreckens, den ihnen die zusammengezogenen Truppen und das Herannahen der Artillerie einjagten, warfen sie sich den Parisern, die nicht weniger Angst hatten, in die Arme und billigten den Aufruhr. Aus demselben Grund begrüßten sie die Meuterei der regulären Truppen und bewaffneten im ganzen Land die Bauern. Die Angst, ein Gefühl, das einem Mirabeau ganz selbstverständlichen ist, hat sich auf die Mehrheit der Versammlung übertragen und sie dazu gebracht, sich für unverletzlich zu erklären, als ihre Eitelkeit ihnen einflüsterte, sie sollten sich für unfehlbar halten. Von diesem Schrecken hat sich die Versammlung nie ganz erholt, aber seinetwegen haben sie, diese schuldigen Werkzeuge des Verbrechens, der Krone jeden Tag ein neues Vorrecht genommen und sie schließlich ganz abgeschafft, indem sie ihr nur noch ein aufschiebendes Veto ließen, dessen Gebrauch sie ihr bald darauf auch noch untersagten.

Aus Eitelkeit haben sie zuerst den Namen Dritter Stand verachtet, dann den der *Communes* abgelegt und schließlich auch die Bezeichnung »Generalstände« verworfen, um sich »Nationalversammlung« zu nennen. Aus diesem Grund haben sie sich geweigert, dem König bestimmte Ehren zu erweisen, die nur eine Frage der Etikette waren, und mit verächtlich übertriebener Gutmütigkeit die demütigen Ehrenbezeigungen der obersten Gerichtshöfe des Landes entgegengenommen; deshalb auch haben die meisten ihrer Mitglieder vorgeschlagen, den königlichen Schatz in die Obhut der Versammlung zu nehmen, sich den Oberbefehl über die Armee anzumaßen und die Minister von ihrem Vertrauen abhängig zu machen, während andere wollten, daß man sich mit einem anderen Orden schmücke, was auf nichts Geringeres hinauslief als auf die Gründung eines ewigen Patrizierstandes und einer bürgerlichen Aristokratie inmitten einer Versammlung, die alle Privilegien beseitigt und alle sonstigen Unterschiede ausgelöscht hatte. Um dieser offenkundigen Eitelkeit zu schmeicheln, wurde ihnen seitens der Armee eine Ehrengarde[163] vorgeschlagen. Ebenfalls aus Eitelkeit wollten sie eine Deklaration der Menschenrechte noch vor der Verfassung verabschieden. Schließlich vergaß die ganze Versammlung aus schierer Eitelkeit, daß gesetzgebende Körperschaften nur langsam und überlegt vorgehen. Stattdessen stürzte sie sich in ein übereiltes Tun, kappte in der Nacht des 4. August den Baum, dem man nur behutsam die überflüssigen Äste hätte abschneiden müssen, und entwurzelte ihn. Das alles ohne Zweifel, weil sie von dem dummen kindischen Ehrgeiz angetrieben wurden, die Welt in Erstaunen zu versetzen und alles auf einmal zerstören und wiederaufbauen zu wollen, damit der Nachwelt nichts mehr zu tun übrig bliebe. In der Tat hat es einen Augenblick gegeben, in dem die Nationalversammlung mit stolzgeschwellter Brust Europa, Afrika und Amerika in ihre umfassende Konzeption einbezog und glaubte, Schöpfer aller Verfassungen und Freiheiten dieser Erde zu sein.

Angst und Eitelkeit sind also die Angelpunkte, um die sich alle Handlungen der lautersten Mitglieder der Nationalversammlung drehen. Nur einmal hat das niedere Interesse gesprochen und sich Gehör verschafft. Dieses niedere Interesse hat zum Beispiel Paris zum Aufruhr angestachelt; denn der Patriotismus, dieser ewige Vorwand der Pariser, war nur für einige Bürgerliche, die nicht wußten, worum es bei dieser Frage ging, der Beweggrund. Sechzigtausend Kapitalisten und der Haufen von Börsenspekulanten haben ihn herbeigeführt, indem sie sich von dem Tag an ganz für die Nationalversamlung einsetzten, da diese die Schulden der Regierung unter den Schutz der Ehre und der Gesetzestreue der französischen Nation stellte. Denn die Kapitalisten erwarteten von den Generalständen mitnichten eine Verfassung, sondern eine Garantie. Ihr politisches Meisterwerk war es, ihre Begeisterung auf die Provinzen zu übertragen, obwohl diese nur den kostspieligen Ruhm beanspruchen konnten, für die Schulden der Regierung gerade stehen zu müssen. Paris sollte daher das Wort Patriotismus niemals in den Mund nehmen; dieser schöne Titel gebührt den Provinzen, die sich unentgeltlich dafür aufopfern. Paris hat viel zu viele finanzielle Interessen und hat dies zur Genüge bewiesen, als es um die Anleihe von dreißig Millionen ging. Es möge sich also damit begnügen, Frankreich davon überzeugt zu haben, daß das Vaterland im *Palais-Royal* liegt und die Nation im *Hôtel de Ville*.

Wir haben nicht vor, in Sachen Bankrott hier irgendetwas zu präjudizieren oder zu unterstellen. Wir wissen, daß ein König nicht das Recht hat, eine Nation für zahlungsunfähig zu erklären, die zahlen will und kann. Bankrott zu machen liegt im übrigen auch nicht im Interesse eines Königs, wenn sein Volk ihm dieses Unglück ersparen will. Nun steht aber in diesem Fall fest, daß die Nation zahlen will, es geht also nur noch um die Frage, ob sie es auch kann; denn wenn sie es nicht kann, ist es nicht nötig, daß der König Bankrott macht. Dann kommt er von allein zustande, und dazu gibt es nichts mehr zu bemerken.

WAS DIE ARMEE BETRIFFT, die gestern noch die Armee des Königs war und heute niemandes Armee ist, so muß einer schon ganz unaufrichtig sein, um zu behaupten und vorzugeben, die Soldaten hätten ihren Eid gebrochen, sobald sie sich mit der Lage vertraut gemacht und begriffen hatten, daß das Volk der Souverän war und nicht der König, und daß es an der Zeit war, der Monarchie völlig demokratische Formen zu geben. Seien wir ehrlich: Die Soldaten, die Angänger der Monarchie waren, sind aus demselben Grunde Republikaner geworden, aus dem die römischen Soldaten sich aus Republikanern zu Anhängern der Monarchie wandelten: Die einen haben sich gegen den König gewandt, die anderen gegen den Senat, und sie taten dies in beiden Fällen im Namen des Vaterlandes, des ewigen Vorwands aller Aufstände. Das Neue, das Vergnügen an einer Revolution teilzunehmen und sich an seinen Vorgesetzten zu rächen, sowie die Umverteilung der Vermögen, die Lust zu plündern und ein gewisser, mir unbekannter Reiz, der mit Aufruhr und jeglichem Umsturz verbunden ist, das sind die Gründe für den Abfall dieser wie aller Armeen.

Die redlichen Mitglieder der Nationalversammlung möchten den französischen Soldaten entschuldigen, indem sie sagen, er sei zuerst Staatsbürger und dann erst Soldat. Aber es gibt nichts, was nicht mit diesem Sophismus gerechtfertigt wird. Es bedeutet, sich in der Gegenwart gemäß den Prinzipien eines früheren Zustandes zu verhalten. Eine untreue Frau braucht ihrem Mann nur zu sagen: »Bevor ich Ihre Gemahlin wurde, war ich Prostituierte«; oder: »Bevor ich Ihnen gehörte, gehörte ich mir.« Derselbe Soldat, den ihr entschuldigt und aus dem ihr einen vernünftig denkenden Staatsbürger macht, braucht sich heute nur eures Hab und Guts zu bemächtigen; vergeblich werdet ihr euch dann darauf berufen, daß ein Staatsbürger das Eigentum des anderen zu respektieren hat. Er wird euch antworten, er sei zuerst Mensch und dann erst Soldat, wie ihr ihm gesagt habt, er sei zuerst Staatsbürger und dann erst Soldat. Er wird euch darauf antworten, daß die Erde allen Menschen gehört und daß er seinen Anteil haben will. Was werdet ihr zu diesem mit eurer »Erklärung der Menschenrechte« und einem Gewehr bewaffneten Sophisten sagen? Er wird sich euer Hab und Gut als Naturmensch aneignen, als Staatsbürger dessen Eigentümer sein und es als Soldat verteidigen. Auf diese Weise wurden die Truppen des Augustus die Eigentümer der Güter, die sie den Einwohnern von Cremona und Mantua geraubt hatten, und ebenso schalteten und walteten unter Caesars Nachfolgern die Milizen im ganzen Reich. Um diese glücklichen Zeiten wiederzuerleben, bedürfte es nur eines ausgekochten Bösewichts. Die Nationalversammlung kann allerdings nichts dafür, daß so viele schlechte Staatsbürger keinen Anführer haben, und glücklicherweise war der erbittertste Feind des Königs nicht auch noch der tapferste Mann.

Die Neutralen der Nationalversammlung wären jetzt in großer Verlegenheit, wenn man sie dazu aufforderte, sich entweder für die abgefallenen Truppen oder für die Regimenter zu entscheiden, die ihrem Eid treu geblieben sind. Denn wenn ihr die meuternden Soldaten gelobt, ihnen geschmeichelt und sie zu »guten Staatsbürgern« erklärt habt, was sagt ihr dann über die anderen? Werdet ihr sie »Vaterlandsverräter« nennen? Dann verdienen die paar Grenadiere der Leibwache, welche die heilige Person des Königs nicht verlassen wollten, eine Strafe. Denn ihr könnt nicht diejenigen belohnen, die sich aus dem Staub gemacht haben, und zugleich jene, die bei der Fahne geblieben sind, es sei denn, ihr sagt, daß die Soldaten und die Offiziere, die treu geblieben sind, keine so guten Metaphysiker waren wie diejenigen, die den König und ihre Fahnen verlassen haben.

Ferner brächte man die Unparteiischen der Nationalversammlung in Verlegenheit, wenn man sie fragte, warum sie die Generalstände des *Palais-Royal* Bösewichter und böse Menschen genannt haben. Zweifelsohne wäre ihre Antwort: »Weil die Stände des *Palais-Royal* den Repräsentanten der Nation Befehle erteilt und ihnen gedroht haben.« Was nun? Wenn sie Paris zum Aufruhr aufstacheln, wenn sie die Armee korrumpieren und die königliche Autorität zum Einsturz bringen, dann erklärt ihr sie für treu und tapfer; ihre Abgeordneten werden von euch mit Beifall empfangen, und ihr verhandelt mit ihnen von Macht zu Macht. Wenn sie euch aber drohen, dann sind sie nur noch böse Menschen und ihr bewaffnet den *Hôtel de Ville* gegen sie auf die Gefahr eines allgemeinen Massakers hin. Ihr geratet nur in Eifer, wenn es um euch geht. Wenn man euch aber vom Unglück der Provinzen erzählt und euch berichtet, daß in den Straßen von Versailles unter euren Augen Bürger massakriert werden, wenn man euch gegen die Räuber um Hilfe anfleht, gebt ihr euch stets mit Antworten zufrieden wie: »Mit Rührung sieht die Nationalversammlung« oder »es gibt keine Veranlassung zu beratschlagen« oder ihr verweist auf die exekutive Gewalt, was der Gipfel des Hohns ist in Anbetracht der Lage, in die ihr sie gebracht habt. Gebt also zu, weiseste unter unseren Abgeordneten, daß der König sich nie erlaubt hat, euch so zu schreiben wie der *Palais-Royal* euch schrieb, und daß ihr eben diesen *Palais-Royal* mit einem Respekt behandelt habt, wie ihr ihn nie für den König hegtet. Gebt aber auch zu, daß allein die Schwäche des Monarchen eure Stärke ist, gesteht euch ein, daß ihr Frankreich aus lauter Furcht, es könne monarchisch werden, gleich ganz demokratisch gemacht habt, und daß ihr nie eine gute Verfassung im Sinne hattet, weil ihr unter dem Vorwand, der König habe zu viel Macht inne, ihm alle Macht genommen habt, weil ihr statt des Diadems nur eine einfache Kokarde dulden wolltet, weil der König von Frankreich nur mehr ein hochgestellter Pensionär ist, ein Statthalter und ausführendes Organ eurer erlauchten Macht. Denn bei all eurem Verständnis habt ihr nie daran gedacht, ihm mehr an exekutiver Macht zu belassen als nötig ist, um euren Willen auszuführen. Hätte Frankreich sich selbst versammelt, hätte es seinen König an die Spitze des Staates gestellt, während ihr, seine einfachen Repräsentanten, ihn zu euren Füßen placiert. Ihr habt ihn den »provisorischen Souverän«, den »zufällig Beauftragten« genannt. Ihr habt gesagt, dieser Delegierte müsse sich »mit wenig begnügen«. Ihr habt ihn beleidigt und gedemütigt. Aber warum habt ihr nicht gleich die Monarchie abgeschafft und Frankreich zur Republik oder gar zur Volksanarchie erklärt? Euer Vorhaben hätte dadurch nur an Offenheit und Größe gewonnen. Wenn man sich über sein Mandat hinwegsetzt, dann muß man das auch ganz tun. Es wäre zweifelsohne besser, auch noch die letzten Spuren der Monarchie zu tilgen, statt sie zu demütigen; und wenn Ludwig XVI. an dem, was ihr tut, nicht beteiligt zu sein scheint, dann kann dem eines Tages die ganze Nation gleichgültig gegenüberstehen. Denn ihr versündigt euch an der Nation, wenn ihr euch an der Monarchie vergeht; und wäre der König heimlich damit einverstanden, er würde sich mit euch schuldig machen. Die Nation kann kein Oberhaupt ohne Krone und auch keine glanzlose Krone wollen; sie würde sich vor Europa schämen. Der Staat kann keine exekutive Gewalt gebrauchen, deren einzige Aufgabe es ist, ständig vor einer gesetzgebenden Versammlung zu kuschen; und ein mit groben Beleidigungen überhäufter König kann sein Volk nur erniedrigen. Ist euch denn nicht mehr bewußt, daß dieser König einst, als noch von einem wirklichen König die Rede war, König von Frankreich hieß; und daß, wenn von einem Volk die Rede war, das seinen König liebte, man die Franzosen nannte? Ihr habt zusammen mit der Macht auch die Liebe zerstört, aus der ihr zum Ruhme des Thrones und zum Glücke des Volkes so viele Vorteile hättet ziehen können. Dabei war euch England doch ein großes Vorbild in der Art und Weise, wie es seine Könige behandelt. Es hat ihnen an Vorrechten und Ehrerbietung gegeben, was es ihnen an Macht genommen hat; es hat sie als wesentlichen Bestandteil der legislativen Gewalt anerkannt und ihnen die uneingeschränkte Macht der exekutiven Gewalt gelassen. Seinen Königen steht es immer noch frei, das Gute zu tun und das Böse zu verhindern und schließlich wollte es auch, daß ihnen demütig gedient wird. Aber ihr habt England gering geachtet; ihr habt es als einen Sklaven und Barbaren behandelt; ihr habt gesagt, es verstehe nichts von einer Verfassung, ja, es trage noch die Schandmale der Feudalherrschaft und es solle sich, statt euch ein Vorbild zu sein, vielmehr an euch eines nehmen.

Ein Mandat hattet ihr nur für Reformen, tatsächlich aber dachtet ihr nur an Umsturz; euer Ernährungsausschuß hat kein einziges Brot ausgeteilt und euer Untersuchungsausschuß hat nichts herausgefunden. Wie die Kinder fandet ihr es schöner, zu zerstören als aufzubauen, und beim gründlichen Niederreißen des alten Gebäudes konntet ihr nicht dafür sorgen, daß das Baumaterial erhalten blieb; denn das Volk raubte es euch und machte es im Zuge des Abreißens unbrauchbar. Heute könnt ihr es nur noch mit der Waffe in der Hand wieder einsammeln; und wenn ihr euch aus Verzweiflung über die Folgen eurer Fehltritte endlich dafür entscheidet, dann werdet ihr auf große Schwierigkeiten stoßen. Ihr werdet nämlich auf ein Volk treffen, das an der Anarchie und dem Zustand, keine Steuern mehr zahlen zu müssen, Gefallen gefunden hat; ihr werdet überall auf zerstörte Zollhäuser stoßen und feststellen, daß alle Abgaben abgeschafft, die Einkommensquellen versiegt und die Provinzen mit Schmuggelware überschwemmt sind. Ihr werdet auch die Tribunale mundtot und verwaist vorfinden, die Schuldner in Wut und in Waffen, während ihre Gläubiger vor Angst zittern und wehrlos sind; ihr werdet all das sehen, und was ihr sehen werdet, ist alles euer Werk.

Das werde ich dem weniger schuldigen Teil der Nationalversammlung sagen, den schwachen oder lauen Abgeordneten, die nichts gegen die Bösen unternommen und nicht an die Nachwelt appelliert haben. Sie werden meine Worte zweifelsohne für zu bitter halten und sich in ihrem Unglück damit trösten, daß es noch möglich ist, ihre Fehler zu überbieten. Ich werde nämlich auch noch von Leuten sprechen, die so schwere Verbrechen begangen haben, daß man sie mit Worten kaum mehr beschreiben kann. Hätte der Himmel es doch gefügt, daß jedem großen Verbrecher ein großer Schriftsteller erwächst, dann müßtet ihr, Sieyès, Barnave, Target[164], Laclos, Sillery, Mirabeau und all ihr anderen Ratgeber, Direktoren und Satelliten eines schuldigen Prinzen das Strafgericht der Geschichte über euch ergehen lassen und wie eure Vorgänger Narcissus[165] oder Tigellinus[166] vor der Rute eines Tacitus zittern; und die getrösteten Völker, sähen in euch keinen Beweis gegen die Vorsehung mehr.

WENN WIR BEI DER ERÖRTERUNG der königlichen Sanktionen eingeräumt haben, daß es zwei Arten von Veto gibt, das absolute und das aufschiebende, dann geschah dies eher mit Rücksicht auf die Geschichtsschreibung, die, wenn sie über Irrtümer berichtet, oft gezwungen ist, deren Sprache zu übernehmen, als mit Rücksicht auf die Vernunft, die weder solche Manöver noch eine derartig treulose Niederträchtigkeit zuließe.

Man muß also sogleich hinzufügen, daß es innerhalb des Staatswesens kein »aufschiebendes Veto« geben kann. Dieser Begriff, der weder einer antiken noch einer zeitgenössischen Regierung geläufig ist, entbehrt jeglichen Inhaltes und ist auch bei uns nur eine Lüge der legislativen Gewalt oder, wenn es denn gesagt werden muß, so etwas wie eine Ironie der Verfassung. Wenn nämlich der Wille des Menschen nur dank seiner Kraft und Dauer sich Achtung verschaffen kann, und man den schwachen, flüchtigen Willen nur geringschätzig als Laune oder Schnurre bezeichnen kann, welchen Namen verdient dann das aufschiebende Veto? In der Politik wie in der Mechanik ist alles, was keine Kraft ist, nur ein Hemmnis. Deshalb wollte der Abbé Sieyès diese ohnmächtige Mißgeburt in die gegenwärtige Verfassung nicht aufgenommen wissen. »Man darf den Regulator nicht außerhalb der Maschine anbringen«, sagte er. Und da der König in der Tat draußen ist, wie will man uns da noch in der Hoffnung wiegen, daß er mitspielt? Der König ist keine handelnde Person, sondern er ist laut Verfassung nur der erste unbeteiligte Zuschauer. Das Veto selbst ist der Regulator der Maschine; ein König ohne Veto ist kein Regulator mehr, und ein Veto, das kein absolutes ist, hat keinen Wert. In einer Verfassung ein aufschiebendes Veto zuzulassen, bedeutet soviel, wie in die Maschine ein Gewicht einzubauen, das nichts wiegt, oder einen Regulator, der nichts reguliert. Der Titel König, den man Ludwig XVI. gelassen hat, ist für jeden, der zu denken vermag, völlig nichtssagend.

Aber die Franzosen sind noch so unerfahren, sind ihrer Kindheit noch so sehr verhaftet, daß sie den Zeiger der Uhr für deren Regulator halten. Der Zeiger ist aber Anzeiger und nicht Regulator, und der König ist außerhalb der Verfassung wie der Zeiger außerhalb des Uhrwerks ist. Da die Nationalversammlung über tausend Mittel verfügt, dem Land ihre Schritte und Beschlüsse kundzutun, ist der König, dessen sie sich bedient, in der Tat nur eines ihrer Mittel, gleichzeitig aber jenes, das am wenigsten Anteil an der Verfassung hat. Ein einfacher Herold hätte genügt, um die Handlungen der souveränen Versammlung öffentlich bekanntzumachen. Die Regierung böte dann nicht mehr diesen doppeldeutigen Anblick sowohl einer Demokratie als auch einer Aristokratie und trüge auch nicht die Keime eines Bürgerkrieges in sich. In der Aussage des Abbé Sieyès über die Frage des königlichen Vetos fehlte also nur noch die Klarstellung, daß es eigentlich keines Königs bedarf; denn ansonsten brachte er nämlich nur nachdrücklich zum Ausdruck, daß der König keinerlei Art von Veto ausüben könne. Aber aus Mangel an Mut oder Logik ließ der Abbé in der Verfassung den überflüssigen König in dem Augenblick zu, als die Nationalversammlung dem König ein unnützes Vorrecht zugestand.

Eben dies haben die Minister Seiner Majestät nicht begriffen, denn um die Zeit, als die Fraktion Orléans ihren Prozeß gegen den spanischen Zweig verlor und die Demagogen wollten, daß die Beschlüsse des 4. August dem König zur Billigung vorgelegt werden, veranlaßte das Ministerium den König, der Nationalversammlung einen Brief voller Einwände gegen diese Beschlüsse zu schreiben, um das »aufschiebende Veto« zu erproben. Tatsächlich aber anerkannte der König mit diesem Brief alle durch die Beschlüsse des 4. August geheiligten Prinzipien. Er billigte die Ablösung der grundherrlichen Rechte, die Beseitigung der Taubenschläge[167], des Jagdrechts, der Käuflichkeit der Ämter, der Nebeneinkünfte der Pfarrer, der Steuerprivilegien sowie der Sonderrechte der Provinzen, die Zulassung aller Untertanen zu allen Ämtern sowie die Notwendigkeit, der Vielzahl von Vorrechten ein Ende zu setzen. Der König beschränkte sich lediglich darauf, darzulegen, daß die persönlich zu leistenden Abgaben, welche die Menschheit nicht herabwürdigten, nicht ohne Entschädigung abgeschafft werden könnten. Er versprach, die Aufhebung der Patrimonialgerichtsbarkeit zu billigen, sobald er um die Klugheit der zu ihrem Ersatz getroffenen Maßnahmen wisse. Er bezeugte, daß es sein großer Wunsch sei, den abgeschafften Zehnten durch eine Steuer zugunsten des Staates und der Armen zu ersetzen, denn dessen bloße Abschaffung sei nur ein Geschenk für die reichen Eigentümer. Schließlich versprach der König, mit dem Papst über die Beseitigung der Annaten[168] zu verhandeln. Der Brief schloß mit einer Bemerkung über die Notwendigkeit eines offenen und ehrlichen Meinungsaustausches mit der Versammlung, zu dem der König erklärte, er werde seine Auffassungen ändern, ja, sie sogar ohne Widerstand preisgeben, wenn die Einwände der Nationalversammlung ihn überzeugten, obwohl er dies seiner ganzen Wesensart nach nur sehr ungern täte.

Diese Bemerkungen waren sehr klug, blieben aber ohne jede Wirkung. Auch waren sie voller Güte, aber bei Königen steht Güte nur der Macht an, und Ludwig XVI. ist es nicht mehr gegeben, gütig zu sein. Die Nationalversammlung jedoch, die zwar das Volk über die Bedeutung des Königs täuschen will, aber nicht möchte, daß die Minister sich täuschen, empörte sich darüber. Heftig verteidigte sie ihre Auffassung, daß sie in ihrer Eigenschaft als konstituierende und oberste Körperschaft von der exekutiven Gewalt nur vollkommenen Gehorsam erwarte, den jeder Beamte dem

Souverän schuldet. Es fehlte nicht viel, so wären die Darlegungen des Königs als Treuebruch behandelt worden. Wie könnte auch eine so eifersüchtig über das Wohl der Völker wachende Versammlung damit einverstanden sein, daß ein einfacher Abgeordneter wie Ludwig XVI. sich mit ihr in die Belange einer liebenden Fürsorge teilte?

Daher wurde beschlossen, daß der König in das Verfassungswerk nicht einmal mit wohlbegründeter Rechtsverwahrung eingreifen kann. Das war, wie man so sagt, eine Politik des »friß oder stirb«; jede Änderung der Artikel des 4. August wurde dem König damit untersagt; sie waren damit für unantastbar erklärt, obwohl kein einziger von ihnen seinen Ursprung in der Verfassung hatte. Man versprach lediglich, seine Einwände zu prüfen, sobald man auf die gesetzgeberischen Einzelheiten zurückkomme. Der Präsident der Versammlung wurde beauftragt, zum König zu gehen und ihn um sein Einverständnis zu ersuchen, die Erlasse des 4. August unverzüglich zu veröffentlichen, ein Verlangen, dem der König entsprach.

Die gegenwärtige Regierung, die den Interessen des Königs ebenso feindlich gesonnen ist wie die frühere Regierung denen des Volkes, verzichtete auf die nunmehr überflüssige Heuchelei und gestand durch ihr Stillschweigen die völlige Nichtigkeit des »aufschiebenden Vetos« ein. Dieses Vorrecht des Veto, dieser Schutzschild des Thrones hat sich also binnen acht Tagen und vor ganz Europa in das einfache Recht verwandelt, die Dekrete der Versammlung zu verkünden. Seit dieser Zeit haben die Minister die Klugheit des Königs nicht mehr dem Zorn der Nationalversammlung und der Verachtung des Volkes ausgesetzt. Der frühere Monarch empfängt die Befehle der Nationalversammlung und läßt sie im Königreich unverzüglich, ohne Einwände und vielleicht sogar ohne sie zu kennen, veröffentlichen. Warum geben die Franzosen nach all dem, was vorgefallen ist, immer noch vor, zu glauben, ihr König sei von der gegenwärtigen Verfassung nicht abgeschafft? Ist der geringste seiner Untertanen, der wählen und gewählt werden kann, Gesetze vorschlagen oder verwerfen kann, nicht enger mit dem Staat verbunden als er, ja, übt er nicht sogar weit mehr Einfluß aus?

Einige Leute wundern sich immer noch, warum der König, als er den Befehl erhielt, sich den Augusterlassen zu beugen und als er den achten und den elften Artikel[169] der

153

Verfassung sah, nicht vor die ganze Versammlung getreten ist und gesagt hat: »Meine Herren, um solch einen Preis will ich nicht herrschen; da haben Sie meine Krone; haben Sie den Mut, sich ihrer zu bemächtigen und einen Nachfolger für mich zu ernennen.« Es kann als sicher angenommen werden, daß eine derart großartige Geste mit der sich die Unverschämtheit stets verwirren läßt, die ganze Versammlung in Unordnung gebracht hätte, zumal die Minister zweifelsohne hinter Ludwig XVI. gestanden hätten. Ein griechischer Gesandter sagte einmal zum König von Thrakien: »Wie können Sie nur über so unbeständige und wilde Menschen herrschen?« »Ich herrsche«, antwortete der Fürst, »weil meine Krone fester auf meinem Kopf sitzt als mein Kopf auf meinem Körper.«

So war die Lage der Dinge gegen Ende des Monats September, als der willen- und wehrlose, aller Vorrechte ledige König für keine Partei mehr einen Vorwand, ein Hindernis oder gar eine Triebkraft darstellte, und sich die Demokraten ruhmestrunken, eine Verfassung ohne jede Regierung erhofften, um Nutzen aus den Werken der Versammlung zu ziehen. Aus diesem falschen Frieden und dieser finsteren Nacht ging das Komplott vom 5. auf den 6. Oktober hervor. Sobald die orleanistische Fraktion in der Versammlung ihre Niederlage erlitten hatte, zog sie sich geschlossen nach Paris zurück. Auf ihre Stimme hin wurden die verschlafenen Markthallen munter, kamen die unruhigen Distrikte in Bewegung und wenige Stunden genügten, bis aus der Gosse der Hauptstadt eine Armee von Marktweibern, Patrioten und Mördern aufgestanden war, die zur großen Überraschung der Nationalversammlung nach Versailles marschierte. Die Nationalversammlung glaubte doch, nichts übrig gelassen zu haben, was noch zerstört werden könnte, und fragte sich daher, weshalb der äußere Schein, den man Ludwig XVI. gelassen hatte, überhaupt noch Anlaß zum Triumphieren sein könne und warum man sich gegen einen Schatten bewaffnete.

WIR HABEN GESAGT, daß die orleanistische Fraktion sich wieder auf Paris stützte, sobald sie keinen Rückhalt mehr in der Nationalversammlung hatte. Überall verstreut zettelten ihre Agenten eine Revolte, einen Aufstand oder wenigstens einen Aufruhr, irgendeine Bewegung im Volke an; denn für diese Fraktion war die Ruhe äußerst schädlich, und die Übereinkunft zwischen dem König und der Versammlung hätte ihr baldiges Ende bedeutet. Bei der geringsten Bewegung konnte der Hof jedoch in Panik geraten, weil er eine Entführung des Königs fürchtete, sich deshalb Unterstützung kommen lassen oder sich nach einer umsehen und darüber endlich einen Fehler begehen müßte, der dem Hause Orléans von Nutzen sein konnte. Eine Hungersnot in Paris zu inszenieren war das Mittel, dessen sich diese Fraktion bediente, und ein Festessen in Versailles lieferte ihr den Vorwand.

Man hat viel über die Lebensmittelknappheit in Paris im Jahre 1789 gesprochen; in Wirklichkeit war Paris unter der Herrschaft Ludwigs XVI., das heißt bis zum Tod des letzten *Prévôt des Marchands*, reichlich versorgt. Man könnte den früheren Regierungen sogar ihre Vorliebe für Paris und ihre verschwenderische Freigebigkeit gegenüber der Hauptstadt zum Vorwurf machen, weil sie dieser Brot immer billiger zur Verfügung stellte als den Provinzen und dies stets auf Kosten des königlichen Schatzes. Das Wehklagen der Pariser wurde immer erhört. Unempfindlich war die Regierung nur gegenüber dem Elend auf dem Lande; die hungrigsten Mäuler sind eben nicht diejenigen, die am meisten zu fürchten sind. Endlich gibt es, seitdem Paris zu einer Republik wurde und sich selbst regiert, keine Ungerechtigkeiten und keine Gewalttaten, und das heißt auch keine Paris begünstigenden Machenschaften, zu denen sich der Patriotismus die städtischen Machthaber nicht hätte hinreißen lassen, um die Versorgung der Stadt zu gewährleisten.

Zu dieser Zeit war die Emigration derer, die der Pöbel »Aristokraten« nennt, schon derart beträchtlich, daß der Bedarf der Stadt Paris mit einem Mal auf elf- bis zwölfhundert Sack Mehl pro Tag gesunken war. Folglich war es seither allgemein bekannt und erwiesen, daß die Markthalle stets gut mit Nahrungsmitteln versorgt war. Dieser Überfluß hätte sich für die orleanistische Fraktion verhängnisvoll auswirken können; aber das Geld, das normalerweise den Weizen hervorlockt, diente diesmal dazu, ihn verschwinden zu lassen. Obwohl zur Versorgung von Paris, wie gesagt, ungefähr zwölfhundert Sack reichten, ließen sich die Bäcker tausendachthundert bis zweitausendfünfhundert Sack Mehl pro Tag liefern. Aber trotz dieses Überschusses blieb es nicht aus, daß die Bäckereien von früh bis spät vom gemeinen Volk belagert wurden, das lauthals seine Hungersnot beklagte. Zur gleichen Zeit traf man nicht selten Leute aus dem Volke, die plötzlich zu Müßiggängern geworden waren und sagten: »Was haben wir es nötig zu arbeiten? Unser Vater von Orléans ernährt uns doch.« So brachte dieser Fürst mit seinem Geld nach Belieben zwei sehr verschiedene Phänomene hervor: Lebensmittelknappheit und Überfluß. Aber dieses doppelte Mittel war noch nichts im Vergleich zu den in der Markthalle verübten Gewalttaten, bei denen einige Unholde die Säcke aufschlitzten und das Mehl in den Straßen verstreuten. Als wirkten diese Machenschaften noch zu wenig, behauptete man schließlich, das Mehl sei mangelhaft, was es tatsächlich nicht war. Man streute das Gerücht aus, es sei von schlechter Qualität, als wolle man es dafür bestrafen, daß es im Überfluß vorhanden war, ein Umstand, der die Pläne der Intriganten durchkreuzte und der Verschwendung des Volkes keine Grenzen setzte. Dieses glaubwürdig erscheinende Gerücht war der Grund für einen Plünderungszug zur Markthalle, bei dem zweitausend Sack Mehl in die Seine geworfen wurden. Unbescholtene Zeugen haben dieses Mehl gekostet und bestätigt, daß es von bester Qualität war.

Der Überfluß war damals so groß, daß das Brot im *Faubourg Saint-Antoine* öffentlich zu zwei *Sous*, ja sogar zu einem *Sou* das Pfund abgegeben wurde. Der *Hôtel de Ville* wurde davon in Kenntnis gesetzt und erfuhr gleichzeitig, daß im selben *Faubourg* und im *Faubourg* St. Marcel Geld verteilt wurde; das war am 4. Oktober. In wilder Hast kam der Gemeinderat zusammen, und nach langen Beratungen, die bis morgens um vier dauerten, beschloß er, daß an diesem Tag eine Verstärkung von fünfhundert Mann den *Hôtel de Ville* bewachen sollte. Aber um sieben Uhr in der Frühe befanden sich noch nicht einmal zwanzig Mann im *Hôtel de Ville*, als die Marktweiber sich gewaltsam Zutritt verschafften und es plünderten - währenddessen Nationalgardisten in den Straßen um den *Hôtel de Ville* friedlich mit den billigen Broten unter dem Arm umherspazierten und der Menge, die sich vor den Toren der Bäckereien drängten, in aller Gelassenheit zuschauten.

DAS WAR JUST DAS MITTEL, das die orleanistische Fraktion anwandte. Der Vorwand aber, dessen sie sich bediente, war folgender: Aus Paris trafen immer alarmierendere Meldungen ein, und bald erwies sich auch das Gerücht, daß die ehemaligen *Gardes Françaises* zusammen mit der Pariser Nationalgarde unbedingt nach Versailles marschieren und wieder die Wache des Königs stellen wollten, als zutreffend; denn der Beifall und die verschwenderische Freigebigkeit der Pariser, die neue Uniform und die Medaillen, mit denen man sie dekoriert hatte, waren im Grunde nur die sichtbaren Zeichen ihrer Rebellion. Das empfanden sie als bedrückend, und es dünkte sie, daß allein der König sie vor aller Welt von diesem Makel befreien konnte, indem er ihnen seine geheiligte Person einmal mehr anvertraute.

Der Graf d'Estaing[170] war damals Kommandant der Nationalgarden von Versailles. Dieser General, der durch seine Mißerfolge bei Hofe ebenso bekannt war wie durch seine militärischen Erfolge über England, hob sich, obwohl er den neuen Ansichten verfallen war, dennoch durch seine Anhänglichkeit an die Person des Königs wohltuend von dem undankbaren Duc de Noailles ab; und da die Verantwortung für die Sicherheit des Königs und der Nationalversammlung ihn zu einem möglicherweise sehr einflußreichen Mann machten, sagte man - vielleicht nicht ohne Grund - der Marquis de La Fayette sei insgeheim auf ihn eifersüchtig. Um eines der Häupter der Anarchie zu werden, fehlte dem Kommandanten der Pariser Nationalgarden in der Tat nur noch die Aufgabe, den König und die Nationalgarden unmittelbar unter seinem Schutz zu haben, und allein schon deshalb war der Comte d'Estaing ein gefährlicher Rivale seines Ruhms. Das erklärt sehr gut, warum La Fayette den ersten Versuch des *Palais-Royal*, in Versailles einzufallen, wirksam zurückgeschlagen hatte, dem zweiten aber nicht nur tatenlos zuschaute, sondern sich vielmehr mit allen Truppen der Hauptstadt im Gefolge, von drei- bis vierhundert Marktfrauen sowie einigen Mördern, die fünfzig Mann bei Sèvres hätten aufhalten können, mitreißen ließ.

Wie dem auch sei, da die Drohungen aus Paris ernstzunehmen waren, stimmte d'Estaing sich mit den Ministern ab, die es für die Sicherheit des Königs für unabdingbar hielten, ein Infanterieregiment nach Versailles zu verlegen. Man konsultierte zuvor aber noch die Gemeinderäte, die ihrerseits den für die Nationalgarde zuständigen Ausschuß

befragten. Dieser Ausschuß war es also, der eine Verstärkung durch reguläre Truppen anforderte, und die Gemei-
deräte stimmten unter der Bedingung zu, daß das Regiment,
das in die Stadt verlegt werden sollte, den Eid leistete und
dem Befehl des Kommandanten der Nationalgarde unterstellt wurde. Ein König könnte, gleich welchen Status er
auch innehatte oder wie mißtrauisch sie ihm immer gegen-
überstanden, sich nicht besser mit seinen Untertanen
verstehen. Das Flandern-Regiment traf ein, und diese Nachricht löste bei den Demagogen der Versammlung eine wahre
Bestürzung aus, ganz so, als ob der König mit tausend Mann
vollkommen unabhängig würde oder anderen nach der Freiheit trachtete. Weil aber der Oberst des Regiments Mitglied
der Versammlung war[171], sah man sich dazu gezwungen,
über jeglichen Verdacht Stillschweigen zu breiten und dies
umso mehr, als, wenn überhaupt eine Partei ihn für sich
beanspruchen konnte, es jene war, die die Mehrheit stellte.
Andererseits versäumte man es jedoch nicht, in der Versammlung zu sagen, daß die exekutive Gewalt, obwohl die
Umstände keinen Aufschub duldeten, die bewaffnete Macht
an einem solchen Ort und zu einer solchen Zeit nicht verstärken könne, ohne die gesetzgebende Gewalt davon zu
unterrichten. Damit hatte man auch recht, unter der Vor-
raussetzung allerdings, daß man den König nur als ein
ausführendes Organ erachtete.

Die Ankunft dieser tausend Mann war jedoch vor allem
für die Pariser ein unerschöpflicher Gegenstand ihrer Unterhaltungen und Besorgnisse. Es sei eine Schande, so hieß
es, daß Versailles »fremden Soldaten« seine Tore geöffnet
habe. Zuletzt sprach man nur noch über diese Verstärkung
der bewaffneten Macht des Königs; und der Marquis de La
Fayette schien diese Befürchtungen zu teilen, obwohl er an
der Spitze von zwanzigtausend bewaffneten Männern stand
und Herr über eine Stadt war, die hundertfünfzigtausend
Mann bewaffnen kann. Auch beschloß man, kaum daß das
Flandernregiment den Eid geleistet und zusammen mit der
Nationalgarde von Versailles seinen Dienst angetreten hatte,
es mit all jenen Mitteln der Korruption zu bearbeiten, mit
denen schon die Armee verführt worden war. Paris schickte
eine Menge Dirnen, und Unbekannte verteilten mit vollen
Händen Geld. Bald schon gerieten die Soldaten ins Wanken
und ersetzten die weiße Kokarde[172] durch die dreifarbige,
ein untrügliches Zeichen für Unbotmäßigkeit und baldige

Meuterei; denn der Soldat kann nicht zwei Herren gleichzeitig dienen, zwei Eide leisten, zwei Farben tragen. Das veranlaßt uns zu der Bemerkung, daß einer der Hauptfehler, den die aufständischen Minister dem König einredeten, der war, allen Truppen das Tragen der Pariser Kokarde[173] zu befehlen. Das Vorbild des Königs hätte genügt, weil damit den vernünftig denkenden Soldaten wie auch denen, die noch vom alten französischen Geist erfüllt waren, sich zu entscheiden, freie Wahl gelassen worden wäre. Dagegen hat der Befehl die einen in ihrer Treulosigkeit ermutigt und die anderen in ihrer Treue entmutigt.

Die Leibwache, die um die Gefahr für den König wußte und die Tag und Nacht zu Pferde wachte und auf jedwedes Ereignis gefaßt sein mußte, wollte sich unter allen Umständen auf die Loyalität des Flandernregiments verlassen können. Deshalb, und um diese Truppe sowie die Nationalgarde enger an die Person des Königs zu binden, gab sie für die Offiziere dieser beiden Einheiten das berühmte Festessen vom 1. Oktober, das als Vorwand für die letzten Anstrengungen der orleanistischen Fraktion herhalten mußte.

Dieses Festmahl, das die Leibgarde für die Offiziere des Flandernregiments und der Nationalgarde von Versailles gab, wurde im Theatersaal des Schlosses aufgetragen. Es erschienen rund 240 Gäste und die Logen waren mit einer Menge Zuschauern besetzt. Gegen Ende des Diners erschienen der König, die Königin und der Dauphin im Saal, und man trank unter liebevollem und freudigem Beifall auf ihr Wohl. In dieser Huldigung hat man vier oder fünf Tage später eine »Verunglimpfung der Nationalversammlung« zu erkennen geglaubt. Es ist auch nicht wahr, daß alle Gäste den Dauphin in den Arm nehmen durften, wie in Paris zu lesen war; in Wirklichkeit hat sich sein diensthabender Offizier nicht von ihm getrennt. Als die königliche Familie sich zurückgezogen hatte, wurden die Türen des Saals für die Grenadiere und die Soldaten der beiden Einheiten geöffnet; man gab ihnen zu trinken und alle riefen: »Es lebe der König!«; man spielte die Melodie aus Richard[174], die wahrlich nur zu gut zu den Umständen paßte. Die Grenadiere stellten im Saal eine Belagerungsszene nach, indem sie das Amphitheater stürmten, und danach tanzten alle, Soldaten wie Offiziere, eine *Ronde* unter den Fenstern des Königs. Ein Grenadier der Schweizer Garde kletterte sogar auf den

Balkon und gelangte ins Gemach des Königs, der ihm die Hand reichte. Falsch hingegen ist, daß sich die Königin ein goldenes Kreuz vom Hals genommen habe, um es dem Grenadier zu geben, wie es die Pariser Kläffer in ihren Zeitungen geschrieben haben. Gegen Abend tauchten im *Œil de Bœuf* einige weiße Kokarden auf; jedermann wollte sie haben, und die anwesenden Damen verteilten die Bänder, die sie im Haar trugen. Die Leibwache trug die Kokarden ihrer Einheit; also kann sie die nationale Kokarde gar nicht mit Füßen getreten haben, weil sie diese nämlich erst am 6. Oktober ansteckte. Wahr ist, daß man ihr dieses »Verbrechen wider die Nation« erst vier Tage später zur Last legte; Paris hatte noch nicht genug Zeit gehabt, um daran zu denken. Man hat auch festgestellt, daß in der Nationalversammlung selbst erst am 5. Oktober von diesem Essen die Rede war. Weit entfernt, irgendjemanden zu beleidigen, faßte die Leibwache im Gegenteil den sehr respektablen Entschluß, die Versailler Armen für den Rest der Woche zu verköstigen. Welch ein Anblick wäre das auch gewesen, wenn sich 240 Edelleute in Gegenwart von 3000 Zuschauern zu kindischen Exzessen gegen eine Kokarde hätten hinreißen lassen? Dieser Anschuldigung ist allerdings schon zur Genüge widersprochen worden; wenn wir uns überhaupt damit abgegeben haben, dann wegen der schrecklichen Folgen, deren Ursache sie war. Was das Projekt betrifft, dessen man die Leibwache auch beschuldigt hat, nämlich den König zu entführen, um ihn nach Metz zu bringen, so ist das eine Idee, die den Parisern erst um den 12. Oktober einfiel, als sie über alle ihre Verbrechen nachdachten, die sie während ihrer Demonstration gegen ihren König begangen hatten und als sie merkten, daß die angebliche Mißachtung der nationalen Kokarde nicht genügte, um ihr Handeln zu rechtfertigen, so daß man das Massaker an der Leibwache und die Gefangenschaft Ludwigs XVI. nachträglich ganz anders begründen mußte.

Das war das für den König und seine Leibwache so verhängnisvolle Festmahl: Diese Freude, diese Gesänge waren das letzte Aufleuchten des französischen Charakters, der seither nicht mehr in Erscheinung getreten ist. An jenem Tag waren die Franzosen so, wie sie immer gewesen sind, zu den Damen galant und von ihrem König begeistert. Ist das ein Grund für ein Massaker?

Wir haben im Laufe dieses Berichts zur Genüge die Bedeutung anklingen lassen, die man diesem Festmahl in Paris und in der Nationalversammlung bald schon gegeben hat. Aber es gilt immer wieder festzustellen, daß erst vier Tage nach diesem Fest in der Versammlung von ihm die Rede war. Dort befaßte man sich damals mit Überlegungen, wie man den König zwingen könne, die bereits beschlossenen Artikel der Verfassung sowie die gesamte Erklärung der Menschenrechte, die er ebenfalls noch nicht unterschrieben hatte, sofort und vorbehaltlos anzunehmen. Mounier, der Präsident der Versammlung, begab sich am 2. Oktober zum König und legte ihm die Artikel vor. Ludwig XVI., der wahrscheinlich nicht vergessen hatte, wie man mit seinen Einwänden gegen die Erlasse des 4. August umgegangen war, antwortete, er werde der Versammlung in Kürze seine Absichten kundtun; gleichwohl tat er das erst drei Tage später, sei es, weil die Minister, die den König leiteten, die Versammlung täuschen und ihr den König durch dessen Flucht in eine ihm ergebene Stadt entziehen wollten, als sie sahen, daß er seinen eigenen Ausschluß von der Souveränität unterschreiben werde, sei es, daß sie den König selbst täuschten, indem sie ihn zu einer Verzögerung verleiteten oder ihn gar zu einer Ablehnung anstiften wollten, die ihn leicht das Leben hätte kosten können.

Während dieser drei Tage schuf die orleanistische Fraktion mit ihrem Geld die Lebensmittelknappheit inmitten des Überflusses und bereitete derart einen Aufstand in den *Faubourgs*, dem Hallenviertel und in den Distrikten vor. Durch die Nachricht vom Festmahl der Leibwache bekamen all diese inneren Unruhen ein Ziel. »Welch eine unanständige Orgie!« rief man aus, »die nationale Kokarde mit Füßen getreten! Die Versammlung verflucht und bedroht! Bestrafen wir diese Schmähungen; rächen wir die Nation, und entreißen wir den König den Feinden des Vaterlandes!« Auf dieses Murren und dieses Geschrei wäre freilich wieder nur Murren und Geschrei gefolgt, wenn die orleanistische Fraktion nicht dreihundert bis vierhundert Marktweiber, einige als Frauen verkleidete Lastträger sowie dazu noch einige Leute, die mit ihren langen Bärten, hohen Mützen, Piken oder eisenbeschlagenen Stöcken und anderen seltsamen Waffen wie Wilde aussahen, versammelt hätte, alles ganz sonderbare Menschen, die in Paris zum ersten Mal gesehen wurden, die sich zu diesem letzten Sturm einfanden und mit ihm auch wieder verschwanden.

DIE TRUPPE DER MÖRDER, Männer, Frauen und Wilden besetzte am 5. Oktober um sieben Uhr früh den *Hôtel de Ville* und plünderte ihn. Das Gerücht von dieser Unternehmung brachte das Volk auf die Beine. Eine ganze Flut von Arbeitern aus den *Faubourgs* brach herein, man schlug den Generalmarsch, die Distrikte stellten einige Bataillone, die *Place de Grêve* war bald umzingelt, und man eroberte den *Hôtel de Ville* zurück, allerdings ohne den Räubern wehzutun und ohne sie zu verjagen. Die Sieger vermischten sich im Gegenteil mit den Besiegten, und von Stunde zu Stunde füllte sich die *Place de Grêve* mehr und mehr mit Nationalgardisten, die aus allen Distrikten, allen Vierteln und allen Straßen herbeiströmten. Gegen Mittag erschien auch ihr Kommandant. Das Volk schrie ihm grimmig zu, man müsse nach Versailles, um den König und die königliche Familie zu holen; da La Fayette jedoch zögerte, drohte man, ihn an einer Laterne aufzuknüpfen. Blaß, bestürzt, kraftlos und ohne einen bestimmten Plan wurde er, auf seinem Pferd sitzend, von der riesigen Menschenmenge fortgeschoben, die seine Untentschlossenheit für eine Weigerung nahm und ihn von allen Seiten bedrängte. La Fayette wollte zweifelsohne, daß der König nach Paris gebracht wurde, aber er hatte Angst vor diesem Zug, der aus lauter wütenden Bestien bestand. Er büßte nun für die Schwäche, daß er nicht schon zu Beginn sein Leben in die Waagschale geworfen hatte, um dasjenige von Foulon und Berthier zu retten, denn dabei wäre er entweder heldenhaft untergegangen oder er hätte das wilde Volk für immer in seine Schranken gewiesen. Da er aber weich geworden war, hatte er seine Schwäche offenbart, und das Volk hat sie seither laufend mißbraucht. Gegen zwei Uhr war die Nationalgarde schließlich Herr der Lage auf der *Place de Grêve*; zu dieser Zeit waren dort an die achtzehnhundert bewaffnete Männer versammelt. La Fayette ging zum *Hôtel de Ville* und bat um den Befehl der *Commune*, sich mit der gesamten Nationalgarde nach Versailles zu begeben. Ein anderer Mann hätte die *Commune* an seiner Stelle zweifelsohne veranlaßt, über die Mittel nachzudenken, wie das Volk zu zerstreuen sei, was ein leichtes gewesen wäre, da seine Armee die *Place de Grêve* beherrschte. Und wenn die Armee seinem Befehl nicht Folge geleistet hätte, wäre das nicht eine gute Gelegenheit gewesen, auf den Befehl über die undisziplinierte Nationalgarde zu verzichten? Aus Schwäche oder aus Ehrgeiz bat La Fayette jedoch um den Befehl, nach Versailles zu marschieren. Zwanzig Räte anstelle von dreihundert bildeten in diesem Augenblick die *Commune* von Paris. Sie gaben La Fayette folgende Überlegung mit: »Wenn dies der Wille des Volkes ist, dann ist es dem kommandierenden General ausdrücklich befohlen, sich nach Versailles zu begeben.« Mit der Verfügung dieser zwanzig Bürger versehen, brach er gegen vier Uhr an der Spitze von achtzehn- bis zwanzigtausend Mann auf zum Marsch gegen seinen König.

Die aus dem *Hôtel de Ville* vertriebenen Marktweiber und Straßenräuber hatten sich bereits fünf bis sechs Stunden zuvor auf den Weg nach Versailles gemacht, auf dem sich ihnen Arbeiter und vor allem auch Frauen gleich welchen Alters und Standes, die ihnen unterwegs begegneten, anschlossen. Als sie dem Lauf der Seine folgend die Terrasse der Tuilerien passierten, sahen die Marktweiber einen Gardisten zu Pferde, dem sie zuriefen: »Wenn du nach Versailles reitest, sag der Königin, daß wir bald dort sein werden, um ihr den Kopf abzuschneiden.« Einige Leute, die diese Worte oben auf der Terrasse hörten, packte das schiere Entsetzen; jedermann verschloß seine Türen; die Straßen entvölkerten sich angesichts des Menschengewühls, das unterwegs durch ständigen Zustrom genährt immer mehr anschwoll und sich gegen halb vier über Versailles ergoß.

Zu dieser Zeit jagte der König, der schon am Morgen seine Antwort auf die Verfassungsartikel und die Erklärung der Menschenrechte gegeben hatte, friedlich in Meudon, während der Marquis de La Fayette mit seiner patriotischen Armee weiter vorrückte, um ihn zu entführen. Unterdessen waren die Marktweiber und Mörder schon an den Gittern des Schlosses angelangt, und die Nationalversammlung suchte nach Gründen, den König ins Unrecht zu setzen und ihm Schmach zu bereiten: Paris erwartete den Ausgang der Ereignisse mit jener barbarischen Neugier, welche die normale Empfindung dieser Stadt ist.

So war die Lage des unglücklichen Königs: An diesem Tag und zu dieser Stunde hatte es die patriotische Armee auf seine Freiheit abgesehen, die Marktweiber und Straßenräuber auf seine Frau und die Nationalversammlung auf seine Krone.

Die Sitzung der Nationalversammlung, die am Morgen mit der Verlesung der Antwort des Königs begonnen hatte, dauerte noch an. Der König stimmte allen Artikeln der

Verfassung zu, allerdings unter der Bedingung, daß die exekutive Gewalt ein ungeschmälertes Mitbestimmungsrecht behalte. Das war genauso, als hätte man gesagt: Unter der Bedingung, der vollkommene und einzige Diener der Nationalversammlung sein zu dürfen. Man weiß nicht, wen man mehr bewundern soll, die Minister, die dem König diese Antwort diktierten, oder die Versammlung, die damit noch unzufrieden war. Man beklagte sich heftig darüber, daß der König nur mit Vorbehalten und Einschränkungen gewillt sei, die Verfassung anzunehmen; auch stellte man fest, er habe nur zugestimmt, die Vorlage aber nicht angenommen. Die einen wollten den Monarchen zwingen, vor der Versammlung zu erscheinen, um einen Eid auf die Verfassung zu leisten; andere waren konsequenter, indem sie versicherten, die Versammlung brauche den Monarchen nicht, um Frankreich eine Verfassung zu geben. Schließlich sprach einer der größten Aufrührer, Pétion, zum ersten Mal über das berühmte Festmahl der Leibwache. Seine Anklage lautete, während dieses Festmahls seien Drohungen und Beleidigungen, aufwiegelnde Rufe, Schmähungen und Verwünschungen gegen die »erhabenen Sachwalter der Nation« ausgestoßen worden, und außerdem habe man die nationale Kokarde mit Füßen getreten.

Ein Abgeordneter von fragwürdiger Reputation forderte Pétion auf, seine Anklage schriftlich niederzulegen, woraufhin Mirabeau das Wort ergriff und sagte: »Man möge den König allein für unverletzlich erklären, dann erhebe auch ich Anklage«, Worte, die den größten Teil der Versammlung bestürzten. Mirabeau, der vom Herannahen der Pariser Armee Kenntnis hatte, wollte damit nichts weiter, als die Dinge beschleunigen, denn die Galerien waren mit einem zahlreichen und ungestümen Publikum besetzt. Sein Kalkül war, daß, wenn die Königin angeklagt worden wäre, die Verbrecher bei ihrer Ankunft den Mord an ihr, für den sie bislang nur bezahlt worden waren, auch für gerechtfertigt gehalten hätten, weil sie zuvor von einem Mitglied der Gesetzgebenden Versammlung angeklagt worden war. Glücklicherweise antwortete Mounier, der der Versammlung vorsaß, er dulde weder die Unterbrechung der Tagesordnung noch eine Einlassung, die sich nicht mit der Antwort des Königs befaßte - eine kluge Maßnahme, die Mirabeau, zumindest an diesem Vormittag, auf die Formulierung seiner verbrecherischen Absicht beschränkte.

Währenddessen setzten einige Abgeordnete Mounier davon in Kenntnis, daß eine zwanzig- bis dreißigtausend Mann starke Armee aus Paris anrückte. Nachdem sich diese Nachricht sogleich in der Versammlung verbreitet hatte, beschloß man, der Präsident solle sich mit einer Abordnung zum König begeben, um ihm die sofortige und vorbehaltlose Annahme der neunzehn Verfassungsartikel nahezulegen. Es war halb vier und die Sitzung sollte bald geschlossen werden, als die Truppe aus Straßenräubern und Marktweibern in Versailles anlangte.

Der König, der gewarnt worden war, hatte sofort seine Jagd abgebrochen und traf eine Viertelstunde vor den Mördern in Versailles ein. Der Fürst von Luxemburg, Hauptmann der Leibwache, fragte Ludwig XVI., ob er Befehle zu erteilen habe, worauf der König lachend versetzte: »Aber warum denn? Wegen der Frauen? Sie machen sich über mich lustig.« Währenddessen tauchte die Phalanx aus Marktweibern, Kriminellen und Arbeitern, die fünf Kanonen mit sich führten, in der Avenue de Paris auf. Daraufhin ließ man schleunigst einige Dragoner vorrücken, um diese Bande dort aufzuhalten. Während die Offiziere dies auszuführen versuchten, verweigerten ihnen die Soldaten den Gehorsam und ließen die Menge passieren.

Nachdem die Marktweiber dieses kleine Hindernis überwunden hatten, erschienen sie vor der Nationalgarde und wollten mit Gewalt gegen die Wachen vorgehen. Mit der Mehrheit der Stimmen wurde daraufhin beschlossen, ihnen das Betreten des Saals zu gestatten, was zur Folge hatte, daß sehr viele hereinströmten und sich in bunter Reihenfolge mitten zwischen den Abgeordneten niederließen. Zwei Männer führten die Menge an; einer von ihnen ergriff das Wort und sagte, daß sie nach Versailles gekommen seien, um Brot und Geld zu erhalten, aber auch, um die Leibwache zu bestrafen, welche die patriotische Kokarde beleidigt habe; als gute Patrioten hätten sie alle schwarzen und weißen Kokarden abgerissen, die ihnen in Paris und unterwegs unter die Augen gekommen seien. Kaum hatte er dies gesagt, zog der Mann eine weiße Kokarde aus seiner Tasche und sagte, er wolle das Vergnügen haben, sie in Gegenwart der Versammlung zu zerreißen, was er dann auch tat. Sein Gefährte fügte hinzu, daß man jedermann zwingen werde, die patriotische Kokarde anzustecken. Da einige Abgeordnete auf diese Drohungen mit Murren reagierten, fuhr er fort: »Was denn?

Sind wir nicht alle Brüder?« Darauf antwortete ihm der Präsident vorsichtig mit den Worten, die Versammlung könne nicht bestreiten, daß sie alle Brüder seien; sie murrten aber, weil er davon gesprochen habe, jemanden zum Tragen der nationalen Kokarde zwingen zu wollen. In dieser Sache dachte der Unhold mit seinem derben und wilden Instinkt, scheint mir, jedoch konsequenter als Mounier, der Präsident der Nationalversammlung: Da der König selbst dazu gezwungen worden sei, die patriotische Kokarde zu tragen, und da die Nationalversammlung anerkannt habe, daß die eigentliche Souveränität im Volke ihren Ursprung habe, stehe fest, daß es niemand gebe, den das Volk nicht zwingen könne und dürfe, diese Kokarde zu tragen. An diesem Beispiel wie auch an dem Zustand völliger Auflösung, in den sie durch die Gegenwart einiger Marktweiber versetzt worden war, erkannte die Versammlung, wie unvorsichtig und übelgesinnt sie gewesen war, als sie den Pöbel in Aufruhr versetzt und dessen Revolte gerechtfertigt hatte. Wohin konnte sie sich jetzt angesichts der Auflösung aller Teile der Staatsgewalt noch wenden, um Beistand zu erbitten? Mußte sie gar die königliche Autorität anrufen, die sich damals selbst in einem mitleiderregenden Zustand befand?

Der Dialog jenes Halunken mit dem Präsidenten der Versammlung wurde durch das Geschrei der Marktweiber unterbrochen, die sich auf die Bänke stellten und mit wüstem Geschrei Brot für sich und ganz Paris verlangten, worauf ihnen der Präsident antwortete, daß sich die Versammlung nicht vorstellen könne, daß es nach so vielen Erlassen so wenig Korn gebe; man werde noch weitere Beschlüsse fassen, und die Bürgerinnen sollten deshalb nur in Frieden abziehen. Diese Antwort befriedigte sie aber keineswegs, und der Präsident hätte ihnen zweifelsohne auch einen anderen Bescheid gegeben, wenn er gewußt hätte, daß es Paris nie an Mehl gefehlt hatte, und daß die Marktweiber mit mehreren Wagen voller Brot, Speisen und Schnaps nach Versailles gekommen waren. Sie sagten also zum Präsidenten, daß ihnen diese Antwort ganz und gar nicht genüge, ohne sich allerdings näher zu erklären. Bald darauf mischten sie sich in die Beratungen der ehrwürdigen Mitglieder ein und riefen dem einen »Red nur, Abgeordneter« zu und dem anderen »Schweig still, Abgeordneter«; der Kanonendonner draußen in der Avenue unterstützte ihre Einwürfe, und alles erbleichte vor ihnen. Die einzige Ausnahme war Mirabeau, der sie fragte, mit welchem Recht sie der Nationalversammlung Gesetze aufzwingen wollten. Und erstaunlicherweise lächelten die Marktweiber, welche denen so schrecklich erschienen, die vor ihnen zitterten, dem zu, der sie derart zurechtwies. Das ist und war in dieser Revolution die große Klugheit von Mirabeau, denn es gab keine Partei, zu der er keine Beziehung gehabt und keine, die nicht auf ihn gezählt hätte. Wir haben gesehen, wie er sich zu einer Zeit für das »absolute Veto« ausgesprochen hat, als das Wort allein schon zum Tode führte und der *Palais-Royal* seiner Seele deswegen nicht minder sicher war. Hier sehen wir, wie er die Marktweiber ungestraft angreift, die ihn nicht ansehen können, ohne zu lachen; bald werden wir sehen, wie er im richtigen Augenblick und vor Zeugen Streit mit dem Herzog von Orléans sucht. So hat er sich, indem er ununterbrochen mit seiner Person schacherte, alle Tage Verträge abschloß und sie stets wieder brach, durch die Vielzahl seiner Intrigen und das Gewebe seiner Treulosigkeit einen so verworrenen Ruf erworben, daß die Menge unserer Schriftsteller nicht mehr weiß, zu welcher Partei der schändliche Name Mirabeau letztlich gehört.

DIE NATIONALVERSAMMLUNG befand sich damals in einer beschämenden und schwierigen Lage. Sie merkte, daß die meisten ihrer Mitglieder um das Geheimnis der Armee, die gerade eintraf, wußten; einige hatte man sagen hören: »Wir müssen nach Paris gehen; nur dort werden wir etwas ausrichten.« Andere sah man, wie sie mit den Marktweibern flüsterten und sie zu Anträgen veranlaßten. Man kann auch sagen, daß England seine Abgeordneten in der Versammlung hatte: Das waren diejenigen, die niemals geduldet haben, daß über den schlimmen Zustand geredet wurde, in den der Handelsvertrag[175] mit dieser Nation uns gebracht hat, und die dafür gesorgt haben, daß das Dekret zugunsten der französischen Stoffmanufakturen abgelehnt wurde. Schließlich war man sich sicher, daß sich seit dem Vorabend dreihundert bewaffnete Pariser in Versailes eingeschlichen hatten, und daß die Bürger von ihren Fenstern aus das Nahen der Halunken und Wegelagerer mit einem lauten »Seien Sie willkommen, meine Herren, wir haben Sie erwartet!« begrüßten. Den Grund für diese überschwengliche Freude der Bewohner von Versailles werden wir später noch nennen.

Je mehr Schwierigkeiten eine solche Lage mit sich brachte, um so mehr Mut und Größe hätte die Nationalversammmlung beweisen müssen. Sie konnte aber nur zittern, und ihre Feigheit zeitigte dieselben Folgen wie ihre Treulosigkeit. Sie bestätigte ihr Dekret über die neunzehn Artikel der Verfassung und beschloß, der Präsident solle noch in dieser Stunde, gefolgt von einer Abordnung, zum König gehen und ihn auffordern, unverzüglich jene neunzehn Artikel anzunehmen; um ihren Ehrgeiz noch mit einer Absurdität zu ergänzen, sollte die Abordnung vom König auch noch die sofortige und ausreichende Versorgung von Paris verlangen - als ob der König durch die Unterschrift unter seine Abdankung und die zwangsweise Anerkennung des Artikels, daß alle Menschen frei sind, das Gewitter, das sich über ihm zusammenbraute, bannen und die Versorgung von Paris gewährleisten konnte. In diesem Augenblick ging es nicht um die Verfassung, und die Nationalversammlung wußte nur zu gut, daß für die Hauptstadt die Forderung nach Brot nur der Vorwand war, um die Anwesenheit des Königs in ihren Mauern zu erzwingen.

Erstaunlicherweise hat Mounier die Forderung nach einer derartigen Abordnung angenommen; daß er sich nicht geweigert hat, wirft in der Tat einen Schatten auf den Ruhm des Abgeordneten von Grenoble. Er hätte der Versammlung folgendes Dilemma darlegen müssen: »Entweder marschiert die Armee mit Ihrer Zustimmung gegen den König, oder sie ist sowohl gegen Sie als auch gegen den König gerichtet; sowohl in dem einen als auch in dem anderen Fall muß ich hierbleiben oder zurücktreten.«

Der Präsident glaubte jedoch, er müsse gehen, oder, besser gesagt, er ging, ohne an irgendetwas zu glauben. Für ihn war die Tat näherliegender als die Überlegung, wie das bei schweren Unruhen immer der Fall ist. Als die Marktweiber ihn mit der Abordnung hinausgehen sahen, umringten sie ihn sogleich und erklärten, sie wollten ihn zum König begleiten. Es kostete ihn viel Mühe, viel Bitten und Betteln, bis er erreicht hatte, daß nur sechs von ihnen mit ihm zum König hineingingen. Die Menge lief ihm trotzdem hinterher, um ihm das Geleit zu geben. Hören wir, wie er selbst das Schauspiel beschreibt, das sich ihm beim Verlassen des Saales bot: »Wir gingen zu Fuß und bei starkem Regen durch den Straßenkot. Eine beträchtliche Ansammlung von Bewohnern der Stadt Versailles säumte auf beiden Seiten die Zufahrt zum Schloß. Die Pariser Weiber hatten sich zu Gruppen zusammengerottet, unter sie hatten sich einige Männer gemischt, die größtenteils in Lumpen gekleidet waren und mit wildem Blick und drohender Gebärde abscheuliche Schreie ausstießen. Sie waren mit Gewehren bewaffnet, alten Piken, Äxten, eisenbeschlagenen Stöcken oder langen Stangen, die am äußersten Ende mit Schwert- und Messerklingen bestückt waren. Kleine Abteilungen der Leibwache waren auf Patrouille und galoppierten durch die schreiende und hohnlachende Menge.«

Um dieses Bild richtig zu begreifen, muß man wissen, daß die Marktweiber und Straßenräuber nicht alle in den Saal der Versammlung hineingekommen waren. Der größte Teil hatte vielmehr eine Kolonne gebildet und war geradeaus zum Schloß marschiert. Eine Abteilung der Leibwache, die in Schlachtordnung vor dem ersten Gitter aufgestellt war, sowie eine Kompanie der Schweizer Garde, die auf der *Place d'Armes* postiert war, hatten sie jedoch aufgehalten. Ihr Befehl lautete, die Menschenmenge nicht durchzulassen, jedoch nicht zu schießen. Der Versailler Pöbel, der den Befehl kannte, verbündete sich mit den Halunken, den Arbeitern der *Faubourgs* Saint-Antoine und Saint-Marcel sowie der ganzen Kanaille, die ununterbrochen aus Paris eintraf, und versperrte mehr und mehr die Zufahrten zum Schloß. Die Leibwache wurde mit groben Beschimpfungen und Drohungen überschüttet, aber noch nicht mit Steinen beworfen. Dennoch hatte sie alle Hände voll zu tun, ihre Stellung zu halten und allzu große Ansammlungen von Aufrührern zu zerstreuen, die sich von Zeit zu Zeit bildeten und die den Eingang zum Schloß hätten stürmen können. Die Versailler Miliz beschränkte sich darauf, die Vorgänge zu beobachten und besetzte verschiedene Stellungen, die vor allem nach der Seite der Kasernen der ehemaligen *Gardes Françaises* hin gelegen waren.

»Als wir voranschritten«, fährt Mounier in seinem Bericht fort, »näherte sich uns sogleich ein Teil der mit Piken, Beilen und Stöcken bewaffneten Männer, um unsere Abordnung zu eskortieren. Der seltsame Zug einer vielköpfigen Menge, der die Abgeordneten begleitet, wurde für eine Zusammenrottung gehalten, die von den Leibwachen aufgelöst wurde. Wir zerstreuten uns in den schmutzigen Gassen und man merkte, wie unsere Begleiter in Wut gerieten, weil sie gedacht hatten, gemeinsam mit uns hätten sie ein Recht darauf, sich dem König und der Königin vorzustellen und zu nähern. Wir sammelten uns wieder und gingen auf das Schloß zu. Auf dem Platz sahen wir die Leibwache, die Dragonerabteilung, das Flandrische Regiment, die Schweizer Garde, die Invaliden und die Nationalgarde von Versailles aufgestellt. Wir wurden erkannt und ehrenvoll empfangen. Wir durchschritten die Linien, aber es kostete viel Mühe, die Menge, die uns folgte, daran zu hindern, daß sie zusammen mit uns hineindrängte. Statt der sechs Frauen, denen ich versprochen hatte, sie mit ins Schloß nehmen, mußten jedoch zwölf zugelassen werden.«

Es war halb sechs Uhr und der trübe, regnerische Tag wich der widerwärtigsten Nacht, als der Präsident der Nationalversammlung, von fünfzehn Abgeordneten und zwölf Marktweibern begleitet, beim König eintraf und ihm das angebliche Elend der Hauptstadt mit einer Feinfühligkeit schilderte, die man eigentlich dem unglücklichen König gegenüber hätte aufbringen müssen, den man auf so grausame Weise um eine Hilfe bat, die er nicht gewähren konnte. Der König, in diesem Augenblick der einzige wirklich bedauernswerte Mensch, antwortete in einer Weise, die selbst die Marktweiber beeindruckte. Der Präsident bat ihn um eine einstündige, wichtige Unterredung noch vor Ablauf des Tages. Es ging darum, dem König die bedingungslose Annahme der Verfassung und der Erklärung der Menschenrechte um jeden Preis abzuhandeln. Der König sagte diese Audienz für neun Uhr zu und ging in das Kabinett hinüber, um sich mit seinen Ministern über die Wahl zwischen den zwei Übeln, vor die er sich gestellt sah, zu beraten. Mounier wartete hartnäckig bis zehn Uhr und empfing schließlich aus der Hand des Königs dessen schlichte Zustimmung. Angesichts der Lage Ludwigs XVI., der erbärmlichen Ratschläge, die man ihm gab, und seiner Folgsamkeit kann man nur seufzen. Wie viele Könige haben ihr Leben sicheren Gefahren ausgesetzt, um einer Ehre nachzujagen, die zu erringen sie alles andere als sicher waren, und bei wie vielen unvermeidlichen Auseinandersetzungen hat Ludwig. XVI. seinen Kopf hingehalten, ohne sich gewiss zu sein, daß er zumindest diesen retten würde! Wie treulos und feige hat sich dagegen die Nationalversammlung verhalten, indem sie die Anwesenheit einer Menge von Aufrührern und das Heran-

nahen einer Armee ausnutzte, um einen von aller Welt
verlassenen Fürsten dazu zu zwingen, der Abschaffung seiner Krone selbst zuzustimmen, und dies just in dem
Augenblick, in dem andere ihm nach dem Leben trachteten!
Und wie wird Mounier sich je für seine merkwürdige Be-
harrlichkeit entschuldigen können, daß er diese Unterschrift
unbedingt zwischen halb sechs und zehn Uhr bekommen
wollte? Vielleicht wird er sich darauf berufen, er habe ge-
hofft, die schlichte Zustimmung des Königs würde alles
beruhigen. Aber das war gerade sein Fehler; es ist kaum
möglich, einen Menschen freizusprechen, der so lange an
einer so falschen Vorstellung festgehalten hat. Wie sollte das
auch gehen? Daß der König einem Verfassungsartikel zu-
stimmt, von dem nur ganz wenige Franzosen eine klare
Vorstellung hatten, sollte plötzlich die Armee, die Aufrührer, die Marktweiber, die schlimmen Absichten der Abgeordneten und die Komplotte der Verschwörer zerstreuen?
Welcher Verblendung ist Mounier erlegen, daß er diese verrückte Hoffnung hegte?

Übrigens wurden ihm schon bald die Augen geöffnet -
denn kaum hatte er den Saal betreten und triumphierend die
bedingungslose Zustimmung des Königs verkündet, schon
schrie der Pöbel ihm von allen Seiten zu: »Bringt das denn
einen Vorteil? Kommen wir dadurch zu Brot?« Dies mußte
er verneinen. Da konnte dieser Ehrenmann nur noch bedauern, daß er gegen die Stimme seines Gewissens durch die
Auslöschung des Königtums den Umtrieben der Demagogie Vorschuß geleistet hatte, ohne damit gleichzeitig jenen
der orleanistischen Fraktion ein Ende bereiten zu können.
Und doch hatte er, fern von seinem Posten als Präsident,
fünf wertvolle Stunden gebraucht, während derer die Nationalversammlung den Marktweibern und Mirabeau ausgeliefert war und er die Gelegenheit versäumte, als Chef der
Versammlung den Verbrechen und Zwischenfällen zu weh-
ren, die sich während seiner verhängnisvollen Abwesenheit
auf der *Place d'Armes* abspielten. Der Präsident hätte die
Versammlung nämlich dazu bringen können, entweder die
bewaffneten Unruhestifter und Arbeiter zu Feinden des Vaterlandes zu erklären, sobald sie darauf beharrten, gewaltsam
in den Sitz des Königs einzudringen, oder er hätte die Versammlung dazu genötigt, sich durch ihre Weigerug selbst zu
entlarven und sich als Komplizen der Aufrührer zu erkennen
zu geben. Dafür hätte es nur Mut gebraucht und jene Gei-

stesgegenwart, an der es bei großen Gelegenheiten immer fehlt.

Ich muß aber berichten, was sich in der Zeit, als Mounier im Vorzimmer des Königs wartete, im Versammlungssaal zutrug und was auf den Zufahrten und in den Höfen des Schlosses bis zur Ankunft der patriotischen Armee unter den Fahnen La Fayettes passierte.

Die Marktweiber, die Mounier zum König begleitet hatten, kamen noch in derselben Stunde mit guten Nachrichten zurück; aber ihre zahlreichen Gefährtinnen, die sie erwarteten, empfingen sie äußerst unwirsch, drohten, sie an den Laternen aufzuhängen, weil sie sich hätten bestechen lassen. Sie zwangen sie, wieder in das Schloß zu gehen, um vom König die Unterschrift unter sein Versprechen zu bekommen. Sie gingen tatsächlich wieder zurück und wurden vorgelassen. Saint-Priest[176], der für Paris zuständige Minister, sprach zu ihnen, besänftigte und tröstete diese »ehrwürdigen Bürgerinnen« und erklärte ihnen genau die sorgfältigen Vorkehrungen, die der König für die Versorgung von Paris getroffen habe; der König und die Minister glaubten nämlich noch immer, die künstlich herbeigeführte Hungersnot in der Hauptstadt herrsche dort wirklich. Am Ende seiner Unterredung übergab Saint-Priest ihnen schließlich ein von der Hand des Königs signiertes Schreiben, das geeignet war, die »erhabene« Schar zu beruhigen. Bei dieser Gelegenheit ging das Gerücht um, der Minister habe zu den Marktweibern gesagt: »Früher hattet ihr nur einen König, da hat es euch nicht an Brot gefehlt; heute habt ihr zwölfhundert Könige, von denen müßt ihr Brot fordern.« An diesem Tag der Schwäche, der Feigheit, der Dummheiten und der Treulosigkeiten war diese richtige und mutige Bemerkung ein schriller Mißklang. Folglich ritt Mirabeau eilends darauf herum und machte zwei Tage später daraus einen Anklagegrund gegen diesen Minister in der Überzeugung, daß dieser sich eher in die Gefahr begeben werden, zu der Bemerkung zu stehen, als die Schande auf sich zu nehmen, sie abzuleugnen. Saint-Priest machte Mirabeaus bösem Plan einen Strich durch die Rechnung, indem er leugnete, die Bemerkung gemacht zu haben. Daran konnte man sehen, daß Mirabeau nicht mehr der Überlegene war, sobald man ihn mit seinen eigenen Waffen schlug. Ein standfester Minister wäre verloren gewesen.

Es ist keine leichte Aufgabe zu schildern, was sich in der

Nationalversammlung seit dem Weggang des Präsidenten bis zu seiner Rückkehr abgespielt hat. Der Saal füllte sich nach und nach mit Männern und Frauen, die aus Paris eintrafen; in dieser riesigen Menschenmenge wirkten die Abgeordneten wie verloren. Aus dem Stimmengewirr waren kaum diejenigen herauszuhören, welche die Abschaffung der Leibwache, den Abzug des Flandernregiments und die Beseitigung der *Parlements* forderten. Die Versammlung fällte irgendeinen Beschluß über die Getreideversorgung; aber man brachte sie zum Schweigen und forderte stattdessen eine spürbare Herabsetzung der Preise für Brot, Fleisch und Talglichter.

Der Leser wird sich zweifelsohne ausmalen können, daß sich die Repräsentanten der Nation gedemütigt fühlten oder sogar empört waren über die Rolle, die sie inmitten dieser gemeinen Kanaille spielten; man könnte auch glauben, die erhabenen Gesetzgeber hätten geseufzt ob des Zustands, in dem der König sich befand, zumal man schon Gewehrschüsse vernahm und es also keinen Zweifel daran geben konnte, daß die Leibwache massakriert wurde. Aber dem war keineswegs so. Alle Abgeordneten, deren Gesichter zu sehen waren, strahlten vielmehr vor Freude; entzückt mischten sie sich unter die Marktweiber und standen ihnen Rede und Antwort. Der Oberst des Flandernregiments, der Marquis von Luzignan, der für das berühmte Diner in Uniform erschienen war, hatte am Tag der entscheidenden Auseinandersetzung den Galarock angelegt und ging nicht aus dem Saal. Zur gleichen Zeit weigerte sich sein Regiment, die Banditen zurückzudrängen und den König zu verteidigen. Besonders bemerkenswert war das Verhalten von Mirabeau. Der Unterstützung des Flandernregiments, der Dragoner, der Nationalgarde wie der Armee, die man stündlich erwartete, sicher, wagte es dieser Abgeordnete, den Saal zu verlassen und sich auf der *Avenue de Paris* zu zeigen. Zum schwarzen Gehrock und den langen Haaren, der Tracht des Dritten Standes, trug er einen schweren, blanken Säbel unter dem Arm. Er wurde gesehen, wie er sich in diesem Aufzug allmählich auf die *Avenue* hinauswagte, bedächtig auf die *Place d'Armes* zuschritt und wie er die ersten Aufständischen, die ihn sahen, eher durch sein Gesicht als durch seinen Säbel beeindruckte. Man weiß nicht, bis wohin das ehrenwerte Mitglied der Nationalversammlung seinen Spaziergang fortgesetzt hätte, wenn er die frostigen Mienen der

Aufrührer nicht als feindlich oder gar bedrohlich empfunden hätte. Es war das Unglück von Mirabeau, daß er die Angst, die er selbst verbreitete, stets selbst allzusehr empfand und deshalb die ganze Überlegenheit, die er sonst besaß, verlor. Folglich kehrte er in großer Eile in den Saal zurück; einen Augenblick später siegte jedoch der Verstand über den Instinkt, und er ging noch einmal hinaus, um, wie er selbst sagte, nachzusehen, wie es um den Staat bestellt sei. Auf die ersten Gewehrschüsse hin verzichtete er jedoch auf dieses Unternehmen, und der gute Patriot ging wieder in den Saal zurück, den er vorerst nicht wieder verließ. Allerdings gehörte er auch zu den wenigen, die in dieser verhängnisvollen Nacht nicht desertiert sind, wie wir zugeben müssen.

Auch wurden die Agenten und Kuriere des Herzog von Orléans gesehen, wie sie sich von der *Place d'Armes* zur Versammlung und von dort nach Paris verfügten. Der Fürst weilte in Passy, wo Madame de Sillery in diesem Augenblick seine Sorgen mit ihm teilte. Seine Agenten überbrachten ihm hier jede Minute neue Nachrichten vom Schloß; und was sich dort ereignete, wollen wir jetzt schildern.

DIE LEIBWACHE, die Schweizer und das Flandernregiment säumten, wie wir bereits sagten, den oberen Teil der *Place d'Armes*; sie boten der anbrandenden Menge die Stirn und mußten die Beschimpfungen der Marktweiber, der als Frauen verkleideten Lastträger und der Menge der Pariser Arbeiter über sich ergehen lassen, die immerzu gegen das Gitter des ersten Hofes andrängten. Die mit Piken bewaffneten Aufständischen, die an ihren spitzzulaufenden Mützen kenntlich waren, blieben hinter ihnen als Reserve. Sie sollten den Einfall in das Innere des Schlossen unternehmen und deshalb nicht schon auf der *Place d'Armes* zum Einsatz gelangen.

Bald schon sah man, daß zwischen der Nationalgarde von Versailles und den Aufständischen Einverständnis herrschte und man auch auf die Soldaten des flandrischen Regiments nur wenig Hoffnung setzen konnte. Es war etwa sechs Uhr, als ein Pariser Nationalgardist, der mit den Marktweibern gekommen war, die Reihe der Leibwache angriff, um in den ersten Hof vorzudringen. Um ihn nicht zu töten, ließ man ihn die Reihen passieren. Als der Marquis von Savonnières, ein Offizier der Leibwache, jedoch sah, daß der Nationalgardist versuchte, durch das Gitter den Posten der Schweizer Garde zu erdolchen, der sich weigerte, ihm zu öffnen, trieb er sein Pferd auf ihn zu, um ihn wegzujagen. Sogleich eröffnete der Soldat der Versailler Nationalgarde das Feuer auf de Savonnières und zerschmetterte ihm den Arm. Das war das Zeichen für das Massaker. Der Offizier der Leibwache fiel kurze Zeit später inmitten seiner Schwadron, die getreu den Befehlen des Königs nicht daran dachte, sich zu rächen, sondern in Reih und Glied verharrte. Eine konzentrierte Gewehrsalve war der Lohn für ihre Mäßigung; einige Soldaten der Leibwache und viele Pferde wurden schwer verletzt, worüber die Marktweiber und Aufrührer vor Freude kreischten. Zu gleicher Zeit konnte man sehen, daß die Versailler Nationalgarde, nicht gerade zufrieden über diese erste Aktion, die Kanone, die vor den Kasernen der ehemaligen *Gardes Françaises* stand, gegen die Leibwachen in Stellung brachte. Als man den König vom Los seiner unglücklichen Wache unterrichtete, gab er ihr den Befehl, sich in ihr Gebäude zurückzuziehen, glaubte er doch, ihr Rückzug würde das Volk beruhigen. Sofort formierte sich die Leibwache zu einer Marschkolonne und verließ die *Place d'Armes*. Die Versailler Nationalgarde griff daraufhin die abziehende Kolonne von hinten erneut an; mehrere Soldaten der Leibwache wurden dabei verletzt, während eine kleinere Gruppe der Nationalgarde die abziehende Leibwache zu den Pferdeställen verfolgte und weiter auf sie feuerte. Die Schüsse kamen aus allen Straßen, und die Kugeln pfiffen von überall her. Die Leibwache, von der einige ihren Verletzungen erlegen sind, zog sich ordentlich zurück, ohne sich ernsthaft zur Wehr zu setzen. Das war etwa gegen sieben Uhr.

An dieser Stelle sind zwei Überlegungen angebracht. Obwohl die Nationalgarde von Versailles mehr als einer Zeitung zu Protokoll gegeben hat, die Leibwache habe als erste geschossen, wurde diese Lüge auch nicht einen Moment lang geglaubt. Zu viele Augenzeugen hatten das Gegenteil gesehen; und wir erinnern uns überdies, daß es am Morgen nach diesen Vorkommnissen in Versailles keinen einzigen Bürger gab, der sich nicht gerühmt hätte, seinen Mann von der Leibwache getötet zu haben. Daß ihnen einige Tage danach ein Licht aufgegangen ist, allerdings nicht über ihre Barbarei, aber doch über ihre falsche Politik, die sie zu Werkzeugen und Opfern der Pariser gemacht hatte, weil sie schließlich erkannten, wie dumm sie waren, als sie von sich aus den König ausgeliefert und damit vielleicht für immer die nutzbringende Ehre seiner Gegenwart verloren hatten, so ist dies dennoch kein Grund, ihnen zu gestatten, diejenigen zu verleumden, die sie getötet haben. Es steht also unumstößlich fest, daß die Nationalgarde von Versailles als erste auf die Leibwache das Feuer eröffnet hat oder, besser gesagt, daß sie am Abend des 5. Oktober überhaupt als einzige geschossen hat.

Allein, an dieser vielfach bezeugten Geschichte scheint nichts wahr zu sein. Denn wie sollte man es sich vorstellen, daß eine von unseren Königen gegründete, unterhaltene, groß und reich gemachte Stadt mit vierundzwanzigtausend Bewohnern, die jährlich besoldet werden, deren Existenz vom Aufenthalt des Fürsten absolut abhängig ist - wie also ist es vorstellbar, daß Versailles den König mit Gewehrschüssen vertreiben und auf seine Kosten den eigennützigen Wahnideen der Hauptstadt gedient hat? Man wird zur Beantwortung dieser Frage, denke ich, nicht gerade auf den Patriotismus verweisen können, denn dieses Wort gehört nicht zum Versailler Wortschatz, zumal diese Stadt nur zu gut weiß, daß sie lediglich von der verschwenderischen Freigebigkeit der Regierung lebt, ist sie doch gleichsam der Adlerhorst, in den die Erträge des ganzen Landes fließen. Ihr Bedauern über den Verlust des Königs ist im übrigen ehrlich, während der Patriotismus seine Opfer nicht bedauert, wenn er behauptet, der erzwungene Umzug des Königs nach Paris sei ein Akt des Patriotismus gewesen. Deshalb geben wir hier die Erklärung für das ebenso verrückte wie barbarische Verhalten von Versailles. Es war nämlich nichts anderes, als ein Fehler und eine falsche Nutzenberechnung. Die Angst vor dem Bankrott hatte alle Geister gelähmt. Unter den zahlreichen Lakaien in Versailles galt es als sicher, daß der König ausgedient habe, ein altes Wort und ein wertloses Symbol sei, und daß nur mehr die Nation, das heißt, etwas Neues den Staat verjüngen, die Staatsschuld konsolidieren und Versailles weiterhin bezahlen könne. Dieses Gerücht hatte obsiegt und wurde noch verstärkt durch die Vorstellung, daß die Nationalversammlung ohne Paris nichts auszurichten vermochte. Also mußte man der Hauptstadt einen Gefallen erweisen. Und auch der König sei schlecht beraten, denn für sein leibliches wie auch für das Allgemeinwohl galt es, seinen Hofstaat zu beseitigen, ihn stattdessen mit einer Pariser Leibwache zu umgeben und dem Treiben der Nationalversammlung preiszugeben. Versailles begriff jedoch nur, daß Paris dem König eine Leibwache stellen wollte und nicht, daß es seine Absicht war, ihn für ewig zu entführen. Das ist die Lösung des Rätsels, das sich durch das unmenschliche Verhalten der Bürger von Versailles auf der einen und durch ihr Bedauern auf der anderen Seite stellte, ein Bedauern, das seit der Übersiedelung der Nationalversammlung nach Paris nur noch zugenommen hat und das jeden Tag mit dem Wachsen des Elends und der Verlassenheit, in die ihre Verrücktheit sie gestürzt hat, noch weiter zunimmt.

Der oft wiederholte Befehl an die Leibwache, nicht auf die Bürger zu feuern und sich widerstandslos umbringen zu lassen, ist Gegenstand unserer zweiten Überlegung. Was denn? Marktweiber und Halunken aus dem Pariser Abschaum sollen Bürger und Untertanen sein, die zu schonen wären und die ganze Zärtlichkeit des Königs verdienen, den sie töten wollen? Und sechshundert ehrenvolle Soldaten, die bereit sind, für eben diesen König ihr Leben zu lassen, sind nur willenlose Automaten, die man fesseln oder deren Köpfe man einem namenlosen, sicheren Tod überantworten muß? Die Nachwelt wird beurteilen, von welchen Männern der König umgeben war. Diese Form der Verteidigung war der größte Fehler Ludwigs XVI., wenn sich bei so viel Unglück überhaupt noch Fehler feststellen lassen, denn dieser Rat war nicht nur unmenschlich, sondern auch politisch unklug. Ein Wort hätte genügt, und die sechshundert Mann der Leibwache hätten die Aufständischen mit flachen Säbelhieben nach Paris zurückgejagt, ohne daß es trotz der Versailler Nationalgarde nötig gewesen wäre, auf die Schweizer Garde oder das Flandernregiment zurückzugreifen. Aber während der ganzen Revolution und vor allem an diesem Tag ist niemandem ein mutiger Ratschlag eingefallen; man fürchtete, die Versailler Nationalgarde zu verärgern, wenn man sich verteidigte, ja, man hatte immerzu nur Angst. Wenn einer der Minister zitternd irgendeinen feigen Vorschlag machte, dann hörte ihn ein anderer vor Angst schlotternd an, und ein dritter gab ihn stammelnd dem König weiter. Das beherzteste Vorhaben, zu dem man sich aufraffte, war die Flucht. Aber der König wollte nicht fliehen. Man schlug ihm vor, zumindest die Königin und den Dauphin abreisen zu lassen; man ließ sogar Kutschen kommen, aber die Versailler Bürger schnitten die Zugstränge am Geschirr der Pferde durch, zerbrachen die Räder und fingen an zu schreien, der König wolle nach Metz fliehen. Jeder Rückzug war nunmehr unmöglich; aber selbst wenn dieses Mittel praktikabel gewesen wäre, hätte der Mut der Königin es überflüssig gemacht. Sie erklärte nämlich mit Nachdruck, daß sie den König nie verlassen, vielmehr mit ihm gemeinsam sterben würde. Gut informierte Kreise behaupten, daß, wäre die Königin abgefahren, sie niemals ihren Mördern entgangen wäre, denn von diesen Leuten wimmelte es auf allen Zufahrten zum Schloß.

Wir haben gesagt, daß der König, als er gegen sieben Uhr die Schüsse hörte, am Unglück seiner Leibwache also nicht mehr zu zweifeln war, ihr den Rückzug befohlen hat. Wir haben gesehen, wie schlimm man sie, obwohl sie sich nicht verteidigte, bei ihrem Rückzug behandelt hat. Um halb neun Uhr forderte der König seine Leibwache wieder an, als er erfuhr, daß rund zwanzigtausend bewaffnete Pariser unterwegs waren, um sich über Versailles zu ergießen. Der Befehl erreichte aber nur einen Teil, der sich sogleich in der *Cour Royale* zum Kampf bereit aufstellte. Die anderen, die später benachrichtigt wurden, fanden sich nur in kleinen Trupps ein, auf die in allen Straßen geschossen wurde und überall, wo sie hinkamen, wurden sie wie wilde Tiere verfolgt. Dabei gab es einige Tote und eine größere Zahl an Verwundeten. Kaum hatte sich die Leibwache jedoch vor dem Gitter der *Cour Royale* aufgestellt, da ließ ihr der stets unentschlossene und in seinen Entscheidungen niemals glückliche König sagen, sie solle sich auf die Terrasse der Orangerie zurückziehen, so daß diesmal das Schloß, zu dessen Verteidigung sie angetreten war, ihr selbst zum Schutz gereichte, indem es sie von den Pariser Aufständischen und den Versailler Bürgern trennte. Kurze Zeit später schickte der König eine Leibwache unter der Führung des Herzogs von Guiche nach Rambouillet, um sie nicht der Wut der Pariser Nationalgarden auszusetzen, die sie bei ihrer Ankunft töten wollten. Im Schloß blieb nur die Wache, die am nächsten Tag teils massakriert teils nach Paris geschleppt wurde, wie wir noch sehen werden.

Gegen zehn Uhr kam ein Adjutant von La Fayette, um dessen baldige Ankunft an der Spitze der Nationalgarde von Paris anzukündigen. Die Bestürzung der Minister wurde darüber noch größer. Man wußte, daß der Marquis de La

Fayette auf Befehl des Pöbels losgezogen war, um all das zu tun, was dieser ihm zu tun auftrug. Das glückliche Vertrauen des Generals, der mit dem Vorsatz losmarschiert war, alles zu tun, was ihm seine Armee befehlen würde, ging dem Hof völlig ab. Man wußte nicht, wozu man sich entschließen sollte, lähmendes Entsetzen beherrschte die Beratungen, und die Furcht gab der Angst Ratschläge. Nach so vielen Fehlkalkulationen und so vielen Rückschlägen, nach so vielen Straferlassen oder, besser gesagt, so vielen ermutigenden Gesten an die Adresse der Aufständischen aller Art, nach dem Verzicht auf seine Vorrechte und nach dem Opfer seiner Annehmlichkeiten und Vergnügungen mußte der König schließlich um das Leben all derer, die ihm lieb waren, fürchten und konnte gleichzeitig der Gefahr nur mit seinem Schrecken trotzen.

Es ist bekannt, daß Ludwig XIV. inmitten all seines Prunks eine schlichte Holzbrücke bei Sèvres stehen gelassen hatte, damit in Krisenzeiten, so hieß es, die Verbindung zwischen dem Domizil der Könige und der gefährlichen Hauptstadt in Windeseile gekappt werden könnte. Umsonst hatte diese Brücke jedoch seit hundert Jahren das Mißfallen der französischen und ausländischen Besucher erregt, die gekommen waren, um die Bronze- und Marmorstatuen in Versailles zu bewundern; als der Moment gekommen war, vergaß man sie oder hatte vielleicht Angst, zu einer Vorsichtsmaßnahme zu greifen, welche die Furcht dem Luxus und dem Despotismus diktiert hatte - ist es doch ein Merkmal der Angst, daß sie sich ihren eigenen Maßnahmen in den Weg stellt. Die Holzbrücke, die von nationalen Aufrührern jeglicher Abstammung, Gestalt und jeglichen Geschlechts überquert wurde, hat man jedenfalls nicht eingerissen. Ich mache diese pedantische Feststellung nur, um zu beweisen, wie sehr es in diesem Augenblick in Versailles an großen und kleinen Ideen gemangelt hat. Nach alledem soll uns noch einer weismachen, die Höfe seien der Mittelpunkt der Verstellungskunst, der Verschlagenheit und des Machiavellismus! Der französische Hof hat sich jedenfalls in unseren Tagen als abgrundtief unfähig, unvorsichtig, kurz als ein wahres Nichts erwiesen, was um so bemerkenswerter ist, als auf seiten der Revolutionäre nur Menschen eine Rolle spielten, die nicht einmal mittelmäßig waren. Ich getraue mich sogar zu sagen, daß in dieser vielgepriesenen Revolution alle, der Prinz von Geblüt so gut wie die Militärs, Abgeordneten, Philosophen oder das Volk - bis hin zu den Mördern - schlecht waren. Das ist der Unterschied zwischen der Verderbtheit und der Barbarei. Die eine gebiert mehr Laster, die andere mehr Verbrechen. Die Verderbtheit schwächt die Menschen derart, daß sie zur Ausführung ihrer Pläne auf die Barbarei zurückgreifen muß. Das Verdienst La Fayettes und aller anderer Pariser Helden besteht viel weniger darin, daß sie dem Volk gedient haben, als vielmehr darin, daß sie ihm entkommen sind. Die bemerkenswertesten Abgeordneten, die Chapelier und Mirabeau, waren, als sie in die General-stände kamen, durch die öffentliche Verachtung äußerst geschwächt und mußten deshalb die Befürchtung hegen, der König könnte sich eine Ehre daraus machen, sie zu bestra-fen. Die Philosophen des *Palais-Royal* waren in Wirklichkeit Übeltäter, während sich die bezahlten Mörder als Denker erwiesen, die zwischen der Königin und dem König einen Unterschied machten. Schließlich hat der Herzog von Or-léans selbst gemeint, daß er all der Verbrechen, für die er bezahlt hatte, nicht würdig war, und ist der Kosten wegen unter Verzicht auf die Belohnung geflohen[177]; er hat, wie er selbst sagte, »mit der Verschwörung Schluß gemacht«. Und doch werden wir sehen, daß er erst in dem Moment deser-tierte, als sich Paris und die Nationalversammlung zwischen Ludwig XVI. und ihm entscheiden mußten. Vor den Er-eignissen wich er zurück, ein Irrtum der Habsucht tröstete ihn über die Fehler seines Ehrgeizes hinweg.

ALS DER KÖNIG sich auf kein einziges Schwert mehr verlassen konnte, mit dem er der Armee La Fayettes hätte entgegentreten können, wollte er wenigstens die Unverletz-lichkeit der Repräsentanten der Nation als Schutz seiner Person benützen und ließ deshalb den Präsidenten wissen, er wünsche ihn zusammen mit der größtmöglichen Zahl von Abgeordneten, die er mitbringen könne, im Schloß zu se-hen. Mounier war, wie wir schon sagten, vor kurzem erst mit der Unterschrift des Königs unter der Verfassung und der Erklärung der Menschenrechte in den Saal zurückge-kehrt, und wir haben bereits gesehen, wie er empfangen wurde. Der Saal, der zu dieser Zeit mit lauter Marktweibern, Lastträgern und einigen Abgeordneten gefüllt war, bot, wie

Mirabeau sagte, das Bild einer »würdevollen Ansammlung«; eine Versammlung war es allerdings nicht. Der Präsident bat die städtischen Beamten von Versailles, in allen Straßen die Trommeln zu schlagen, um die Repräsentanten der Nation zusammenzurufen. Während diese nach und nach eintrafen, beklagte sich der Pöbel, der den Saal belagerte, er habe den ganzen Tag über noch nichts gegessen. Mounier wußte nicht, wie er ohne Brot und ohne ein Wunder so spät am Abend die ausgehungerte Menge verköstigen sollte; er wußte nicht, daß der Herzog von Orléans ein wahrer Schutzengel der Übeltäter war: Wein, Speisen und Schnaps wurden plötzlich durch alle Türen des Saals hereingetragen und die Abgeordneten der Nation nahmen an dem Bankett von König Volk teil.

Zwischen elf und zwölf Uhr nachts wurde endlich die Ankunft des Marquis de La Fayette bekanntgegeben. Mounier bat einen Abgeordneten, ihm entgegenzugehen, um ihn davon zu unterrichten und auch die Armee davon in Kenntnis zu setzen, daß der König alles ohne Vorbehalte unterschrieben habe. Dieser ehrenwerte Präsident teilte einem jeden die Annahme der Verfassungsartikel durch den König mit und er erhoffte sich davon stets die besten Wirkungen. Wußte er denn nicht, daß die Armee nur kam, um sich an der Leibwache zu rächen und um den König unter Gewehrschüssen zu bitten, seine Person den Parisern zu überlassen? Die Annahme von ein paar Artikeln der Verfassung interessierte die Soldaten und Aufrührer überhaupt nicht; die einen wollten dem König ans Leben, die anderen an die Freiheit, weil sie ihn immer noch für den König hielten; sie ahnten damals nicht, daß die Nationalversammlung ihnen nur ein Phantom auslieferte. Und auch heute hielten sie ihn nicht in Paris zurück, wenn sie sich darüber im klaren wären, daß das Königtum in ihm erloschen ist. Für den gemeinen Mann ist der König immer noch der König. Die politische Verfinsterung der Krone ist für die unteren Ränge der Gesellschaft nicht sichtbar. Ludwig XVI. hätte seinen Titel ändern müssen, damit auch sie wahrnahmen, daß er seinem Wesen nach nicht mehr derselbe war. Wenn die Nationalversammlung offen erklärt hätte, daß Ludwig XVI. nur noch *stathouder* (Statthalter) hieß, dann hätte man das Volk niemals dazu bringen können, ihn zu entführen. Wenn der König morgen zu Geld und zu einer Armee käme und dank dieses Geldes und dieser Armee allmächtig wäre, dann wäre er aufgrund der Tatsache König, weil er nicht aufgehört hätte, der König zu sein; das Volk würde diese neuerliche Veränderung ebensowenig wahrnehmen. In dieser Welt ist der Name alles und die Adligen und Priester waren denn auch verloren, sobald sich der Pöbel das Wort »Aristokrat« merken und auf sie anwenden konnte. Die wahre Revolution hat sich um die Prärogative des Monarchen gedreht und liegt einzig und allein in ihr. Aber für das Volk besteht sie nur im Ruin des Klerus, im Brandschatzen der Schlösser und im ungestraften Beschimpfen aller Reichen. Was ist die Demokratie für den Bodensatz einer Nation schon anderes als zu essen, ohne zu arbeiten oder Steuern zahlen zu müssen? Wenn die Nationalversammlung morgen versuchen sollte, die Ordnung wieder herzustellen, dafür zu sorgen, daß die Gesetze eingehalten, die Aufrührer bestraft werden und den Ausgaben entsprechende Steuern zu verlangen, dann würde sie gesteinigt. Klug, wie sie ist, spürt sie das, und vorsichtig, wie sie ist, setzt sie sich dieser Gefahr gar nicht erst aus.

Der Marquis de La Fayette, der die üblen und dummen Absichten seiner Armee kannte, unterließ es nicht, sie bei der Ankunft an den Zollstationen von Versailles den Eid leisten zu lassen. Welchen Eid? Die Nationalversammlung und das Gesetz zu respektieren, um die es nicht ging, und dem König zu gehorchen, den man mit Gewalt aus seinem blutbefleckten Heim holen wollte. Ein General, der sich selbst zwischen die Dummheit und die Treulosigkeit stellt, ist ein bedauernswerter Mann, dem Nachsicht nur auf Kosten seines guten Rufs gewährt werden kann. Wenn La Fayette nicht das Recht hätte, seine Natur als Entschuldigung geltend zu machen und um Nachsicht nachzusuchen, dann würde man ihm in der Tat die Frage stellen, warum er seine Armee nicht schwören ließ, die Halunken und Marktweiber zu verjagen sowie das Domizil des Königs und den Sitz der Nationalversammlung von diesem schrecklichen Gesindel zu säubern. Befassen wir uns aber nicht länger mit einem General, der für seine Ideen ebensowenig verantwortlich ist wie für seine Soldaten, fragen wir die Nationalversammlung lieber selbst, wieso es in ihrer Mitte keinen einzigen guten Geist gegeben hat, keinen einzigen Ehrenmann, keinen Atticus[178], der in der Lage war, aus der Versammlung auf die *Avenue* hinauszutreten, um La Fayette und die Armee im Namen des Vaterlandes zu verfluchen. Ja, einen General, der gegen den König und die Nationalversammlung marschiert, hätte man zum Feind des Vaterlandes erklären müssen, oder man macht sich durch Stillschweigen zu dessen Komplizen. Für letzteres hat sich die Versammlung entschieden.

Auf der Höhe des Saals der Versammlung ließ La Fayette die Nationalgarde anhalten und ging allein hinein. Zunächst versicherte er dem Präsidenten, daß man sich beruhigen solle; der Anblick seiner Armee brauche niemanden zu beunruhigen, da sie geschworen habe, weder eine Gewalttat zu begehen noch eine zu dulden. Der Präsident fragte ihn, was diese Armee dann hier wolle, worauf der General antwortete, daß er es selbst nicht wisse; man müsse aber das Volk in seiner Unzufriedenheit besänftigen, indem man den König bitte, das Flandernregiment abzuziehen und auch ein paar Worte zugunsten der patriotischen Kokarde zu sagen.

Damit beendete der Marquis diesen seltsamen Dialog, begab sich wieder zu seiner Armee, stellte sie auf der *Place d'Armes* auf, am Anfang der Zufahrten, in den Straßen, schließlich überall, wo sie Stellung nehmen wollte und ging selbst zum König hinauf, dem er bei seinem Eintreten sagte: »Sire, ich habe vorgezogen, mit zwanzigtausend Bewaffneten zu Ihnen zu kommen, als auf der *Place de Grève* mein Leben zu lassen.« Er fügte hinzu, daß es in Paris im übrigen ruhig sei. Nach dieser feierlichen Ansprache, welche die Reden eines Thukydides oder Xenophon[179] bei weitem in den Schatten stellt, hatte La Fayette eine ziemlich lange, geheime Unterredung mit dem König, in der er diesem so viel Sicherheit gab, daß der König dem Präsidenten der Nationalversammlung, als dieser mit einem Gefolge von Abgeordneten erschien, sagte: »Ich hatte den Wunsch geäußert, mich unter den Umständen, in denen ich mich befinde, von den Repräsentanten der Nation umgeben zu sehen, und ich hatte Ihnen ausrichten lassen, daß ich den Marquis de La Fayette in Ihrer Anwesenheit empfangen will, um von Ihren guten Ratschlägen zu profitieren; aber er ist vor Ihnen gekommen; ich habe Ihnen nichts mehr zu sagen, außer, daß ich nicht die Absicht gehabt habe, abzureisen und daß ich mich nie von der Nationalversammlung entfernen werde.« Diese letzten Worte bedeuteten, daß der König entweder wirklich überlegt hatte, abzureisen, oder aber er wußte, daß das Volk von Versailles ihm diesen Wunsch zuschrieb. Der Einfluß des Generals auf den Monarchen war jedoch so groß, daß der König, der zuerst eiligst die Nationalversammlung konsultieren und sich vielleicht sogar von Versailles entfernen wollte, nach dieser Unterredung nicht mehr daran dachte und sich ganz auf einen General verließ, der alles andere als verläßlich war.

Um Mitternacht kehrten der Präsident und die Abgeordneten in den Saal zurück und setzten ihre Sitzung inmitten des Pöbels fort. Da sie in der Tat auf nichts anderes als auf das Eintreten eines Ereignisses warteten, eröffneten sie, um Zeit zu gewinnen, eine Debatte über die Strafgesetze. Das Volk unterbrach sie fortwährend und schrie ihnen zu: »Brot, Brot, keine langen Reden.« An Brot fehlte es aber gar nicht, denn in dem Moment, in dem die Armee auftauchte, wurde sie von den Aufrührern und der Versailler Nationalgarde mit Freudenschreien empfangen. Sie vereinigte sich sogleich mit den Dragonern und dem Flandernregiment, das so viele Besorgnisse erregt und den Vorwand für ihren Einmarsch geliefert hatte. Da es in dieser schrecklichen Nacht auch noch kalt und regnerisch war, zogen sich die verbündeten Truppen in die Schänken, die Pferdeställe, die Cafés, in die Toreingänge oder in die Innenhöfe der Häuser zurück. Riesige Vorräte an Fleisch und Brot wurden an sie ausgeteilt; man spendierte ihnen die stärksten Schnäpse. La Fayette, der Zeuge dieses Überflusses und dieser Freude war, hielt dies für ein besonders gutes Vorzeichen und war weit davon entfernt, daran zu denken, welche schrecklichen Folgen das noch haben könnte. Eilends stellte er ein paar eigene Posten auf und einige Pariser Nationalgardisten neben die schon bestehenden. Zufrieden mit diesen Vorsichtsmaßnahmen ging er zum König hinauf und unterrichtete ihn von den Maßnahmen zu seiner Sicherheit. Er bürgte für die lauteren Absichten seiner Miliz und für Ruhe und Ordnung während der restlichen Nacht. Mit seinen Bemerkungen zerstreute er alle Befürchtungen, und beruhigt legte sich der König schlafen. Es war gegen zwei Uhr in der Frühe, als La Fayette vom König zurückkam und zu der Menge gewandt, die sich im Saal mit dem Ochsenauge befand, sagte: »Ich habe ihm einige Zugeständnisse abgerungen, um ihn zu retten.« Im selben Atemzug sprach er über die Vorsichtsmaßnahmen, die er getroffen hatte, und äußerte sich so ruhig und glücklich, daß es ihm gelang, auch in allen anderen, die ihm zuhörten, den Wunsch zu wecken, schlafen zu gehen. Erfolge ziehen eben weitere nach sich. Jetzt kam der Marquis de La Fayette auch noch auf die Idee, die Nationalversammlung in den Schlaf zu wiegen; er eilte sogleich dorthin. Er war, wie er damals sagte, der General Morpheus. Nach seiner Ankunft sprach er sofort mit dem Präsidenten der Versammlung, legte ihm treuherzig seine Sicherheitsmaßnahmen dar und erweckte in ihm das starke Verlangen, schlafen zu gehen. Der Präsident leitete die Sitzung schon achtzehn Stunden, und weil er so müde war, fand er die Ratschläge des Generals erst recht unwiderstehlich. Dennoch sagte Mounier zu ihm: »Wenn Sie noch Befürchtungen hegen, dann behalte ich die Abgeordneten bis Tagesanbruch hier«. Darauf versetzte La Fayette, er sei sich der friedlichen Absicht seiner Armee so sicher und glaube fest daran, Ruhe und Ordnung für diese Nacht sichergestellt zu haben, daß er selbst schlafen gehen werde. Von diesem gewichtigen Wort und dem persönlichen Vorbild beeindruckt, schloß der Präsident die Sitzung und zog sich zurück. Es blieben nur Barnave, Mirabeau, Pétion und einige andere eifrige Demagogen, welche die Menge im Saal und in den Nebenräumen nicht allein lassen wollten. Sie allein widerstanden den Beruhigungsmitteln La Fayettes und weigerten sich wie ein zweiter Odysseus, am Rande einer Klippe einzuschlafen. Die ganze Nacht lang bewachten sie das »Staatsschiff«, aber da sie die Verbrechen am nächsten Morgen keineswes verhindert, sondern sie im Gegenteil mit angesehen und sie mit ihrem Zusehen sozusagen gerechtfertigt haben, muß die Geschicht ihre Gegenwart noch weitaus energischer anklagen als die Abwesenheit der anderen.

Als Mounier nach Hause kam, erfuhr er, daß an die zwanzig Aufrührer bei ihm erschienen waren, seinen Kopf gefordert und versprochen hatten, wiederzukommen. Es ist bekannt, daß man ihn dem Volk gegenüber als einen »Aristokraten« bezeichnet hatte, weil er das königliche Veto unterstützt hatte und weil er für eine zweite gesetzgebende Kammer eingetreten war. Trotz dieses neuerlichen Grundes zur Besorgnis, gesteht Mounier in der Darlegung seines Verhaltens, habe er tief geschlafen bis es hell war, auf das Wort La Fayettes hin, der ebenfalls zu Bett gegangen war, nachdem er die Opfer im Kreise ihrer Henker in den Schlaf gewiegt hatte. Hätte eine Absprache des Generals mit den Aufrührern das besser fügen können? Mangel an Überlegung an den entscheidenden Stellen zeitigt wie die Bosheit immer dieselben Folgen!

Inmitten all der Treulosigkeiten auf dieser Bühne, auf der

Angst und Feigheit die Schwäche in ihr Verderben führten, gab es dennoch eine einzige Person mit Charakter: Es war eine Frau, die Königin, die allein Stärke bewiesen hat. Durch ihre noble und feste Haltung hat sie sich gut gehalten inmitten so vieler kopfloser Männer und sich durch ihre außerordentliche Geistesgegenwart ausgezeichnet, als um sie herum nur Irrtum und Verblendung herrschten. Am Abend dieses 5. Oktober empfing sie eine ganze Reihe von Leuten in ihrem *Grand Cabinet*, sprach fest und würdevoll mit allen, die zu ihr kamen, und übertrug ihre Sicherheit auf diejenigen, welche ihre Besorgnisse nicht verheimlichen konnten. »Ich weiß«, sagte sie, »daß aus Paris Leute gekommen sind, die meinen Kopf fordern; aber ich habe von meiner Mutter gelernt, den Tod nicht zu fürchten, und ich erwarte ihn standhaft.« Einen Offizier der Leibwache, der mit sehr viel Bitterkeit, ohne Mäßigung über diesen erneuten Angriff der Aufrührer und alles, was in Versailles geschehen war, sprach, brachte sie völlig ungezwungen dazu, das Thema zu wechseln. Einen Augenblick später wandte sie sich einem Abgeordneten des burgundischen Adels zu und sagte halblaut zu ihm: »Ich habe die Unterhaltung auf ein anderes Thema gelenkt, weil ich einen Kammerdiener des Herzog von Orléans gesehen habe; ich weiß nicht, wie er hier hereingekommen ist.« Wir werden bald schon sehen, wie die Königin, sobald die Gefahren es erforderten, dieselbe Großherzigkeit an den Tag legte wie ihre Mutter; und wenn sie trotz des gleichen Mutes nicht ebenso große Erfolge erzielt hat, dann deswegen, weil Maria Theresia es mit dem ungarischen Adel zu tun hatte, während die Königin von Frankreich nur zum Pariser Bürgertum gesprochen hat.

Zwischen drei Uhr morgens und halb sechs Uhr wurde nichts ruchbar, alles schien vielmehr eingehüllt in den stillen Schauder der Nacht. Und doch war diese große Sicherheit der königlichen Familie, die wehrlos inmitten einer Mörderbande, verstärkt um zwanzigtausend Soldaten, schlief, ein erstaunliches Schauspiel; und das alles auf das Wort des Generals hin, der selbst gestanden hatte, aus lauter Angst, daß man ihn auf der *Place de Grève* aufhängt, seine Armee geführt zu haben oder richtiger, ihr gefolgt zu sein! Das ist vielleicht das erste Mal, daß so viel Angst so viel Vertrauen hervorrief!

Gleichwohl gab es in dieser Nacht einige Leute, die sich nicht in solcher Sicherheit wähnten und die von Ahnungen am Schlaf gehindert wurden. Von heimlicher Unruhe geplagt, verließ einer sein Haus und ging zum Schloß hinauf. Dieser glaubwürdige Augenzeuge hat gesehen, daß die Posten mit ehemaligen Angehörigen der *Gardes Françaises* und der Versailler Nationalgarde besetzt waren und daß es außer ihnen keine weiteren Posten gab. Nur in der Nähe des Marmorhofes traf er auf einen kleinen Buckligen zu Pferde, der sagte, er sei von La Fayette dort aufgestellt worden, und der, als unser Zeuge ihm seine Befürchtungen hinsichtlich der Aufständischen mitteilte, hinzufügte, er stehe für alles ein. Die Leute mit den Piken und den spitzen Mützen kannten ihn gut. Als der Zeuge sich mit dieser Antwort noch nicht zufrieden gab und weiter fragte: »Euer General schläft, und das Schloß liegt wehrlos da, wie müßte man es anstellen, wenn man die Nationalgarde zu Hilfe rufen wollte?« Da antwortete der Bucklige: »Gefährlich wird es erst am Morgen.« Diese Auskunft war schreckenerregend; aber an wen sollte man sie weitergeben? Der Zeuge überquerte die *Place d'Armes* und ging die *Avenue de Paris* entlang bis zum Eingang der Nationalversammlung. Überall kam er an großen Feuern vorbei, um die Gruppen von Aufrührern und Marktweibern lagerten, die aßen und tranken. Der Saal der Versammlung war mit Männern und Frauen überfüllt. Einige Abgeordnete behaupteten sich inmitten der Menge. Die Pariser Nationalgarde war über alle Stadtteile verstreut; die Ställe, die Schänken und Cafés quollen von ihnen über. So war die Lage in Versailles von drei Uhr früh bis Tagesanbruch.

GEGEN SECHS UHR vereinigten sich die verschiedenen Gruppen von Halunken, Marktweibern und Arbeitern und nach einiger Unruhe bewegte sich die Menge schnell auf das Gebäude der Leibwache zu. Sie schrie: »Tötet die Leibwache, keine Gnade!« In kürzester Zeit wurde das Gebäude gestürmt. Die wenigen anwesenden Mitglieder der Leibwache versuchten zu entkommen, allein, von allen Seiten wurden sie mit unaussprechlicher Wut verfolgt. Einige wurde getötet, andere flüchteten, nachdem man sie schrecklich mißhandelt hatte, in Richtung Schloß. Dort fielen sie der Versailler und der Pariser Nationalgarde in die Hände; fünfzehn wurden gefangengenommen und an das Gitter gekettet, bis man über die Art ihrer Hinrichtung entschieden hatte. Beinahe gleichzeitig kam die Mehrzahl der Aufständischen, Männer und Frauen, die bereits das Gebäude der Leibwache geplündert und verwüstet hatten. Sie ergossen sich in alle Höfe des Schlosses, ohne daß die Pariser Nationalgarden oder die von La Fayette aufgestellten Wachposten den geringsten Widerstand leisteten; sie drangen auch in das Innere des Gebäudes ein, die einen über die große Treppe, die anderen von der Kapelle her, und stürmten den Saal der *Cent-Suisses*[180]. Zuvor töteten sie aber noch zwei Mann der Leibwache, die auf Posten standen, den einen in der Nähe des Gitters, den anderen unter dem Gewölbe. Die noch zuckenden Leichname wurden unter die Fenster des Königs geschleppt, wo eine Ausgeburt von einem Ungeheuer, das mit einer Axt bewaffnet war, einen langen Bart und eine sehr hohe Mütze trug, ihnen den Kopf abhackte. Es waren eben jene beiden Köpfe, die zunächst in Versailles zur Schau gestellt wurden, ehe man sie auf Piken gespießt vor der Kutsche des Königs hertrug, und die man an diesem und am nächsten Tag durch die Straßen von Paris führte.

Nachdem die Mörder also in den Saal der *Cent-Suisses* eingedrungen waren und oben auf der Marmortreppe einen dritten Angehörigen der Leibwache getötet hatten, forderten sie mit lautem Geschrei den Kopf der Königin; die schrecklichen Drohungen und das Geheul dieser wilden Tiere hallte im ganzen Schloß wider. Die Leibgarden bildeten eine Art Barrikade in ihrem Saal und zogen sich auf die Seite des »Ochsenauges« zurück. Allein, ihr schwacher Widerstand wurde bald gebrochen und sie wurden durch die Säle verfolgt. Der Wachtposten vor der Türe der Königin verteidigte sich heldenhaft und, bevor er niedergemacht wurde, gab er mit seinen Schreien und heftigen Schlägen an die Tür ihres Gemachs Alarm. Die Königin wurde von ihren Damen geweckt, sprang aus dem Bett und floh nur mit einem Hemd bekleidet über einen schmalen, langen Balkon, der die Fenster der innen gelegenen Gemächer säumte; auf ihrer Flucht kam sie an eine kleine Tür, die zum Ochsenauge führt; nachdem sie hier fünf Minuten gewartet hatte, bis die Tür endlich geöffnet wurde, rettete sie sich in das Gemach des Königs. Kaum hatte sie ihre Gemächer verlassen, betrat eine Bande von Mördern die Räume, zwei davon als Frauen verkleidet, drangen bis zu ihrem Bett vor und hoben die Vorhänge mit ihren Piken hoch. Wütend, daß die Königin nicht zu finden war, gingen sie in die Galerie zurück, um das »Ochsenauge« zu stürmen; und sie hätten Frankreich zweifelsohne in Trauer gestürzt, wenn sie nicht auf die Grenadiere der ehemaligen *Gardes Françaises* gestoßen wären, die unterdessen in das Vorzimmer eingedrungen waren, die Gemächer des Königs verteidigten und die Standarte der Leibwache aufgepflanzt hatten. Um sie vor der Wut der Schlächter zu schützen, nahmen sie die Mitglieder der Leibwache entweder gefangen oder ließen diese bis in das Gemach Ludwigs XVI. und in den Ratssaal hineingehen, wo die Unglücklichen sich dann entschlossen, das Leben des Königs bis zu ihrem letzten Blutstropfen zu verteidigen. Nachdem sie die Leibwache befreit hatten, drängten die Grenadiere endlich die rasende Menge von Aufständischen und Mördern nach und nach zurück, zwangen sie, in die Höfe hinunterzugehen und nahmen alle Posten ein, um das Schloß vor einer neuerlichen Invasion zu schützen. Ich muß aber noch den Grund für dieses glückliche Ereignis nennen, bei dem durch die Rettung der königlichen Familie Frankreich ewige Schande erspart blieb, das die Verschwörung zusammenbrechen ließ und die Aufrührer um die Früchte ihres Verbrechens brachte.

Der Marquis de La Fayette, den man bei der ersten Meldung von den Vorfällen aus dem Bett geholt hatte, schwang sich eilends auf ein Pferd und ritt schnell zum Schloß. Verzweifelt über seinen Schlaf sowie ob seiner Leichtgläubigkeit, seiner Versprechungen und all der Dummheiten, die sein Leben in den letzten vierundzwanzig Stunden bestimmt hatten, trat er leidenschaftlich vor die Grenadiere der *Gardes Françaises*, die mittlerweile in die Pariser Nationalgarde eingegliedert worden waren, sprach zu ihnen von den Gefahren für den König und bot sich ihnen selbst zum Opfer an. Gerührt eilten die Grenadiere auf den blutigen Spuren, die das Volk hinterlassen hatte, zum Schloß und befreiten die Leibwache, wie wir schon wissen, aber immer noch ohne die Aufrührer und Mörder anzugreifen. Beinahe zur gleichen Zeit gewahrte La Fayette die fünfzehn Mann von der Leibwache, über deren Bestrafung der Pöbel beriet; er eilte dorthin, hielt eine Ansprache an das Volk und gewann so Zeit. Eine zweite Truppe von Grenadieren kam gerade vorbei: »Grenadiere«, rief er ihnen zu, »werdet Ihr es dulden, daß tapfere Männer so feige ermordet werden? Ich stelle sie unter Euren Schutz. Schwört mir auf die Ehre der Grenadiere: Ihr werdet nicht dulden, daß man sie ermordet!« Die Grenadiere schworen es und nahmen die Männer von der Leibwache in ihre Mitte. Etwas weiter entfernt hatte der aus dem Schloß vertriebene Pöbel, mit williger Unterstützung durch die Versailler Nationalgarde, wütend einige Soldaten der Leibwache aufgegriffen und machte sich daran, sie zu töten. Der Wunsch des Pöbels, ihre Abschlachtung aufsehenerregender zu gestalten - das Massaker sollte unter den Fenstern des Königs stattfinden - war ihre Rettung. Einem Offizier der Nationalgarde von Paris gelang es, diesem rasenden Haufen acht Mann zu entreißen. Unter den anderen, die sich noch in dessen Hand befanden, waren einige weißhaarige Brigadiere, die sagten: »Unser Leben ist in Eurer Hand, Ihr könnt uns töten, aber Ihr werdet unser Leben nur um wenige Augenblicke verkürzen, und wir werden ehrenvoll sterben.« Diese kurze Rede bewirkte einen sofortigen Sinneswandel. Ein Offizier der Nationalgarde fiel, gerührt von der edlen Rede und dem verehrungswürdigen Aussehen dieser Soldaten, dem Ältesten um den Hals und rief: »So tapfere Leute wie Euch werden wir nicht umbringen!« Einige Offiziere der Pariser Miliz folgten seinem Beispiel. Im selben Augenblick öffnete der König, den man davon unterrichtet hatte, daß die Männer von seiner Leibwache so erbärmlich umgebracht werden sollten, selbst seine Fenster, trat auf den Balkon und bat das Volk um ihre Begnadigung. Jene Mitglieder der Leibwache, die zu ihm geflüchtet waren, wollten ebenfalls ihre Kameraden retten und warfen deshalb vom Balkon ihre Patronentaschen dem Volk zu, legten ihre Waffen nieder und riefen: »Es lebe die Nation!« Das Eingreifen des Königs wie das Verhalten seiner Leibwache schmeichelten dem Stolz dieser Tiger und machten sie menschlicher. In allen Höfen ertönte nun immer lauter der Ruf: »Es lebe der König!« Er schallte über die ganze *Place d'Armes*. Plötzlich wurden die Opfer, die gerade massakriert werden sollten, gefeiert, umarmt und im Getümmel unter die Fenster des Königs getragen. Diejenigen, die bei Ihrer Majestät waren, wurden gebeten herunterzukommen; sie kamen wirklich und teilten mit ihren Gefährten die lautstarken Zärtlichkeiten und Zudringlichkeiten des Pöbels, dessen barbarischen Triumph und dessen grausame Freuden wir in Bälde beschreiben werden.

Nachdem das Volk den Mitgliedern der Leibwache das Leben geschenkt hatte, verlor es dennoch den Hauptzweck seines Unternehmens nicht aus den Augen und forderte mit lautem Geschrei, der König solle seinen Aufenthalt nach Paris verlegen. La Fayette drang ebenfalls mit entsprechenden Aufforderungen und Ratschlägen in ihn; gereizt, von allen Seiten gedrängt, fügte sich der König schließlich und gab sein Wort, er werde mittags abfahren. Dieses Versprechen ging in Windeseile von Mund zu Mund, und der Beifall des Volkes, die Kanonenschüsse sowie das Prasseln des Musketenfeuers waren die Antwort. Der König erschien auf dem Balkon um sein gegebenes Wort zu bestätigen.

Bei diesem zweiten Auftritt kannte die Freude der Pariser keine Grenzen mehr und sie äußerte sich in sehr häßlicher Form. Man bemächtigte sich der Männer von der Leibwache, denen man gerade das Leben geschenkt hatte; man riß ihnen die Uniform vom Leibe und ließ sie diejenige der Nationalgarde anziehen. Sie waren als Gefangene, als Geiseln und als Zierde des Triumphzuges der Sieger vorgesehen. Die Nationalgarde der Hauptstadt und die von Versailles gaben einander ein paar Stunden lang Beweise ihres Glücks, die für den König und die königliche Familie äußerst beleidigend waren. Das Ungeheuer mit der spitzen Mütze und dem langen Bart, das wir schon geschildert haben, spazierte prahlend über den Platz, zeigte sein Gesicht, seine vom Blut der Leibwache verschmierten Arme und beklagte sich, man habe es nach Versailles kommen lassen, dabei habe es nur zwei Köpfe abschneiden dürfen. Nichts glich jedoch der tollen Freude der Marktweiber. Drei von ihnen setzten sich auf den Leichnam eines Mannes von der Leibwache, und verzehrten dessen Pferd, das ihre Gefährtinnen in Stücke geschnitten und zubereitet hatten. Die Pariser tanzten um dieses seltsame Festmahl herum. Angesichts ihres Entzükkens, ihrer Aufregung, ihrer unartikulierten und barbarischen Schreie hätte sich Ludwig XVI., der sie von seinen Fenster aus sah, für den König der Kannibalen und aller Menschenfresser der Neuen Welt halten können. Kurze Zeit später verlangten das Volk und die Nationalgarden, die Königin zu sehen, um ihren Rausch durch einen weiteren Erfog zu steigern. Die Königin, die bislang nur für die Gazetten oder die Chronik gelebt hatte und die jetzt Geschichte machte, erschien mit dem *Dauphin*[181] und *Madame Royale*[182] auf dem Balkon. Zwanzigtausend Stimmen riefen ihr zu: »Ohne die Kinder!« Sie schickte dieselben hinein und zeigte sich allein. Daraufhin war das barbarische Volk durch ihre Größe in der Erniedrigung und den Beweis ihres Mutes bei der Befolgung eines so gefährlichen Befehls hingerissen; sie wurde von allen bejubelt. Mit ihrem Genius rührte sie an den Instinkt der verirrten Menge, und wenn ihre Feinde Verbrechen, Verschwörungen und langwierige Verfahren in Anspruch nehmen mußten, um sie ermorden zu lassen, dann brauchte sie nur einen Augenblick, um von allen bewundert zu werden. So brachte die Königin die öffentliche Meinung zum Schweigen, indem sie ihr Leben aufs Spiel setzte, während der König das seine nur auf Kosten des Throns und seiner Freiheit behielt.

Der Ernst dieser Annalen gebietet es, offenzulegen, was die öffentliche Meinung gegen die Königin aufgebracht hatte: Paris erwartet von uns, daß wir seinen Haß erhellen, und die Provinzen, daß wir ihre Unsicherheit beseitigen. Ich weiß, daß man keine Angst zu haben braucht, Königen gegenüber streng zu sein; daß es nur eine Schande ist, sie zu loben, und daß die Lügen einem Historiker fast zur Ehre gereichen. Über die Königin hat man jedoch so viel Böses gesagt, daß wir von der allgemeinen Abstumpfung profitieren können, um etwas Gutes von ihr zu berichten, sofern ein solcher Kunstgriff nicht eines Historikers unwürdig ist.

Zunächst muß man einräumen, daß die ausschließliche zärtliche Liebe des Königs zur Königin ihr den Haß der Bevölkerung eingetragen hat, von dem gewöhnlich nur die Mätressen betroffen sind. In Frankreich gehört es nämlich zum guten Ton, daß sich die Königinnen mit der schlechten Meinung der Öffentlichkeit gegenüber den Mätressen über die Untreue ihrer Gatten hinwegtrösten. Jung und unerfahren, wie sie war, hat die Königin die Gefahr nicht gesehen, die ihr von ihren Vorzügen drohte; sie hat den König beherrscht wie eine Mätresse und hat das die Bevölkerung zu sehr spüren lassen. Daher die Gerüchte über ihre Verschwendungssucht und die übertriebenen Geschenke an ihre Familie, die man für den Grund der nationalen Verschuldung hielt; absurde Gerüchte, wenn man die wahre Ursache und den ungeheuren Umfang der Staatsschuld bedenkt. Wenn der Haß es jedoch nicht wagt, sich gewisse Verleumdungen vorzustellen, dann bedient er sich der Dummheit.

Die Lockerung der Etikette ist eine weitere Quelle von Einwänden gegen die Königin. Dadurch habe sie, so heißt es, die Hochachtung und den Respekt der Bevölkerung untergraben. Die Königin, die immer mehr an sich als Frau denn an ihren Rang gedacht hat, hat denn auch gewiß zu sehr den Reiz des Privatlebens ausgekostet. Könige sind jedoch Schauspieler, dazu verdammt, immer auf der Bühne zu stehen. Und einer Königin, die auf einem wirklichen Thron zu leben und zu sterben hat, steht es nun einmal nicht zu, die scheinbare und flüchtige Macht zu genießen, die Grazie und Schönheit den gewöhnlichen Frauen verleihen und die diese für einen Augenblick zu Königinnen machen.

Des weiteren wirft man der Königin ihre für unsere Manufakturen so schädliche Vorliebe für englische Stoffe vor; dieser Vorwurf ist durchaus gerechtfertigt. Denn wenn der Himmel einer erfinderischen und galanten Nation schon eine schöne Königin mit einer reizenden Gestalt schenkt, dann wird dieses Geschenk normalerweise zum Reichtum der Nation. Frankreich war jedoch eifersüchtig auf die Königin, und die Königin war in diesem Punkt nicht sensibel genug.

Im Ergebnis lautet der Vorwurf schließlich, das Verhalten der Königin sei für den König ebenso verhängnisvoll gewesen, wie das des Königs für die Monarchie. Ohne auf diesen Satz, der den Denkfaulen ebenso gut gefällt wie den Boshaften, näher eingehen zu wollen, sind wir doch der Ansicht, daß es keinen Franzosen gibt, der dem König nicht den Charakter der Königin und der Nationalversammlung nicht die guten Absichten des Königs wünschte. Kurzum, seit die Königin auf sich allein gestellt ist, hat sie sich so verhalten, daß die Geschichtsschreibung nicht umhin kann, ihre Fehler den Leuten zuzuschreiben, die sie ihre Freunde nannte.

WÄHRENDDESSEN STIFTETEN die Aufrührer, die verzweifelt waren, weil sie ihr Ziel nicht erreicht hatten, und die Demagogen, die über den letzten Sieg des Volkes entzückt waren, sehr viel Unruhe auf der *Place d'Armes*. Sie ließen Proskriptionslisten im Volk zirkulieren, und darauf standen auch die Namen der ehrwürdigsten Mitglieder der Nationalversammlung. Es wird versichert, daß der Herzog von Orléans auf dem Höhepunkt des Tumults, das heißt zwischen sechs und sieben Uhr morgens im Herkules-Salon erschienen ist; wenn es stimmt, daß er dort war, dann war sein Auftritt jedoch nur kurz. Er hat zweifelsohne erkannt, daß man ein Verbrechen für sich ausnutzen kann, daß man sich aber nicht dazu bekennen darf. Fest steht jedenfalls, daß der Fürst, um über den Fortgang des Unternehmens ständig auf dem Laufenden zu sein, während der ganzen Nacht die Landstraße zwischen Passy und Versailles nicht verlassen hatte; ich glaube nicht, daß der Marquis de La Fayette ihn dazu überreden konnte, schlafen zu gehen; und doch eignet sich der Herzog von Orléans von allen Menschen am allerwenigsten für die Strapazen und Ängste einer Verschwörung. Bei diesem Urteil berufe ich mich auf alle diejenigen, die ihn kennen. Seit der Revolution ist sicher kaum ein Tag vergangen, an dem dieser Epikureer und Verächter der öffentlichen Meinung, der eher für das sichere Kalkül der Habsucht als für die unsicheren Projekte des Ehrgeizes taugt, nicht den Zeiten nachgetrauert hat, in denen er in Ruhe seinen Vergnügungen nachgehen und in seinem Gold schwelgen konnte.

Vielleicht wird man die Frage aufwerfen, welchen Plan seine Fraktion gehabt hat; es ist aber nicht einfach, ihn einigermaßen treffend zu schildern. Niemand bezweifelt, daß die Unruhestifter und Marktweiber die Königin ermorden wollten; es läßt sich jedoch nicht genau sagen, ob es unter so vielen Mördern einen gegeben hat, der dafür gewonnen worden war, den König zu ermorden. Das ist das Problem. Wer könnte sagen, was wirklich passiert wäre, wenn die Aufrührer die Königin verfolgt und in den Armen des Königs angetroffen hätten? Und wenn die königliche Familie massakriert worden wäre, hätte man den Herzog von Orléans festnehmen können, der von einer mächtigen Fraktion in Paris und in der Nationalversammlung unterstützt wurde? Das wäre mehr gewesen, als der Herzog zu träumen wagte, denn dann hätte man nicht gezögert, den Grafen Artois und die anderen Fürsten, die geflohen waren, zu Staatsfeinden zu erklären. Es scheint also, als hätte die Fraktion Orléans keinen bestimmmten Plan gehabt; jedenfalls wollte sie sowohl vom Aufstieg des Volkes als auch vom Niedergang des Thrones profitieren und allen diesen Unruhen irgendeine Richtung geben. Wenn man das morgenländische Bild eines hebräischen Dichters auf die Partei Orléans anwenden will, dann hat sie Wind gesät und Sturm geerntet.[183]

Bereits um acht Uhr morgens, noch bevor er sein Wort gegeben hatte, den Rebellen nach Paris zu folgen, hatte der König gegenüber einigen Abgeordneten des Adels den dringenden Wunsch geäußert, alle Mitglieder der Nationalversammlung möchten sich zu ihm begeben, um ihm mit ihren Ratschlägen in der furcherregenden Krise beizustehen, in der er sich befand. Diese Abgeordneten verfügten sich zum Präsidenten, um ihm dies mitzuteilen; da dieser jedoch noch schlief, mußten sie ihn erst wecken. Unterwegs baten sie einige Abgeordnete, die sie trafen, sie möchten sich zum Schloß begeben. Sie betraten sogar den Saal der Versammlung, wo sie eine ganze Reihe von Abgeordneten antrafen, die den Saal die ganze Nacht über nicht verlassen hatten, oder solche, die erst am Morgen wiedergekommen waren. Im Namen des Präsidenten brachten sie den Wunsch des Königs vor. Mirabeau antwortete darauf, daß der Präsident ihnen nicht ohne vorherige Beratung den Auftrag erteilen könne, zum König zu gehen. Die Galerien, die mit der gemeinsten Kanaille besetzt waren, schlossen sich ihm an und erklärten, man dürfe den Saal nicht verlassen.

Gegen zehn Uhr traf der Präsident ein und teilte den Anwesenden mit, was der König beabsichtigte. Daraufhin erhob sich Mirabeau und sagte, es sei gegen die Würde der Versammlung, sich zum König zu begeben; man könne im Palast der Könige nicht beraten; die Beratungen würden zu Verdächtigungen Anlaß geben; es genüge daher, eine Abordnung von sechsunddreißig Mitgliedern zu entsenden. In dieser Antwort steckte sehr viel Heuchelei und Dummheit. Es wäre überhaupt kein Verstoß gegen die Würde der Versammlung gewesen, wenn sie sich zum Oberhaupt der Nation begeben hätte; außerdem ging es in diesem Augenblick gar nicht um die Würde! Der König sollte entführt, gewaltsam nach Paris gebracht und vielleicht sogar umgebracht werden; er bat um Rat und Hilfe, und da wurde so getan, als habe man den Einfluß seiner Autorität zu befürchten, wenn man sich mit ihm beraten würde, während er nicht einmal seines Lebens sicher war. Zudem bot der König der Nationalversammmlung, indem er um ihre Unterstützung bat, eine Gelegenheit zu beweisen, daß sie nicht mit den Aufrührern im Bunde stand. Einige Mitglieder, die weniger gewandt als übelgesinnt waren, verdarben ihr jedoch durch ihre abschlägige Antwort diese Gelegenheit. Mounier protestierte vergeblich gegen die Weigerung, umsonst sagte er, es sei eine heilige Aufgabe, dem König zu Hilfe zu eilen, wenn er in Gefahr sei, die Nationalversammlung mache sich auf ewig Schande und werde es noch lange bereuen. Die einzige Antwort bestand in der Erstellung der Liste der sechsunddreißig Abgeordneten, die beim König die Nationalversammlung vertreten sollten.

Zu diesem Zeitpunkt erfuhr die Versammlung, daß der König sich in äußerster Lebensgefahr bereiterklärt hatte, den aufständischen Pariser Helden zu folgen. Ohne zu überlegen, welch schrecklichen Umständen dieser Entschluß des Königs entsprungen war, machte Mirabeau, der vorher die Meinung vertreten hatte, der König brauche in der Gefahr nur sechsunddreißig Abgeordnete, den Vorschlag, ihm hundert Abgeordnete als Zeugen seiner Gefangenschaft zur Seite zu stellen; und während er an der ersten Abordnung, die bei ihrer Hilfe für den König womöglich Gefahren ausgesetzt war, nicht hatte teilnehmen wollen, bot er sich selbst an für die zweite, die nur dazu bestimmt war, den König zu erniedrigen, indem sie den Zug der Sieger verstärkte. Er forderte zugleich, man solle die Adresse an die Provinzen richten, um ihnen mitzuteilen, daß das Staatsschiff schneller denn je vorwärtskomme. Der König brach erst um ein Uhr nachmittags auf. Alles war schon längst für den Triumphzug vorbereitet, in dem er mitgeführt werden sollte, und das Volk murrte schon laut über die Verspätung.

Am Anfang des Zuges marschierte das Gros des Pariser Truppen; jeder Soldat hatte ein Brot auf sein Bajonett gespießt. Danach kamen die Marktweiber, trunken vor Wut, Freude und Wein; sie trugen mit Bändern geschmückte Zweige, saßen rittlings auf den Kanonen oder auf Pferden und trugen die Kopfbedeckung der Leibwache; die einen hatten sich einen Harnisch umgeschnallt, während die anderen mit Säbeln und Gewehren bewaffnet waren. Um sie herum wimmelten die Pariser Gauner und Arbeiter, und in der Mitte dieser Truppe trugen zwei Männer mit nackten, blutverschmierten Armen auf der Spitze ihrer langen Piken die Köpfe der zwei Opfer der Leibwache. Die Wagen mit Weizen und Mehl, die man in Versailles gestohlen hatte, waren mit Laubwerk und grünen Zweigen bedeckt; sie bildeten einen Geleitzug, dem die Grenadiere folgten, denen der König das Leben gerettet hatte. Die Gefangenen, die einzeln zu Fuß geführt wurden, waren entwaffnet und gingen barhäuptig einher. Die Dragoner, die Sodaten aus Flandern und die *Cent-Suisses* ritten vor, neben und hinter der Kutsche des Königs. Der Monarch saß darin mit der ganzen königlichen Familie und der Gouvernante der Kinder; in welchem Zustand, kann man sich mühelos vorstellen, obwohl die Königin, aus Angst, sich der Hauptstadt mit weniger Anstand als Schmerz zu zeigen, den Prinzessinnen und ihrem ganzen Gefolge empfohlen hatte, sich nach der morgendlichen Unordnung wieder ordentlich herzurichten. Es fällt schwer, die verworrene Ordnung dieses Zuges zu schildern, der sich von halb zwei bis sieben Uhr langsam fortbewegte. Er begann mit dem gleichzeitigen Abfeuern aller Musketen der Versailler und der Pariser Nationalgarden. In gewissen Abständen hielt man an, um neuerlich Salven abzufeuern; dann stiegen die Marktweiber von ihren Kanonen und Pferden herunter, scharten sich um die zwei abgeschnittenen Köpfe und umrundeten die Kutsche des Königs; sie brachen in Beifall aus, umarmten die Soldaten und gröhlten Lieder mit dem Refrain: »*Voici le boulanger, la boulangère et le petit mitron*« (»Da ist der Bäcker, die Bäckerin und der kleine Bäckerbursche.«). Die Schrecken eines trüben, kalten und regnerischen Tages, die infame Miliz, die im Schmutz watete, die Harpyien, diese Ungeheuer mit menschlichem Antlitz, über denen die zwei abgeschnittenen Köpfe schwebten und inmitten seiner gefangenen Leibwache der Monarch, der mit seiner ganzen Familie langsam gezogen wird, all das war ein so furchterregendes Schauspiel, eine so jämmerliche Mischung aus Schmerz und Schande, daß die Augenzeugen von diesem Bild noch immer verfolgt werden. Daher kommt es, daß es von dieser Nacht und von diesem Tag, die den Franzosen mehr Gewissensbisse machen, als sie der Geschichtsschreibung Einzelheiten liefern, so viele verschiedene und verstümmelte Berichte gibt.

So wurde der König von Frankreich von den Mördern seiner Diener aus dem Domizil seiner Väter vertrieben und von einer rebellierenden Armee zum *Hôtel de Ville* seiner Hauptstadt überführt. Wer hätte geglaubt, daß den unglücklichen Monarchen, als er am Saal der Versammlung vorbeifuhr, ein Schauspiel erwartete, das seinen Gram und seine schreckliche Lage noch zu verschlimmern imstande war? Da stand Mirabeau mit verschlagenem Blick und um ihn herum die Horde der Abgeordneten, die sich der siegreichen Truppe anschließen sollten. Weiter entfernt, auf der Landstraße nach Passy, sah sich der Herzog von Orléans mit erregter Miene die Ankunft des Königs an und sparte sich so für die letzte Beleidigung auf.

Ihre Majestäten und die königliche Familie kamen gegen

sieben Uhr abends in Paris an. Sie wurden sogleich zum *Hôtel de Ville* geführt, mitten durch das Gewoge und das Geschrei des wahnsinnigen Pöbels, der schon mehrere Stunden ungeachtet der Kälte und des Regens auf seine Beute gewartet hatte. Die Straßen waren illuminiert, allerdings nur, um den Triumph der Stadt zu erleuchten.

Der König mußte zweimal die Redekunst Baillys über sich ergehen lassen. Als dieser Redner für die Anwesenden die Antwort des Königs widergab, vergaß er ein paar Worte; die Königin, immer ein Vorbild an Selbstbeherrschung, erinnerte ihn mit Anmut daran; das Mitglied der Akademie nutzte den Vorfall, um den Zuhörern ein Kompliment zu machen. Das Ende all der Schrecken und Grausamkeiten war also eine akademische Abgeschmacktheit. Ihre Majestäten logierten in den Tuilerien; *Monsieur* und *Madame*[184] im *Palais du Luxembourg*. Den Rest des Abends widmete man sich den Pariser Freuden, dem Schauspiel der zwei Köpfe, die durch die Straßen getragen wurden und schließlich den Exzessen der Verderbtheit, die von der Barbarei noch befördert wurden.

Am Tag danach und an den darauffolgenden Tagen suchte die Commune de Paris die Besiegten ins Unrecht zu setzen, um die frevelhaften Angriffe der Sieger zu bemänteln. Um die Provinzen, die Ausländer und die Nachwelt auf eine falsche Fährte zu locken, streute man das Gerücht aus, die Leibwache des Königs habe zuerst auf die Nationalgarde geschossen und der König habe nach Metz fliehen wollen. Aufgrund dieser Anklage sind viele Leute in die Kerker der Hauptstadt gewandert. Das zivile Untersuchungsgericht, *Comité des Recherches* genannt, haben wir schon erwähnt. Man hat auch die Hydra der Zeitungen ermuntert und der Verleumdung Flügel wachsen lassen. Mirabeau, einer der Köpfe der Hydra, schrieb in seinem *Courrier de Provence*[185], daß sich die Leibwache an diesem Tag liederlich und wütend aufgeführt habe; daß sie versucht habe zu fliehen und sich zur Wut hinreißen ließ, was schließlich zu dem Massaker führte. Die Pariser Nationalgarde dagegen habe sich tadellos verhalten. Er könne sich nicht erklären, fügte er hinzu, warum es bei diesem kleinen Feldzug so wenig Unordnung und so wenige grausame Handlungen gegeben habe, und endete mit der Bemerkung, daß das Volk von Paris immer ein gutes Herz habe.

Wenn diese Annalen die Zeiten der Barbarei, die uns

bedrohen, überdauern, wenn sie sich je von den vielen neuen und immer wiederkehrenden Lügen, von denen es in Frankreich wimmelt, und die eine der Plagen der Revolution sind, abheben können, dann werden sich die Leser, die über die völlige Verlassenheit Ludwigs XVI. erschrecken, zweifelsohne fragen: »Sind das Franzosen, die so oft das Leben für ihre Könige hingegeben haben und die glaubten, ein Blick des Königs belohne sie für ihr Blutopfer?«

Das ist in der Tat eines der hervorstechendsten Merkmale der Revolution. Sie hat mit einem Mal entlarvt, was man schon lange vermutete, daß nämlich die Ehre, die Montesquieu zum Prinzip der Monarchie erheben wollte, in Frankreich nur noch eine alte Tradition war. Eine neue Auffassung hatte sich sogar in Versailles durchgesetzt, die lautete, daß die Schwächung des Königtums neue Wege zum Reichtum eröffne und das Gold unter dem Straßenpflaster hervorquelle, wenn nur erst der Thron umgestürzt worden wäre. Einst hatten Ehre, Fanatismus und die Anhänglichkeit an eine Partei eine Revolution entschieden; in unseren Tagen jedoch ist alles nur Habsucht und Berechnung. Da der Glaube an den König schon fast erloschen war, benötigte man Wunder, um ihn wiederzubeleben; dergleichen hat Ludwig XVI. nicht einmal versucht. Der von den Altären heruntergeholte Abgott ist heute schon nicht mehr als eine Statue ohne Sockel. Seine Priester und Diener hat man zerstreut oder verdorben; nie hat es ein Beispiel solcher Abtrünnigkeit und solcher Verlassenheit gegeben, außer früher in den Zeiten der Exkommunikationen. Ludwig XVI. hat man allerdings auch exkommuniziert, denn die Philosophie hat auch ihre Bullen und der *Palais-Royal* ist ihr Vatikan.

IN DEM MOMENT, als Ludwig XVI. das Domizil der Könige vielleicht für immer verließ, erklärte die Nationalversammlung, sie werde sich nie von seiner Person trennen. Sie brachte dem unglücklichen Fürsten die Anhänglichkeit eines Kerkermeisters für seinen Gefangenen entgegen. In solch schönen Farben hat die Versammlung das schreckliche Ereignis des 6. Oktober tatsächlich in einer Adresse an die Provinzen geschildert. »Dieser Tag«, so hieß es da, »ist ein Tag des Triumphes, und der Monarch ist unsere Eroberung.« Danach waren die Aufrührer eine siegreiche Armee, die im Auftrag der Versammlung handelte, welche ihrerseits der erhabenste Senat war, der einen verirrten König in das zärtliche Joch der Nation zurückbrachte und ihn vor den Wagen der allgemeinen Glückseligkeit spannte.

Diese Fiktion des Siegers, der noch zu lügen geruht, das Geschrei des von seinen Erfolgen trunkenen Pöbels und die Kränze, die man unseren Gesetzgebern zu flechten gedachte, vermochten die Herren Mounier, de Villequier[186], de Lally und eine ganze Reihe anderer Abgeordneter jedoch nicht zu beruhigen; sie reichten ihre Demission ein und verlangten Pässe, um sowohl den Lorbeeren der Hauptstadt als auch den Dolchen der Provinzen entfliehen zu können. Die Versammlung erschrak über dieser Desertion und beschloß, Pässe nur noch in dringenden Angelegenheiten auszustellen.

Zugleich beschloß sie, ihren Sitz am 15. Oktober nach Paris zu verlegen, sicher, eben da einen Thron zu finden, wo der König nur ein Gefängnis gefunden hatte.

Dieses Dekret wurde überall freudig aufgenommen, außer in Versailles, dessen Gemeinderäte sich tränenüberströmt der Versammlung zu Füßen warfen, um dieser ihr schmerzliches Bedauern über die Abreise des Königs auszudrücken. Die Elenden bekamen eine Antwort wie sie widerspenstige, aber notwendige Opfer zu bekommen pflegen, die unpassenderweise auf ihren eigenen Niedergang schauen, wo es doch darauf ankommt, sich den allgemeinen Wohlstand vor Augen zu führen und den Ruhm, dazu einen Beitrag geleistet zu haben. Sie zogen sich mit Trauer zurück, weil sie den König verjagt hatten, und schämten sich gleichzeitig, dies bedauert zu haben.

Ludwig XVI. wollte auch die Anteilnahme an seinem Unglück dämpfen; er schrieb an die Nationalversammlung, um sie von seiner Ankunft in der »bonne ville de Paris« zu unterrichten; auch teilte er mit, daß er sich nunmehr dort aufzuhalten gedenke, und äußerte seine Freude über das Dekret ihrer wechselseitigen Unzertrennlichkeit. Schließlich gab Seine Majestät so deutlich zu verstehen, daß er seinen Mördern aus freien Stücken nach Paris gefolgt sei und versicherte die Versammlung dessen so nachdrücklich, daß man sagen könnte, der König habe durch seine Glückwünsche den Triumph seiner Sieger geschmälert und ihrer Glückseligkeit einen Wehmutstropfen hinzugefügt.

Die Versammlung wollte ihm ihrerseits ein Zeichen ihrer

Anerkennung geben; sie begann eine große Debatte über die Titel, mit denen er künftighin geschmückt werden sollte. Obwohl er sich nicht mehr auf dem Thron und auch außerhalb der Verfassung befand, wurde beschlossen, ihn immer noch »König« zu nennen. Danach ging es darum, ob er noch »König von Frankreich und Navarra« heißen sollte. Nach langen Debatten beschloß man, er solle nicht mehr den Titel von Navarra tragen, ungeachtet der legitimen Ansprüche unserer Könige auf das spanische Navarra. Es blieb also nur noch die Entscheidung, ob er »König von Frankreich« oder »König der Franzosen« heißen solle. Darauf reduzierte sich die Frage, die keine war, denn zwischen diesen beiden Titeln ist der Unterschied augenscheinlich gleich Null. Was wäre ein König von Frankreich, der nicht auch König der Franzosen ist, oder ein König der Franzosen, der nicht auch König von Frankreich ist? Aber gerade an diesem Nichts, an dieser kindischen Unterscheidung wollte die Versammlung ihre Metaphysik auf die Probe stellen. Der offenkundige Grund für diese Debatte, den man jedoch nicht zuzugeben wagte, war der, daß auch der Titel Ludwigs XVI. irgendwie geändert werden mußte, nachdem seine Prärogative so sehr zu seinen Ungunsten verändert worden war. Die Versammlung hat ganz besonders viel Sinn für Neuerungen. Die Mirabeaus machten bei diesem Problem also einen erschöpfenden Gebrauch von allen Mitteln, die dem schlechten Geschmack und der Unehrlichkeit zur Verfügung stehen. Nach vielen Sitzungen und Debatten wurde schließlich beschlossen, daß Ludwig XVI., den man nach seiner Taufe im Blutbad in den *Palais des Tuileries* eingesperrt hatte wie einen Sultan in den alten Serail, ohne seine Freunde, ohne seine Untertanen, ohne Rachegefühle inmitten seiner Mörder, den Titel »König der Franzosen« tragen solle. Das empörte Europa nannte ihn den »König der Barbaren«.

Über eine Woche lang wurden Ihre Majestäten an den Fenstern des *Palais des Tuileries* ausgestellt, damit die lüsterne, lärmende Neugier des wahnsinnigen Pöbels sich befriedigen konnte, der sie immer wieder herbeirief, um sich an das Wunder ihrer Gegenwart zu gewöhnen. Die Versammlung nutzte diese acht Tage für die Erörterung einiger Anträge zum Verfahren in Strafprozessen und schaffte alle privilegierten Orte ab. Geblendet von den Erfolgen seiner glücklichen Kollegen, schlug ein Mitglied ihnen vor, sich mit einer Medaille zu schmücken, und dieses Projekt reizte sie mächtig in ihrer Eitelkeit. Aber der Geist des Scherbengerichts und der Demokratie war stärker, und so lehnten sie es ab, sich durch ein Zeichen zu unterscheiden.

Zu dieser Zeit beschloß die Versammlung die Freilassung all derer, die aufgrund von *Lettres de Chachet* im Gefängnis saßen, ohne zu beachten, daß diese Gefangenen vom Despotismus nur als von einer besonderen und widerrechtlichen Gnade der königlichen Allmacht betroffen waren, und daß sie vielleicht allesamt das Gefängnis nur verlassen sollten, um am Galgen aufgehängt zu werden. Denn lange schon sündigte die alte Regierung außer in Steuerfragen nur durch zuviel Nachsicht; die *Lettres de Chachet* waren kein Verstoß gegen die Menschlichkeit mehr, sondern einer gegen die Gerechtigkeit.

Währenddessen zog ein wegen seiner Folgen und seiner Wirkungen auf die Revolution wichtiger Antrag die Aufmerksamkeit der Öffentlichkeit auf sich: Ein Mitglied machte den Vorschlag, daß das Vermögen des Klerus der Nation gehöre. Die Versammlung und die Galerien klatschten wütend Beifall, im *Palais-Royal* gärte es, und diese ersten Unruhen hätten zweifelsohne zur umgehenden Auslöschung des Klerus geführt, wenn nicht ein unerwartetes Ereignis den Strom der öffentlichen Meinung gebremst oder abgelenkt hätte. Durch einen Brief von de Montmorin[187] wurde die Versammlung plötzlich davon unterrichtet, daß der König dem Herzog von Orléans den Auftrag erteilt hatte, nach England zu reisen, und daß der zur Abreise bereite Fürst nur noch darauf wartete, daß die Repräsentanten der Nation ihm einen Paß ausstellten.

So schlug der gefangene und aller Mittel bare König den Anführer einer gewaltigen Fraktion in die Flucht, einen reichen Fürsten und Herrscher über den Pöbel, kurzum den Mann, der ihm gerade die Krone und das Leben streitig gemacht hatte!

Editorische Notiz

Der vorliegende Text ist eine Übersetzung der insgesamt sechs »*Résumés historiques et raisonnés*«, die im *Journal politique et national* zwischen Juli 1789 und November 1790 erschienen und in denen Rivarol seine Schilderung der Ereignisse seit dem Zusammentritt der Generalständeversammlung bis zu den Ereignissen des 5. und 6. Oktober 1789 in Versailles gibt. Neben den Anmerkungen Rivarols, die das Verständnis seines Textes den heutigen Lesern eher erschwerten denn erleichtern, wurden auch einige unbedeutende Textpassagen ausgelassen, die allzu retardierende Elemente im Fluß seines Berichtes darstellten. Dies gilt auch für die einzige größere Auslassung, der ein verfassungstheoretischer Exkurs zum Opfer fiel, für dessen Trockenheit sich Rivarol schon bei seinen damaligen Lesern glaubte entschuldigen zu müssen. Da diese Entschuldigung aber den heutigen Leser noch weniger mit der von Rivarol selbst eingestandenen *sécheresse de la discussion* versöhnen könnte, hat sich der Herausgeber umso williger bereit gefunden, sie in diese Ausgabe nicht aufzunehmen. Diese Kürzung betrifft die Seiten 167 - 188 der Ausgabe jener sechs *Résumés*, die Berville 1824 in der Reihe *Collection des Mémoires relatifs à la Révolution française* unter dem Titel *Mémoires de Rivarol* vorlegte. Auf dieser Ausgabe, die wegen ihres Kommentars als die nach wie vor beste anzusehen ist, basiert auch die vorliegende Übersetzung. Der Text der *Résumés* in der Ausgabe von Berville ist im übrigen auch identisch mit jenem, der unter dem Titel *Journal politique et national* in der Edition *Œuvres complètes* von Rivarol enthalten ist, die 1808 in fünf Bänden erschienen sind und die 1968 als Reprint, der in den größeren deutschen Bibliotheken vorhanden sein dürfte, nachgedruckt wurden. Diese beiden genannten Ausgaben sind ihrerseits auch wieder textidentisch mit jener Edition der sechs *Résumés*, die von Rivarols jüngerem Bruder Claude-François 1797 unter dem Titel *Tableau historique et politique des travaux de l'Assemblée constituante, depuis l'ouverture des Etats-généraux jusqu'après la journée du 6 octobre 1789 par M. de Rivarol, l'ainé, de l'Académie de Berlin* herausgegeben wurde. Bei dieser Ausgabe handelt es sich um eine von Antoine de Rivarol vermutlich selbst überarbeitete Fassung seiner *Résumés*. Deshalb wurde die von uns benutzte Edition der *Résumés*, die Berville besorgte, mit dem Wortlaut des zweiten Nachdrucks des *Journal politique-national* verglichen, der 1790 unter dem Titel *Journal politique-national des États-Généraux et de la Révolution de 1789* erschien. Wo immer Rivarol aus erkennbar nicht allein stilistischen Gründen gegenüber diesem Text in der von ihm revidierten Ausgabe von 1797 abwich, wird dies im Kommentar aufgeführt.

Für eine ausführliche Erörterung der Textüberlieferung der *Résumés* wie auch des *Journal politique-national* sei im übrigen auf zwei Darstellungen verwiesen, die für eine eingehendere Beschäftigung mit Rivarols Werk unverzichtbar sind:

André le Breton, *Rivarol, sa vie, ses idées, son talent d'après des documents nouveaux*, Paris 1895 (Reprint: Genève 1970).

Karl-Eugen Gass, *Antoine de Rivarol (1753 - 1801) und der Ausgang der französischen Aufklärung*, Hagen 1938.

Kommentar

1 Der Ausbruch der Revolution von 1789 markierte den Aufschwung der politischen Presse in Frankreich. Die genaue Zahl
der Blätter, die allein in Paris erschienen, läßt sich nicht mit
letzter Bestimmtheit feststellen, zumal ihnen häufig nur eine
kurze Lebensdauer beschieden war oder sie nicht selten auch
ihren Titel änderten. Zwischen dem 5. Mai 1789 und dem Ende
dieses Jahres zählt man nicht weniger als 250 Zeitungen, die
allerdings im Oktav-Format gedruckt nur wenige Seiten um-
faßten und in aller Regel lediglich zwei bis dreimal pro Woche
erschienen.
Literatur: Soderhjelm, *Le régime de la presse pendant la Révolution française*, Helsingfors 1901 - 1902, 2 Bde.

2 Während des *Ancien Régime* fungierten die *Parlements*, von
denen es außer in Paris zwölf weitere in den Provinzen gab, als
oberste Gerichtshöfe, die in letzter Instanz Urteile fällten, aber
gleichzeitig auch die Aufgabe hatten, alle Gesetze, Edikte und
Verordnungen der Krone zu registrieren und zu beurkunden,
d. h. sie zum einen darauf zu überprüfen, daß sie nicht im
Widerspruch zu den jeweiligen besonderen Gewohnheitsrech-
ten und Privilegien standen, die in den einzelnen Provinzen
galten, wie zum anderen, sie in die Gesetzessammlungen förmlich aufzunehmen und sie damit in Geltung zu setzen.
Nach Ansehen und Bedeutung war der *Parlement de Paris* der
wichtigste dieser obersten Gerichtshöfe. Seit seiner endgültigen
Organisation im Jahre 1278 gliederte er sich in vier Kammern:
Die *Grand-Chambre* oder auch *Chambre des Plaids* befaßte sich
vor allem mit Verfahren, welche unmittelbar die Belange der
Krone berührten wie beispielsweise alle Verbrechen und Ver-
gehen gegen den König; auch waren in ihr die Prozesse gegen
hohe Beamte der Krone anhängig.
– die *Chambre des Enquêtes*, deren Aufgabe es insbesondere
war, alle Verfahren, mit denen die *Grand-Chambre* befaßt wurde, vorzubereiten und die mithin die größte Arbeitslast, die bei
einem Gericht anfällt, zu bewältigen hatte.
– die *Chambre des Requêtes*, die zum einen über die Zulässig-
keit von Revisionen und Gesuchen entschied und zum anderen
auch in erster Instanz in Prozessen urteilte, die gegen Personen
angestrengt worden waren, die zur unmittelbaren Umgebung
des Königs gehörten.
– Die *Tournelle criminelle*, die in letzter Instanz bei Kapital-
verbrechen urteilte.
Der *Parlement de Paris* hatte bei Ausbruch der Revolution 164

Richter, die über großen gesellschaftlichen Einfluß verfügten und die zumeist auch beträchtliche Vermögen hatten. Dank der Praxis der Ämtererblichkeit waren die meisten Chargen am *Parlement de Paris* seit Jahrhunderten im Besitz derselben Familien, die zur *Noblesse de Robe*, dem Amtsadel, gehörten. Diese große personelle Kontinuität und Homogenität bedingte einen stark ausgeprägten *Esprit de Corps*, der die *Parlements* immer wieder dazu anstiftete, sich in die Belange des Staats und der königlichen Politik einzumischen. Gelegenheit dazu bot sich ihnen jeweils dann, wenn der König ein Gesetz oder eine Verordnung zur Registrierung vorlegte. Seit dem 14. Jahrhundert bediente sich der *Parlement de Paris* außerdem der Praxis, mittels kritischer Einwände, der *Remontrances*, Einfluß insbesondere auf die Finanzpolitik der Krone zu nehmen. Im Zenith ihres Einflusses standen die *Parlements* während der Bürgerkriegswirren im späten 16. Jahrhundert sowie in der Zeit der *Fronde parlementaire* von 1648 bis 1653. Erst Ludwig XIV. gelang es dann, den Einfluß der *Parlements* empfindlich zu beschneiden und sie für über vierzig Jahre zum Schweigen zu bringen. Nach dem Tod des »Sonnenkönigs« eroberten sich die *Parlements* das während seiner Herrschaft verloren gegangene Terrain stückweise wieder zurück, und während des ganzen 18. Jahrhunderts standen sie in dauernder Opposition zur Krone. Ludwig XV. suchte wiederholt vor allem den *Parlement de Paris* dadurch zu disziplinieren, daß er dessen Mitglieder aus Paris verbannte. Maupeou, der dank der Du Barry 1768 zum *Chancelier de France* aufgestiegen war, entmachtete 1771 den *Parlement de Paris*, indem er dessen Funktionen auf sechs *Conseils supérieurs*, die den Weisungen der Krone unterstanden, übertrug, die Vererbbarkeit der Ämter wie deren Käuflichkeit abschaffte und eine kostenlose Justizpflege einführte. Unter Ludwig XVI., der in dem für ihn fatalen Irrtum befangen war, sich damit das Wohlwollen der Parlementsräte zu sichern, wurden alle diese Maßnahmen wieder rückgängig gemacht und der *Parlement de Paris* erhielt seine alten Aufgaben wieder in vollem Umfang zurückerstattet. Die Verfassungsgebende Versammlung suspendierte die *Parlements* am 3. November 1789 und schaffte sie am 24. März 1790 endgültig ab.

Literatur: Rousselet, *Histoire de la magistrature française*, Paris 1957; Maugis, *Histoire du Parlement de Paris de l'avènement des rois Valois à la mort de Henri IV*, Paris 1913; Viollet, *Histoire des institutions politiques et administratives de la France*, Paris 1890 - 1903, 3 Bde.; Marion, *Dictionnaire des institutions de la France au XVIIe et XVIIIe siècle*, Paris 1968; zur Praxis der Ämterkäuflichkeit: Mousnier, *La vénalité des offices sous Henri IV et Louis XIII*, Paris 1971.

3 Indem Rivarol den Begriff Nationalversammlung (*Assemblée Nationale*) für die Generalstände (*États Généraux*) benutzt, be-

dient er sich eines Terminus, der von den Vertretern des Dritten Standes erst am 17. Juni 1789 als offizielle Bezeichnung für die Versammlung bestimmt worden war; damit verlieh der *Tiers État* seinem Anspruch unmißverständlich Ausdruck, die gesamte Nation zu repräsentieren. Den letzten Anstoß dazu gab eine Rede Mirabeaus vom Vortage, in der dieser u.a. ausführte: »Wie immer Ihr Euch auch nennt, ob Ihr nun die anerkannten und als solche bestätigten Repräsentanten der Nation, die Vertreter von 25 Millionen Bürgern oder die von einer Mehrheit des Volkes Gewählten seid, Ihr müßt euch in jedem Falle nicht mehr als Generalstände, sondern als Nationalversammlung bezeichnen.« Honoré-Gabriel Riquetti Comte de Mirabeau, *Œuvres oratoires*, Paris 1819, Bd. I, S. 43.

Der Begriff *Assemblée Nationale* war aber zuvor schon vom Abgeordneten Legrand in die Debatte geworfen worden und fand hier vor allem auch die Unterstützung des Abbé Sieyès.

4 Étienne-Charles de Loménie de Brienne (1727 - 1794) wurde von Ludwig XVI. 1787 zum *Contrôleur Général des Finances* (Finanzminister) ernannt und löste damit Calonne in diesem Amt ab. Loménie de Brienne war schon während seiner Zeit als Erzbischof von Toulouse als ein entschiedener Gegner der Finanzpolitik Calonnes in Erscheinung getreten. Vor allem stellte er sich gegen dessen Steuerreformpläne, deren Ziel es war, eine größere Steuergerechtigkeit herzustellen. Namentlich war es Calonnes Absicht gewesen, die Steuerprivilegien von Klerus und Adel zu beseitigen und die Angehörigen beider Stände entsprechend ihres Vermögens zur Steuer zu veranlagen. Damit erregte Calonne den Unmut der in Versailles tagendenden Notabeln, denen er von der Krone geopfert wurde. Sein Nachfolger, Loménie de Brienne, wurde auf Betreiben der Königin Marie-Antoinette Finanzminister. In dieser Funktion gelang es ihm zwar durch einige neue Steuern, eine Reihe von Einsparungen sowie einer öffentlichen Anleihe von 67 Millionen *Livres* den drohenden Staatsbankrott aufzuschieben, das drängende Finanzproblem blieb aber gleichwohl ungelöst. Am 24. August 1788 trat Loménie de Brienne von seinem Amt zurück.

5 Jacques Necker (1732 - 1804), ein aus Genf gebürtiger Bankier, der von 1777 bis 1781 *Contrôleur Général des Finances* war. Er wurde entlassen, weil er es in seinem Jahresbericht für 1781 gewagt hatte, die Verschwendungen des Hofes zu kritisieren. Am 25. August 1788 wurde er von Ludwig XVI. erneut in dieses Amt berufen, in der Absicht, der Krone das Vertrauen der Öffentlichkeit zu sichern und damit den drohenden Staatsbankrott abzuwenden. Necker war es, der den König zur Einberufung der Generalstände in der Erwartung veranlaßte, daß es zwischen der Krone und den Vertretern der Nation zu einem beide Seiten befriedigenden Ausgleich käme. Als sich diese

Hoffnungen nicht erfüllten, wurde er am 11. Juli 1789 erneut entlassen, eine Entscheidung, die eine der Ursachen für den Sturm auf die Bastille war. Die Ereignisse des 14. Juli 1789 gaben ihrerseits den Ausschlag, Necker am 29. Juli wieder in das Amt des Finanzministers einzusetzen. Am 8. September 1790 quittierte er endgültig seinen Dienst für die französische Krone unter anderem deshalb, weil er sich einer Einführung der Assignaten (Papiergeld) widersetzte.

Literatur: Lavaquery, *Necker, fourrier de la Révolution*, Paris 1933; Chapuisat, *Necker*, Paris 1938.

Zur Finanzpolitik des *Ancien Régime*: Bailly, *Histoire financière de la France*, Paris 1830, 2 Bde.; Bouchard, *Le système financier de l'ancienne monarchie*, Paris 1891, 3 Bde.; Clamargeau, *Histoire de l'impôt en France*, Paris 1868, 3 Bde.; Vührer, *Histoire de la dette publique en France*, Paris 1886.

6 Zur wirtschaftlichen Situation Frankreichs unmittelbar vor Ausbruch der Revolution vgl. die berühmte Beschreibung von Young, *Voyages en France en 1787, 1788 et 1789*, Henri Sée (Hg), Paris 1931.

7 Ixion, eine Gestalt der griechischen Mythologie, die wegen einer Reihe von Verbrechen den Zorn des Zeus auf sich zog, der den Ixion dann zur Strafe mit Schlangen an ein Rad fesseln ließ, das unablässig durch den freien, unendlichen Luftraum rollt, ohne daß er es je anhalten könnte.

8 *Journal politique-national*, ed. 1790, Bd. I, Kap. i, S. 15: ». . . gegenüber den ausländischen Gläubigern, . . .«.

9 Die Generalstände (*États Généraux*) waren eine repräsentative Versammlung der drei Stände (*États, Ordres*) Klerus, Adel und Dritter Stand (*Tiers État*), die zusammen die französische Gesellschaft des Ancien Régime bildeten. Seit 1614 waren die *États Généraux* von der Krone nicht mehr einberufen worden, so daß, als Ludwig XVI. am 2. August 1788 deren Zusammentritt für den 1. Mai 1789 anordnete, große Unsicherheiten über Einzelheiten des Wahlmodus, der Deputiertenzahl etc. herrschten. Bereits am 27. Dezember 1788 gab Ludwig XVI. der Forderung des *Tiers État* nach und gestattete diesem Stand eine im Verhältnis zu den beiden privilegierten Ständen doppelte Zahl von Deputierten zu entsenden; gleichzeitig ließ er jedoch die Entscheidung darüber offen, ob während der Versammlung nach Ständen, wie es die überkommene Praxis vorsah, oder nach Köpfen abgestimmt werden sollte. Mit einer weiteren königlichen Verordnung vom 24. Januar 1789 wurde außerdem noch der Modus für die Wahl der Abgeordneten wie für die Erstellung und Redaktion der *Cahiers de Doléances*, der Beschwerdehefte, deren Inhalt das imperative Mandat der Abgeordneten darstellte, gemäß den traditionellen Verfahrensweisen festgelegt. Die Wahl der Deputierten und die gleichzeitig damit stattfindende Redak-

tion der einzelnen Beschwerdehefte erfolgte im ganzen Land in den Monaten März und April 1789. Während alle volljährigen und männlichen Angehörigen von Adel und Klerus das aktive wie passive Wahlrecht ausüben konnten, war dieses bei den Angehörigen des *Tiers État* lediglich auf diejenigen Bürger beschränkt, die in die Steuerrollen eingetragen waren. Bei den Wahlen und der Redaktion der Beschwerdehefte gab es wenigstens zwei, bisweilen sogar drei unterschiedliche Stufen; die Urwahlbezirke entsprachen dabei jeweils den kleinsten königlichen Verwaltungseinheiten, den *Bailliages* oder *Sénéchaussées*. Der Klerus entsandte 291 Deputierte, der Adel 285 und der *Tiers État* 578 Repräsentanten.

Literatur: *Recueil de pièces originales et authentiques concernant la tenue des États-Généraux*, Lalourcé fils und Duval (Hg), Paris 1789, 9 Bde.; Chassin, *Les Élections et les cahiers de Paris en 1789*, Paris 1888 - 1889, 4 Bde.

10 In der Pariser *Rue Vivienne* waren gegen Ende des *Ancien Régime* die Aktivitäten von Banken und Börse konzentriert.

Literatur: Antonetti, *Une Maison de banque à Paris au XVIIIe siècle. Greffulhe, Montz et Cie, 1789 - 1793*, Paris 1963.

11 Maximilien de Béthune, Baron de Rosny, Duc de Sully (1560 - 1641), der als Minister Heinrichs IV. die durch den Bürgerkrieg völlig zerrütteten Finanzen Frankreichs mit energischer Hand neu ordnete.

12 Jean-Baptiste Colbert (1619 - 1683), Minister Ludwigs XIV., der eine Steuerreform einleitete, die das Steueraufkommen der Krone dadurch erheblich verbesserte, daß er eine Reihe von Privilegien der Städte sowie bestimmter Personengruppen des *Tiers État* beseitigte. Warum ihn Rivarol hier in einen positiven Zusammenhang mit der Landwirtschaft bringt, ist nicht erfindlich, zumal Colbert immer wieder zum Vorwurf gemacht wurde, daß er im Gegensatz zu seinem Vorgänger Sully die Belange der Landwirtschaft zu Gunsten des Manufakturwesens, das er nach Kräften zu fördern suchte, sträflich vernachlässigt habe.

13 Der *Palais-Royal* ist ein unweit des Louvre gelegener Gebäudekomplex, der in den Jahren 1624 - 1639 von Kardinal Richelieu gebaut wurde. Nach dessen Tod fiel der *Palais-Royal* an die Krone. Gegen Ende des 18. Jahrhunderts ließ sein damaliger Besitzer, Philippe d'Orléans, den Palais-Royal erweitern und gab ihm im wesentlichen seine heutige Gestalt. Die Theater, Cafés, Spielhöllen und Luxuswarengeschäfte, die im neuen *Palais-Royal* untergebracht waren und die Philippe d'Orléans beträchtliche Mieteinkünfte bescherten, ließen diesen Ort, der bei Tag und bei Nacht geöffnet war, rasch zu einem Kristallisationspunkt hauptstädtischen Lasterlebens

werden. 1789 avancierte der *Palais-Royal* zu einem der wichtigsten Zentren revolutionärer Agitation, die sich hier umso ungestörter entfalten konnte, als sie nicht nur von dem Hausherrn wohlwollend geduldet, wenn nicht gar gefördert wurde, sondern auch weil der *Palais-Royal* eine Freistatt war, die außerhalb der königlichen Exekutivgewalt lag.

Literatur: Champier und Sandoz, *Le Palais-Royal d'aprés des documents inédits*, Paris 1900, 2 Bde.

14 Der Dritte Stand, der *Tiers Etat*, umfaßte mit Ausnahme der Adligen, der Angehörigen des Klerus sowie der Leibeigenen alle übrigen Mitglieder der französischen Gesellschaft. Wahlberechtigt und damit repräsentationsfähig waren innerhalb des *Tiers État* allerdings nur diejenigen, die steuerlich veranlagt waren. Die Angehörigen der *Noblesse de Robe*, des Amtsadels des *Ancien Régime*, die dem *Tiers Etat* zugehörten, bildeten eine soziale Konvergenzzone zwischen diesem und dem Adel.

15 Es war nicht Necker, wie Rivarol irrtümlich schreibt, sondern dessen Nachfolger im Amt des Finanzministers, Calonne, der Ludwig XVI. dazu veranlaßte, eine Versammlung von Notabeln nach Versailles einzuberufen, um mit diesen über die von ihm geplante Steuerreform zu beraten. Diese Notabelnversammlung, die 147 sämtlich vom König unter den hervorragendsten Vertretern der drei Stände ausgewählte Mitglieder hatte, trat am 22. Februar 1787 erstmals zusammen. (Die Notabelnversammlung setzte sich im einzelnen aus sieben Prinzen von Geblüt, 14 Erzbischöfen, 36 Angehörigen des Hochadels, 12 *Conseillers d'Etat*, 38 Gerichtspräsidenten und anderen Richtern der *Parlements*, 12 Vertretern aus den *Pays d'Etat*, das heißt jener Provinzen, die Versammlungen der Provinzialstände hatten, wie zum Beispiel Bourgogne, Bretagne, Béarn und Provence sowie 25 städtischen Beamten zusammen; der *Tiers Etat* war auf dieser Notabelnversammlung bestenfalls mit sechs oder sieben Repräsentanten vertreten, die zu den städtischen Beamten zählten.)

Die Einberufung dieser Notabelnversammlung war einer der schweren Fehler, die von der Krone begangen wurden; denn nicht genug damit, daß die Erwartungen Calonnes und Ludwigs XVI. enttäuscht wurden, die fest auf die Fügsamkeit der Notabeln gerechnet und von ihnen eine Billigung der Steuerreformpläne erwartet hatten, brachten sie damit auch die öffentliche Meinung zum Moussieren, von deren Dynamik dann die Einberufung der *Etats Généraux* erzwungen wurde.

Literatur: Egret, *La pré-révolution française (1787 - 1788)*, Paris 1962.

16 Mit den »staatsklugen Philosophen« meint Rivarol vor allem

Emmanuel-Joseph Sieyès (1748 - 1836), den Robespierre einmal treffend als »den Maulwurf der Revolution« charakterisierte. Zu jäher Berühmtheit und großem Einfluß gelangte der Abbé Sieyès durch die Publikationen zweier Broschüren, den *Essai sur les privilèges* und vor allem durch die Abhandlung *Qu'est-ce que le tiers état?*, die im Januar 1789 erschienen. Von Paris wurde er als Vertreter des Dritten Standes auf die Generalstände entsandt, wo er in den Sitzungen des 17. und des 23. Juni 1789 eine wichtige Rolle spielte, ehe ihn größere rednerische Talente in den Hintergrund drängten.

Literatur: Bastid, *Sieyès et sa pensée*, Paris 1939.

17 Mit den finanziellen Privilegien ist die Steuerfreiheit des Adels und des Klerus gemeint. Seine Rechtfertigung hatte dieses Privileg zumindestens im Falle des Adels darin, daß es dessen Angehörigen bei Strafe, ihres Adelsprädikats verlustig zu gehen, untersagt war, einem Broterwerb nachzugehen.

18 *Bailliages* oder *Sénéchaussées* waren die untersten königlichen Verwaltungseinheiten, in die das Frankreich des *Ancien Régime* eingeteilt war. Ihre Zahl belief sich im Jahre 1789 auf 373. Als solche fungierten sie auch als die Urwahlbezirke bei den Wahlen für die Generalstände. Nur 198 von ihnen entsandten jedoch direkt Deputierte zu den Generalständen; alle übrigen waren derart klein, daß sie lediglich Wahlmänner stellten, die dann in der Wahlversammlung der ihnen jeweils übergeordneten *Bailliage* oder *Sénéchaussée* bei der Kandidatenbestimmung mitwirkten.

Literatur: Dupont-Ferrier, *Les officiers royaux des Bailliages et Sénéchaussées et les institutions monarchiques en France à la fin du Moyen Age*, Paris 1902.

19 *Journal politique-national*, ed. 1790, Bd. I, Kap. ii, S. 24: »Die Öffentlichkeit ist erstaunt, daß so zahlreiche und lange dauernde Sitzungen so wenige greifbare Ergebnisse zeitigen. Der Grund dafür ist, daß man sich in Frankreich noch nicht an die langsame und bedächtige Gangart einer gesetzgebenden Körperschaft gewöhnt hat. Die brillanten und raschen Entscheidungen der exekutiven Gewalt haben uns verdorben«.

20 Pentheus, König von Theben, der sich gegen eine Einführung der Orgien des Bacchus in seinem Staat zur Wehr setzte und der deshalb von seiner eigenen Mutter und den Mänaden in Stücke gerissen wurde.

21 Vgl. Anmerkung 3.

22 Der öffentlich und gemeinschaftlich geleistete Schwur hatte während der gesamten Revolutionsepoche eine sehr große Bedeutung, insofern mit ihm die Treuegarantie für ein gegebenes Wort feierlich bekräftigt wurde. Die berühmteste dieser Schwurleistungen ist der *Serment du Jeu de Paume*, der Ballhausschwur, den die hier versammelten Abgeordneten am

20. Juni 1789 leisteten und dessen Inhalt lautete: »Wir schwören, uns niemals zu trennen . . . und uns überall zu versammeln, wann immer dies notwendig sein sollte, bis daß die Verfassung des Königreichs verabschiedet ist und auf sicheren Fundamenten ruht.«

23 Die Thronsitzung war ursprünglich für den 22. Juni angesetzt, wurde dann aber auf den 23. Juni verschoben, um die für das Publikum bestimmten Tribünen zu entfernen, da man von dessen Seite Demonstrationen befürchtete.

24 Die Beschwerdehefte (*Cahiers de Doléances*) wurden seit den Generalständen von 1484 stets für diese Ständeversammlungen ausgearbeitet; sie enthielten die Beschwerden und Reformforderungen der Bevölkerung und lieferten so der Krone ein ungefähres Stimmungsbarometer, an dem sich die Befindlichkeit der drei Stände ablesen ließ. Für die einzelnen Deputierten hatten diese Forderungs- und Beschwerdekataloge, die jeweils in den *Bailliages* zusammengestellt wurden, die Bedeutung von imperativen Mandaten. Die wichtigsten und von den Wählern des Dritten Standes am häufigsten erhobenen Forderungen für die Generalstände von 1789 zielten auf eine Abschaffung der feudalen Rechte und Abgaben, auf Steuergleichheit, auf eine Vereinfachung der Justizpflege sowie auf eine genauere Definition der Rechte der Untertanen gegenüber der Krongewalt, auf die Garantie einer gewissen individuellen Freiheit und den Schutz vor Willkür.

25 Die *Taille* war eine direkte Steuer, die 1493 eingeführt wurde und deren Höhe jedes Jahr von der Krone in Anpassung an ihre Ausgaben neu fixiert wurde. Die auf diese Weise errechnete Steuersumme wurde dann auf die einzelnen *Généralités*, die Steueroberbezirke, in die das Land eingeteilt war, umgelegt, die ihrerseits die Steuerlast auf die nächst unteren Steuerbezirke umverteilten und so fort, bis schließlich an der Basis dieser Pyramide jedes Dorf seinen Steuerbescheid hatte, der wiederum auf die einzelnen Steuerzahler umgelegt wurde. In weiten Teilen Frankreichs war die *Taille* eine Kopfsteuer, während sie in bestimmten Gegenden nur als *Taille réelle* auf alle Liegenschaften eingefordert wurde, die nicht Feudal- oder Kirchenbesitz waren und die als solche Steuerfreiheit genossen.

26 Mit *Franc-Fief* wurde im 18. Jahrhundert eine Steuer bezeichnet, welche Angehörige des Dritten Standes, die ein Lehen besaßen, alle zwanzig Jahre an die Krone bezahlen mußten.

27 Als *Lettres de Cachet* bezeichnete man im 18. Jahrhundert Schreiben, mit denen auf administrativem Wege, das heißt ohne ordentliches Gerichtsverfahren geschweige denn Beweisaufnahme die Exilierung, Internierung oder Inhaftierung einer Person auf Antrag einer anderen Person verfügt werden konnte. Die durch *Lettres de Cachet* Inhaftierten teilten sich in drei

Kategorien: a.) Die Staatsverbrecher, die wenig zahlreich waren; b.) die große Gruppe jener, die wegen irgendwelcher, zumeist familiärer Zwistigkeiten oder Erbschaftsstreitigkeiten inhaftiert wurden; c.) gewöhnliche Gesetzesbrecher, denen man aus welchen Gründen auch immer keinen Prozeß machen wollte wie beispielsweise dem Marquis de Sade. Da es verhältnismäßig einfach war, zumal wenn man von Rang und Ansehen war, einen solchen *Lettre de Cachet* gegen jemanden zu erwirken, war damit jeglicher Willkür Tür und Tor geöffnet. Ein Beispiel dafür, das seinerzeit einigen Skandal machte, schildert Voltaire in seinem *Dictionnaire philosophique* unter dem Stichwort *Arrêts Notables*.

28 Das Frankreich des *Ancien Régime* war in drei Zollzonen unterteilt: die Provinzen der *Cinq Grosses Fermes* (Normandie, Poitou, Maine, Orléanais, Picardie, Aunis, Thouars, Perche, Champagne, Berry, Nivernais, Bougogne, Bourbonnais, Beaujolais, Touraine, Bresse, Anjou und Ile-de-France), in denen ein Zolleinheitstarif galt, der 1664 als einer der Früchte der Finanzreformen Colberts eingeführt wurde; die zweite Zollzone bildeten die *Provinces Réputées Etrangères* (Bretagne, Angoumois, Marche, Limousin, Saintonge, Guyenne, Gascogne, Navarre, Béarn, Roussillon, Languedoc, Auvergne, Rouergue, Forez, Vivarais, Provence, Dauphiné, Lyonnais, Franche-Comté, Hainaut, Flandre, Cambrésis und Artois), die sich geweigert hatten, sich dem von Colbert inaugurierten Zollsystem anzuschließen und von denen jede ihr eigenes Zollsystem behielt; die dritte Zollzone schließlich betraf nur die *Provinces Dites Etranger Effectif* (Lorraine und Alsace), die auch nach ihrer Angliederung an Frankreich ihre wirtschaftliche Eigenständigkeit behielten und deren Handelsbeziehungen mit dem Ausland völlig frei waren. Dieses komplizierte Binnenzollwesen hatte zur Folge, daß der Handelsaustausch innerhalb Frankreichs durch zahlreiche Zollschranken mehr ver- als behindert wurde und es deshalb unter Umständen schwieriger war, eine Ware im eigenen Land zu verkaufen als sie ins Ausland zu exportieren. Welche fatalen Auswirkungen diese vorsintflutliche Praxis auf die Wirtschaft Frankreichs zu Zeiten des *Ancien Régime* hatte, kann man sich unschwer ausmalen. Mit ihrem Gesetz vom 5. November 1790 beseitigte die Verfassungsgebende Versammlung diesen Unfug, indem sie alle Binnenzölle aufhob und diese durch einen einheitlichen Zolltarif ersetzte, der ab dem 1. Dezember 1790 an den Landesgrenzen erhoben wurde.

29 Die Salzsteuer (*Gabelle*) war eine seit 1383 bestehende königliche Monopolsteuer; die Steuerpflichtigen waren gehalten, alljährlich ein bestimmtes Quantum Salz für jeden Kirchensprengel zu erwerben, den sogenannten *Sel du Devoir*, der etwa

neun Pfund pro Jahr und Person betrug. Gegen Ende des *Ancien Régime* erlösten die Generalsteuerpächter rund 38 Millionen *Livres* pro Jahr aus der *Gabelle*, von denen sie aber lediglich sieben Millionen an die Krone abführten, wie Calonne 1787 klagte. Die *Gabelle* wurde 1790 abgeschafft.

30 Die Provinzialstände (*États Provinciaux*) waren Versammlungen von Repräsentanten der drei Stände in bestimmten Provinzen, die jeweils dann zusammentraten, wenn es galt, neuen Steuern zuzustimmen, und die auch sonst eine gewisse Mitsprache bei der Verwaltung der *Pays d'Etat*, wie die Provinzen genannt wurden, die derartige Ständeversammlungen aufwiesen, besaßen. In den meisten der einstigen *Pays d'Etat* waren aber unbeschadet der Proteste ihrer *Parlements* diese *Etats Provinciaux* verschwunden; regelmäßig kamen sie vor 1789 nur noch in den folgenden Provinzen zusammen: Flandre, Cambrésis, Artois, Bretagne, Bourgogne, Dauphiné, Provence, Languedoc; außerdem fanden derartige Ständeversammlungen noch in einer Reihe kleinerer Territorien wie der Comté de Foix, Nébouzan, Quatre-Vallées, Bigorre, Béarn, Soule, Basse Navarre und Marsan statt. Alle diese provinzialen Ständeversammlungen wurden von der *Assemblée Nationale* bereits im August 1789 abgeschafft.

31 Als *Lit de Justice* wurden im 17. und 18. Jahrhundert jene Sitzungen insbesondere des *Parlement de Paris* bezeichnet, zu denen der König mit großem Gepränge und in Begleitung der Prinzen von Geblüt wie der Spitzen des Adels erschien, um die widerstrebenden Räte des *Parlements* dazu zu zwingen, die von ihnen abgelehnten königlichen Edikte, Gesetze und sonstigen Anordnungen zu registrieren.

32 Honoré-Gabriel Riquetti Comte de Mirabeau (1749 - 1791) war bis zum Ausbruch der Revolution vor allem ein bekannter Name in der *Chronique Scandaleuse* von Paris; wegen seines ausschweifenden Lebenswandels machte Mirabeau mehrfach Bekanntschaft mit den Gefängnissen des *Ancien Régime*. Frucht dieser Erfahrungen war sein 1782 erschienenes Buch *Des lettres de cachet et des prisons d'état*. Skandal aber machte vor allem ein anderes Buch aus seiner Feder, die *Histoire secrète de la cour de Berlin*, das 1789 erschien und in dem Mirabeau die Zustände am Berliner Hof und die letzten Lebenstage Friedrichs II. schildert, wie dieser in feuchte und schmierige Lumpen gehüllt, aber trotz Pelzdecken und Eiderdaunen ständig frierend, Tag und Nacht in einem großen Lehnstuhl sitzt und bis zuletzt alle Regierungsgeschäfte selbst erledigt.

Bei den Wahlen zu den Generalständen wurde er sowohl vom Adel wie dem Dritten Stand der *Sénéchaussées* von Aix und Marseille zum Deputierten gewählt; dank seines ausgeprägten politischen Instinkts und seiner großen rhetorischen Begabung avancierte er rasch zu einer der führenden Gestalten innerhalb der Versammlung. In ganz Frankreich berühmt machte ihn seine Antwort, die er dem Abgesandten des Königs, dem Marquis de Dreux-Brézé, dem Zeremonienmeister Ludwigs XVI. gab, als dieser der Nationalversammlung am 19. Juni 1789 den Bescheid überbrachte, daß sie den Saal der *Menus-Plaisirs*, in dem die Nationalversammlung bislang getagt hatte, sofort zu räumen hätte: »Die *Communes de France* haben sich zur Beratung versammelt. Wir haben die Absichten vernommen, die man dem König eingeflüstert hat. Und Sie, der Sie nicht in Anspruch nehmen können, sein ihn vertretendes Organ bei der Nationalversammlung zu sein, Sie, der Sie hier weder Platz noch Stimme noch Rederecht besitzen, haben keinerlei Berechtigung, uns die Ausführungen des Königs in Erinnerung zu rufen. Verschwinden Sie also und lassen Sie Ihren Herrn und Meister wissen, daß wir hier sind Kraft der Gewalt des Volkes, und daß man uns von hier auf keine andere Weise wird vertreiben können als mit der Gewalt der Bajonette.« (Mirabeau, *Œuvres oratoires*, Bd. I, S. 46).

Mirabeau, der zunächst die treibende Kraft hinter allen großen Reformen der Verfassungsgebenden Versammlung war und der gleichsam als deren Sprecher fungierte, verkörperte wie kein anderer die Ideen und Ziele der Revolution von 1789. Bald schon erkannte er jedoch die Notwendigkeit, allzu überstürzte Reformen, die das Gleichgewicht des Landes erschütterten und die seine Einheit, ja seinen Bestand gefährdeten, unter allen Umständen zu vermeiden. Deshalb setzte er sich im Mai 1790 dafür ein, die konstitutionelle Monarchie durch eine starke Exekutive sowie durch die verfassungsmäßige Verankerung eines aufschiebenden Vetos, das der König ausüben sollte, zu stärken. Dieses entschiedene Eintreten für die Belange der konstitutionellen Monarchie brachte ihn jedoch in Verdacht, vom Hof bestochen worden zu sein, ein Verdacht, der insofern nur zu gerechtfertigt war, als Mirabeau tatsächlich für seine Ratschläge, die er Ludwig XVI. ab dem Sommer 1790 zukommen ließ, bezahlt wurde, was Mirabeau im übrigen auch nie geleugnet hat. Allein, jene Ratschläge, die er ein, zweimal pro Woche zumeist hastig zu Papier brachte, wurden vom Hof so gut wie nie befolgt; denn zu sehr war seine Person von der Revolution umwittert, als daß man seinen Überlegungen hätte Vertrauen schenken können. Andererseits aber machte die Bestechung Mirabeaus durch den Hof zu diesem Zeitpunkt (Sommer 1790) keinen rechten Sinn mehr, denn längst hatte er in der Nationalversammlung jeglichen Einfluß eingebüßt. Sein Tod am 2. Apri 1791 machte diesem sinnlosen Treiben ein Ende.

Literatur: Die beste unter den zahlreichen Biographien, die

Mirabeau gewidmet sind, ist nach wie vor: Stern, *Das Leben Mirabeaus*, Berlin 1889, 5 Bde.

33 Vgl. Mirabeau, *Œuvres oratoires*, Bd. I, S. 47.

34 John Law of Lauriston (1671 - 1729), ein schottischer Finanzmagnat, der 1716 in der Pariser *Rue Quincampoix* die *Banque Générale* gründete, deren Kapitalausstattung auf einem hochspekulativen Kreditsystem basierte: Das Grundkapital von sechs Millionen *Livres* wurde in 12 000 Aktien zu je 500 *Livres* gestückelt, für die Law den märchenhaften Zins von 25% pro 1000 *Livres* versprach. Nach und nach gliederte Law seiner Bank die Staatsunternehmungen der *Compagnie du Mississipi*, die *Compagnie du Sénégal* sowie die *Compagnie des Indes* an. Derart im Besitz der wichtigsten Einnahmen des Staates wollte er seinen Plan verwirklichen, den damals allgemein gebräuchlichen Goldstandard, der als Wertdeckung der Währung fungierte, durch die Einführung eines demonetarisierten Papiergelds zu ersetzen, dessen Wertdeckung in den Staatseinnahmen bestehen sollte. Auf diese Weise versprach Law, der unterdessen zum Finanzminister bestellt worden war, die verfügbaren Staatseinnahmen zu vervielfachen. Nach anfänglichen großen Erfolgen - die Rentenbesitzer von Paris schwelgten in einem wahren Spekulationsfieber - brach sein System jäh zusammen, mit der Folge, daß eine Kreditfinanzierung in großem Maßstab in Frankreich für lange Zeit keine Chance hatte. Literatur: Faure, *La banqueroute de Law*, Paris 1977.

35 Rivarol bezieht sich damit wohl auf die Maxime: »*Point de monarque, point de noblesse; point de noblesse, point de monarque.*« (Ohne König kein Adel; ohne Adel kein König.) Charles de Secondat Baron de la Brède et de Montesquieu, »*De l'Esprit des lois*«, in: *Œuvres complètes*, Roger Caillois (Hg), Paris 1951, Bd. II, 2. Buch, Kap. IV, S. 247.

36 Rivarol spielt damit auf die Erstürmung des *Abbaye*-Gefängnisses am Abend des 30. Juni 1789 durch eine aus dem *Palais-Royal* herbeigeeilte Menschenmenge an, die dabei elf Angehörige der *Gardes Françaises* befreite, die hier in Haft genommen worden waren, weil sie sich am 23. Juni in Versailles geweigert hatten, gegen die Menge, die das Sitzungsgebäude der Nationalversammlung umlagerte, vorzugehen.

37 Die *Gardes Françaises* waren ein Eliteregiment, das seit 1563 bestand. 1789 umfaßte dieses Regiment, das in Paris stationiert war, 3600 Mann, die in sechs Kompanien gegliedert waren, von denen fünf am 14. Juli 1789 zu den Aufständischen übergingen und sich am Sturm auf die Bastille beteiligten. Diese Meuterei seiner Elitetruppen war der Anfang vom Ende des *Ancien Régime*. Das Regiment der *Gardes Françaises*, dessen Mannschaften zum großen Teil Aufnahme in der Pariser Nationalgarde fanden, wurden am 1. September 1789 aufgelöst.

38 Antoine-Eléonore-Léon Leclerc de Juigné (1728 - 1811), seit 1781 Erzbischof von Paris, der als Deputierter des Klerus der Kapitale auf den Generalständen sich zunächst sehr heftig gegen eine Vereinigung seines Standes mit dem *Tiers État* aussprach, weswegen er seine frühere große Popularität einbüßte. Nach dem 4. August 1789 emigrierte er und kehrte erst 1802 wieder nach Frankreich zurück.

39 Victor-François Duc de Broglie (1718 - 1804) wurde am 11. Juli 1789 zum Oberbefehlshaber der bei Paris zusammengezogenen Truppen ernannt und am 12. Juli zum Kriegsminister berufen. Bereits drei Tage später demissionierte er von beiden Posten und ging ins Exil.

40 Mirabeau, *Œuvres oratoires*, Bd. I, S. 64 - 73.

41 Vgl. für diese aufschlußreiche Debatte: Mirabeau, *Œuvres oratoires*, Bd. I., S. 60 - 64.

42 Louis-Philippe-Joseph d'Orléans, genannt Philippe Égalité (1747 - 1793), war eine der schillerndsten Gestalten des *Ancien Régime*. Als direkter Nachkomme von *Monsieur*, dem Bruder Ludwig XIV., erhielt er nach dem Tod seines Vaters 1785 den Titel eines *Duc d'Orléans*. Obwohl er einer der reichsten Männer Frankreichs war, zwangen ihn seine hohen Schulden dazu, den *Palais-Royal*, der ihm gehörte, zu einer Vergnügungsstätte umzubauen. Es wird behauptet, daß Ludwig XVI., der diese Spekulation wenig schätzte, dem Duc d'Orléans gegenüber bemerkt haben soll: »Jetzt, da Sie ein Ladenbesitzer geworden sind, sieht man Sie nur noch am Sonntag.«
Seit Ende 1778, als seine militärische Karriere vermutlich auf Betreiben der Königin Marie-Antoinette ein jähes Ende nahm, scharte er all jene um sich, die mit dem Hof unzufrieden waren und begann außerdem, sich als Oppositioneller aufzuführen. Als er 1787 öffentlich erklärte, daß allein die Generalstände das Recht hätten, neue Steuern zu bewilligen, wurde er für diese Äußerung nach Villers-Cotterets verbannt. Im Jahr darauf, als man ihn zur Notabelnversammlung von Versailles hinzuzog, machte er sich vor allem dadurch bemerkbar, daß er gegen alle Reformvorschläge des Ministeriums opponierte. Dieses ganze Betragen verschaffte ihm vor allem in Paris eine große Popularität, wo man ihn allgemein als das Haupt der »Reformpartei« erachtete. Sobald die Einberufung der Generalstände feststand, suchte er die Abfassung der Beschwerdehefte durch *Instructions pour les personnes chargées de ma procuration aux assemblées des bailliages relatives aux Etats Généraux*, die vermutlich aus der Feder des in seinem Solde stehenden Choderlos de Laclos, des Verfassers der *Liaisons dangereuses* stammten, zu beeinflußen. Das war der harte Kern jenes stets gegen ihn gehegten Verdachts, den auch Rivarol teilte, daß der Duc d'Orléans die treibende Kraft gewesen sei, die sowohl hinter dem

Sturm auf die Bastille wie auch hinter dem Zug der Pariser nach Versailles am 5. und 6. Oktober 1789 gestanden habe. Als Deputierter auf den Generalständen verfolgte er ohne jeden Zweifel die Absicht, Ludwig XVI. als König von Frankreich abzulösen. Als sich diese Hoffnungen endgültig zerschlagen hatten, suchte er sich mit der republikanischen Revolution zu arrangieren: Am 15. September 1792 verfügte auf seinen Antrag hin der *Conseil Général* der revolutionären *Commune de Paris*, daß Louis-Philippe-Joseph und alle seine Nachkommen künftig den Familiennamen Egalité tragen sollten. Nicht zuletzt dank dieses geschickten Schachzugs wurde er von den Parisern in den Konvent gewählt, in dem er für den Tod seines Vetters Ludwig XVI. votierte. Aber auch dieser letzte Beweis seiner Demagogie bewahrte ihn nicht davor, daß er seinerseits den Revolutionären verdächtig wurde, die ihn im Herbst 1793 auf die Guillotine schickten.

Literatur: Tournois, *Histoire de Philippe d'Orléans et du parti d'Orléans dans ses rapports avec la Révolution française*, Paris 1840; Gazeau de Vautibault, *Les d'Orléans au tribunal de l'histoire*, Paris 1888, Bde. III - VII; Castelot, *Le Prince rouge*, Paris 1950.

43 Jean-Sylvian Bailly (1736 - 1793), Astronom, Mitglied der *Académie Française*. Als Abgeordneter des Dritten Standes von Paris auf den Generalständen wurde er am 17. Juni 1789 zum Präsidenten der Nationalversammlung gewählt, ein Amt, das er bis zum 2. Juli ausübte. Nach der Ermordung des *Prévôt des Marchands* de Flesselles wurde er am 15. Juli zum Bürgermeister von Paris gewählt, eine Funktion, in der er sich bald sowohl die Royalisten wie die Revolutionäre zu Feinden machte. Nach seinem Rücktritt als Pariser Bürgermeister im Sommer 1791 lebte er zunächst in Nantes und dann in Melun, wo er im September 1793 verhaftet wurde. Nach einem großen Schauprozeß wurde er am 12. November 1793 auf dem Marsfeld guillotiniert.

Literatur: Brucker, *Jean-Sylvain Bailly, Revolutionary Mayor of Paris*, Chicago, Ill. 1950.

44 Jean-Georges Lefranc de Pompignan (1715 - 1790) wirkte seit 1774 als Erzbischof von Vienne. Als Deputierter des Klerus der Dauphiné auf den Generalständen war er einer der ersten unter seinen Standesgenossen, die sich dem *Tiers Etat* anschlossen. Das gab den Ausschlag dafür, daß ihn eine Mehrheit der Versammlung zu ihrem Präsidenten wählte. Am 4. August 1789 berief ihn Ludwig XVI. als Minister in seine Regierung.

45 Der Heilige Januarius ist der Schutzpatron Neapels. Gemeinsam mit seinen Diakonen starb er 305 den Märtyrertod. 1497 veranlaßte König Ferdinand, daß seine Gebeine nach Neapel gebracht wurden, und jedesmal, wenn die Stadt in Gefahr war,

trug man seither seine Reliquien in einer feierlichen Prozession durch die Straßen. Die größte Verehrung genießen noch heute bei den Gläubigen zwei Ampullen, die angeblich Blut des Heiligen enthalten, das sich alljährlich am 19. September, dem Fest des Heiligen Januarius, verflüssigt.

46 Die Liga war ein Zusammenschluß der katholischen Kräfte gegen die bewaffnete Bewegung der calvinistischen Reformation, deren Anfänge in das Jahr 1563 zurückreichen. Heinrich III. wurde von dem Dominikaner Jacques Clement, einem fanatischen Parteigänger der Liga, am 1. August 1589 ermordet.

47 Pierre-Joseph-Victor Baron de Besenval (1721 - 1794) war einer der Günstlinge Marie-Antoinettes. Anfang Juli 1789 wurde ihm in Vertretung des Marschalls von Broglie das Kommando der um Paris zusammengezogenen Truppen übertragen. Seine Zurückhaltung am 14. Juli, die Rivarol so heftig kritisierte, rührte ohne Zweifel daher, daß Besenval die Sache des Hofs bereits verloren gab und deshalb eine sinnlose Menschenschlächterei vermeiden wollte. Wegen dieses Verhaltens wurde er seines Kommandos enthoben, vor Gericht gestellt, aber schließlich freigesprochen. Danach lebte er in Paris in einem Versteck und starb am 21. Juni 1794 eines natürlichen Todes.
Literatur: Schmid, *Der Baron von Besenval*, Zürich 1913.

48 Die *Gardes Suisses* waren eine Söldnertruppe, die 1573 von Charles IX. geschaffen wurde. Ebenso wie die *Gardes Françaises* waren sie eine Eliteeinheit des *Ancien Régime*, blieben aber im Unterschied zu diesen der Krone gegenüber loyal, eine Treue, die sie damit bezahlten, daß sie am 10. August 1792 ausnahmslos von der Menge niedergemacht wurden, welche die Tulieren stürmte.
Literatur: Fiefée, *Histoire des troupes étrangères au service de la France, depuis leur origine jusqu'à nos jours*, Paris 1854, 2 Bde.

49 Bernard-René-Jourdan Marquis de Launay (1710 - 1789), Sohn eines Gouverneurs der Bastille, dessen Amt er 1776 übernahm. De Launay war das erste prominente Opfer der Revolution; man enthauptete ihn und trug seinen Kopf auf eine Lanze gespießt im Triumphzug durch Paris; eine Praxis, die schon bald ein barbarisches Merkmal revolutionärer Gesittung im Umgang mit ihren Opfern werden sollte.

50 *Journal politique-national*, ed. 1790, Bd. I, Kap. vii, S. 73: »Das Volk, durch seinen Widerstand wie durch den Tod einiger Bürger, die während der Erstürmung gefallen waren, irritiert, schleppte . . .«.

51 Zum 14. Juli und zur Einnahme der Bastille, die Michelet als »wider alle Vernunft« und als »eine Tat des Glaubens« cha-

rakterisierte (Jules Michelet, *Histoire de la Révolution française*, Gérard Walter (Hg), Paris 1952, Bd. I, S. 145; vgl.: Godechot, *La Prise de la Bastille*, 14 juillet 1789, Paris 1965).

52 Das Ludwigskreuz war eine im April 1693 von Ludwig XIV. gestiftete militärische Auszeichnung, die zunächst nur an Offiziere verliehen wurde und die mit einer Leibrente verbunden war. Erst Ludwig XVI. gestattete von dieser strikten Regel Ausnahmen, indem er diesen sehr begehrten Orden an einige Unteroffiziere der *Gardes Françaises* verlieh. Die Auszeichnung wurde am 15. Oktober 1793 vom Konvent abgeschafft.

53 *Journal politique-national*, ed. 1790, Bd. I, Kap. vii, S. 74: »Ich nehme davon auch nicht die Religion aus«.

54 Jacques de Flesselles (1721 - 1789) war zunächst als königlicher Intendant in Moulins, später in Rennes und Lyon tätig. Am 21. April 1789 übernahm er das Amt eines *Prévôt des Marchands* von Paris (Vorsteher der Kaufmannschaft und damit eine Art Bürgermeister). Am 27. Mai 1789 konfrontierten ihn die Wahlmänner der drei Stände von Paris mit ihrer Forderung, im *Hôtel de Ville* zu tagen und außerdem bei der Verwaltung der Stadt mitzubestimmen. Diesem Ansinnen verweigerte sich de Flesselles zunächst und wurde darin auch von Necker unterstützt. Als am 25. Juni diese Forderung erneut erhoben wurde, mußte ihr de Flesselles unter dem Druck der Öffentlichkeit insoweit nachgeben, als er nun zugestand, daß zwölf dieser Wahlmänner zu der bislang von den Stadtverordneten, den *Échevins*, gebildeten Versammlung, in deren Händen die Verwaltung der Stadt lag, zugelassen wurden. Diese neue *Assemblée Générale* tagte zum ersten Mal am 13. Juli und wählte de Flesselles zu ihrem Präsidenten. Unter dem Druck der Menge, die das Rathaus belagerte, versprach de Flesselles am Nachmittag dieses Tages die Bewaffnung der Bürgergarde mit zwölftausend Gewehren, die von der Manufaktur in Charleville geliefert werden sollten, tatsächlich aber nie eintrafen. Daraufhin wurde de Flesselles des Verrats bezichtigt und von der Menge umgebracht.

55 Anspielung auf die Sage des Kampfes zwischen Kadmos und dem Drachen, der dem Kadmos im Gefilde von Theben entgegentrat und den dieser erschlug. Aus den Drachenzähnen, die Kadmos aussäte, wuchsen die Sparten hervor, die übereinander herfielen und sich gegenseitig töteten.

56 Ephoren hießen in Sparta jene gewählten Würdenträger, deren Aufgabe es vor allem war, ein Gegengewicht zur Macht des Königs wie des Senats zu bilden.

57 Seit 1784 war das Stadtgebiet von Paris mit einer Mauer, der *Mur d'Octroi*, umgeben, mit deren Hilfe der Warenschmuggel

unterbunden werden sollte. 54 Zollhäuser kontrollierten die Zugänge zur Stadt. In der Nacht vom 12. auf den 13. Juli 1789 wurden 40 dieser Zollstationen von einer aufgebrachten Menge gebrandschatzt.

Literatur: Clerq, *»L'incendie des barrières de Paris en juillet 1789 et le procès des incendiaires«*, in: *Bulletin de la Société de l'Histoire de Paris et de l'Ile-de-France*, 1981, S. 117 - 149.

58 Trophime-Gérard Comte de Lally-Tollendal (1751 - 1830), Deputierter des Pariser Adels auf den Generalständen. Er unterstützte zunächst die Politik Neckers, war dann Mitglied des Verfassungsausschußes und machte sich für das königliche Vetorecht stark. Nach den Ereignissen des 5. und 6. Oktober 1789 reichte er seinen Rücktritt ein und emigrierte zunächst in die Schweiz, ehe er sich nach London begab.

59 Charles-Philippe Comte d'Artois (1757 - 1836), der jüngste Bruder Ludwigs XVI., war ein enragierter Anhänger der absoluten Monarchie. In der Nacht vom 16. Juli 1789 ging er ins Exil und kehrte erst nach der Restauration der Bourbonen-Monarchie 1815 wieder nach Frankreich zurück. Nach dem Tod seines Bruders Ludwig XVIII. bestieg er am 16. Dezember 1824 den französischen Thron, von dem er durch die Julirevolution von 1830 vertrieben wurde. Danach ging er erneut ins Exil, zunächst nach England, dann im Oktober 1832 nach Prag und schließlich zu Beginn des Jahres 1836 nach Görz im Friaul, wo er im nämlichen Jahr einer Choleraepidemie zum Opfer fiel.

Literatur: Dubreton, *Le Comte d'Artois, Charles X*, Paris 1927.

60 Marie-Joseph-Paul-Yves-Roch-Gilbert Motier Marquis de Lafayette (oder La Fayette) (1757 - 1834), der »Held zweier Welten« weilte von 1777 bis 1785 in Nordamerika, wo er sich im Unabhängigkeitskrieg der Union gegen die englische Krone auszeichnete. Ganz erfüllt von den neuen Ideen, mit denen er sich in dieser Zeit vertraut gemacht hatte, verband er sich zunächst mit Necker, wurde Mitglied der Notabelnversammlung und ließ in dieser Eigenschaft nichts unversucht, um die Reformprojekte Calonnes zu sabotieren. Vom Adel der *Sénéchaussée* von Riom als Abgeordneter für die Generalstände gewählt, trat er sofort und mit Entschiedenheit für ein Zusammengehen mit dem *Tiers Etat* ein, wie er überhaupt alle wichtigen Maßnahmen der bürgerlichen Revolution von 1789 lebhaft unterstützte. Am 15. Juli 1789 wurde er zum Oberkommandierenden der Pariser Nationalgarde gewählt, ein Amt, das er bis zum Oktober 1791 innehatte. In dem Maße, wie sich die Revolution radikalisierte und die Monarchie von ihr in Frage gestellt wurde, trat Lafayette zu ihr in einen immer deutlicheren Gegensatz, der ihn schließlich dazu veranlaßte,

nach dem 10. August 1792 ins Exil zu gehen und seine Dienste den Feinden der Revolution anzubieten.

Literatur: Gottschalk, *La Fayette*, Paris 1935 - 1969, 5 Bde.

61 Vgl. La Fontaine, *Fables*, Buch IV, Fabel xi.

62 Der *Long Parliament* wurden von Charles I. im November 1640 einberufen; seine Sitzungsperiode dauerte zwanzig Jahre, ohne daß jedoch die durch Todesfälle und andere Ursachen in seinen Reihen entstehenden Lücken durch Nachwahlen aufgefüllt worden wären. Politisch war die Arbeit des *Long Parliament* ganz von der Absicht beherrscht, die Macht des Königs zu begrenzen. Im englischen Bürgerkrieg, der zwischen Krone und Parlament in den Jahren 1642 - 1648 ausgefochten wurde, siegte dank Cromwells Armee das Parlament. Nach dem endgültigen Sieg Cromwells über die mit Charles I. verbündeten Schotten bei Preston machte das Parlament dem König den Prozeß, der mit der Hinrichtung Charles I. und der Abschaffung der Monarchie endete. Erst General Monk, der Nachfolger von Cromwells Sohn Richard, der wegen Unfähigkeit zum Abdanken gezwungen wurde, stellte 1680 die Monarchie in England wieder her.

Die historische Parallele, die Rivarol hier andeutet, ist in ihrer Genauigkeit frappierend; denn auch die französische Nationalversammlung wird nach der Verurteilung und Hinrichtung von Ludwig XVI. die Republik proklamieren, die ihrerseits nach kurzer Bestandsdauer in eine Art von Militärdiktatur einmündet und von einem General, Napoléon Bonaparte, wiederum in eine Monarchie umgewandelt wird.

63 *Journal politique-national*, ed. 1790, Bd. I. Kap. ix, S. 89: ». . . er hat sich aber auch dadurch schuldig gemacht, daß er den Souverän spaltete, weil er die exekutive Gewalt gegen die Legislative ausspielte . . .«.

64 *Journal politique-national*, ed. 1790, Bd. I. Kap. ix, S. 90: »Indem man durch den König eine Erklärung der Rechte abgeben ließ und man gleichzeitig die Generalstände dazu zwingen wollte, ihr zuzustimmen, hat man die Dinge auf den Kopf gestellt; denn diese Erklärung war Sache der Generalstände, während es die Aufgabe des Königs gewesen wäre, ihr stattzugeben. Umgekehrt hat sich die Nationalversammlung der exekutiven Gewalt an dem Tag bemächtigt, an dem der König die Legislative für sich beanspruchte, mit der Folge, daß die königliche Autorität, die von der Armee im Stich gelassen worden war, in der öffentlichen Meinung nichts mehr galt und, auch von der übergroßen Mehrheit der Bevölkerung brüskiert, wie ein Glas zerbrach.«

65 *Journal politique-national*, ed. 1790, Bd. I, Kap. ix, S. 91 - 92: »Warum ihn nicht empfangen, so wie er selbst nahte: friedlich gesinnt und ohne Waffen?«

66 Joseph-François Foullon (oder Foulon) (1715 - 1789), ein fähiger, aber wegen seiner Härte wenig geschätzter Administrator. Er begann seine Karriere als *Intendant Général de la Guerre*, wurde *Intendant Général de la Marine* und schließlich *Intendant des Finances*. 1789 avancierte er zum *Conseiller d'Etat*, eine Funktion, die ihm großen Einfluß bei Hofe verschaffte; was sein Verderben beschleunigte, war der Umstand, daß er den neuen Ideen mit offener Feindschaft begegnete und sich vor allem in der Umgebung des Duc d'Orléans verhaßt machte. Am 12. Juli 1789 wurde er in Nachfolge Neckers zum *Contrôleur des finances* (Finanzminister) ernannt, während die Einwohner von Paris glaubten, er sei zum Generalintendanten der um Paris zusammengezogenen Truppen bestellt worden, deren Aufgabe es sei, die Stadt und die Nationalversamlung zu vernichten. Dieses falsche Gerücht war, wie er wohl ahnte, sein Todesurteil, denn am 21. Juli verließ er die Kapitale, um nach Viry-Châtillon zu flüchten, wo er aber von einer Volksmenge erkannt und nach Paris zurückgebracht wurde. Am Vormittag des 22. Juli traf er von seinen Häschern umringt am *Hôtel de Ville* ein, wo er in Gegenwart von Bailly und La Fayette gelyncht wurde.

67 Louis-Benigne-François de Bertier (oder Berthier) de Sauvigny (1737 - 1789), Sohn und Amtsnachfolger eines *Intendant de Paris*. Seine heftige Feindschaft gegen Necker war so bekannt, daß dieser ihn seines Postens enthob, den er aber nach Neckers Entlassung wieder einnahm. Zu seinen Aufgaben als *Intendant de Paris* gehörte es, die stets prekäre Versorgung der Hauptstadt mit Nahrungsmitteln zu gewährleisten, was ihm auch in durchaus zufriedenstellender Weise gelang. Dennoch wurde ihm seitens der Revolutionäre unterstellt, daß es seine wahre Absicht sei, die Kapitale auszuhungern. Am 18. Juli wurde er in Compiègne von einer empörten Menge gefangen genommen und nach Paris geschafft, wo man ihn ebenfalls vor dem *Hôtel de Ville* umbrachte.

68 *Journal politique-national*, ed. 1790, Bd. I, Kap. ix, S. 96: »Frankreich ist nichts anderes als eine riesige Räuberhöhle, die für die Fremden wie die Einheimischen gleichermaßen abschreckend ist.«

69 Anspielung auf jene weitverbreiteten Forderungen, die von den Schriften des Abbé Mably angeregt worden waren, in denen gleicher Grundbesitz für alle gefordert wurde. Literatur: Mably, *Œuvres*, Paris 1794 - 1795, 15 Bde.; Lichtenberger, *Le Socialisme au XVIIIe siècle*, Paris 1895.

70 *Journal politique-national*, ed. 1790, Bd. I., Kap. x, S. 100: »Ihr müßt, wenn ihr diese Forderungen befriedigen wollt, ganz Frankreich wie ein riesiges Schachbrett in gleich große Parzellen aufteilen.«

71 Die *Chambres ardentes* waren Sondergerichte, vor denen im *Ancien Régime* besondere Verbrechen wie Häresie oder Giftmorde verhandelt wurden.

72 Gemonien (*Gemoniae scalae* oder häufiger nur *Gemoniae*) waren eine Treppe im antiken Rom, auf der die hingerichteten Verbrecher eine zeitlang der öffentlichen Beschimpfung preisgegeben wurden, ehe sie von den Henkersknechten zum Tiber geschleift wurden, dem man ihre Kadaver überantwortete.

73 Vauguyon - nicht identifiziert.

74 Jean-Frédéric Philippeaux Comte de Maurepas (1701 - 1781), Minister Ludwigs XV., der 1749 in Ungnade fiel, weil er als Autor eines gegen Madame Pompadour gerichteten Epigramms entlarvt wurde. Ludwig XVI. ernannte ihn wieder zum Minister ohne Geschäftsbereich. In dieser Eigenschaft trug Maurepas die Verantwortung dafür, daß 1774 die *Parlements* erneut eingerichtet wurden.

75 *Journal politique-national*, ed. 1790, Bd. I, Kap. xi, S. 115: »Wenn aber wahr ist, daß die Vergangenheit der Spiegel des Künftigen ist, dann läßt sich leicht ausmalen, daß die erstbeste französische Armee, die einen erfolgreichen Feldzug hinter sich hat, das Schicksal dieses riesigen Landes entscheiden und ihm wieder eine monarchische Staatsform geben wird, ungeachtet aller Generalstände«. (Vgl. auch Anmerkung 62).

76 *Journal politique-national*, ed. 1790, Bd. I, Kap. xi, S. 115: »Die Folge davon ist jedoch, daß wir eine Revolution haben, aber immer noch keine Verfassung.«

77 *Journal politique-national*, ed. 1790, Bd. I, Kap. xii, S. 121: »Eine Broschüre wie *l'Orateur aux états généraux*, die nichts anderes darstellt als eine nichtswürdige Paraphrase einiger Sätze aus dem *Contrat social*, fand eine ganz unglaubliche Verbreitung unter den kleinen Leuten, die niemals zuvor auch nur eine Silbe aus dem *Contrat social* zur Kenntnis genommen hatten.«

78 Mit der »Affäre von Brest« spielt Rivarol auf eine antirevolutionäre Verschwörung an, welche die bretonische Hafenstadt Brest an England ausliefern wollte, das damit einen Brückenkopf gegen die Revolution auf dem Festland erhalten hätte. Diese Verschwörung scheiterte jedoch daran, daß England keinerlei Interesse daran hatte, gegen die Revolution vorzugehen, zumal ihm an einer weiteren Schwächung des Rivalen Frankreich nur zu gelegen war, weshalb die englische Regierung auch den französischen Hof von den Absichten der Verschwörer unterrichtete.

79 *Journal politique-national*, ed. 1790, Bd. I, Kap. xii, S. 123: ». . . andere haben sich gefragt, warum die Nationalversamlung dem Volk Waffen gegeben hat, die die kluge Voraussicht einiger Befehlshaber ihm zuvor hat abnehmen lassen . . .«

80 Außer in Straßburg kam es im Sommer 1789 auch in den Garnisonen von Rennes, Saint-Malo und Caen zu Meutereien.

81 *Journal politique-national*, ed. 1790, Bd. I, Kap. xii, S. 123 - 124:»Es handelt sich in diesem Moment um eine Verfassung für das Französische Volk. Der Entwurf für diese Verfassung findet sich fast vollständig in den Beschwerdeheften niedergelegt, und diese Hefte sagen alle mit einer Stimme, daß die Regierung monarchisch ist, daß der König allein die gesamte exekutive Gewalt besitzt und daß es an ihm ist, alle Entscheidungen der Legislative zu billigen. Als sich jedoch ein Mitglied der Nationalversammlung erhob und die Grundlagen unserer Verfassung darlegte, wahrte die Versammlung ein düsteres Schweigen. Und als er mit lauter Stimme fragte, ob Frankreich nicht eine monarchische Regierung habe, wußte man ihm nichts zu antworten.
Aber dieses erschreckende Schweigen wird unter den obwaltenden Umständen nicht die Herzen der guten Franzosen zu Eis werden lassen. Alle sagen es nämlich, ja schreien es laut und einstimmig heraus, daß sie einen König haben und daß sie ihn auch weiterhin haben wollen. Der monarchische Geist hat in Frankreich tiefe Wurzeln geschlagen; er ist in die Substanz dieses großen Reiches eingedrungen. Der Hauch der Anarchie und die Wolken, die aus der Nationalversammlung aufstiegen, haben zwar für Augenblicke vermocht, den Thron zu verdunkeln. Aber diese kurzzeitige Finsternis wird verschwinden; der Sturm wird lediglich die Fanatiker im Volk und die Sklaven des Hofs vertreiben, und der Thron wird dann unter einem reinen Himmel aufs neue erstrahlen, gestützt auf die öffentliche Freiheit und gehüllt in seinen ruhigen Glanz.«

82 Intendanten waren im 16. Jahrhundert zunächst königliche Kommissare, die fallweise und mit großen Handlungsvollmachten ausgestattet in die Provinzen entsandt wurden, um hier Anordnungen der Krone durchzusetzen oder um in Streitfällen Entscheidungen zu treffen. Richelieu machte von diesen Intendanten dann besonders regen Gebrauch, um die Zentralisation Frankreichs zu beschleunigen. Unter Colbert wurden die Intendanten zu permanenten Organen der königlichen Verwaltung, die jeweils an der Spitze einer *Généralité*, eines Steuerbezirks standen.
Literatur: Schmitt, *Die Diktatur*, München und Leipzig 1928 (2. Aufl.), S. 97 - 102; Marion, *Dictionnaire des Institutions de la France au XVIIe et XVIIIe siècle*, Paris 1968, S. 293 - 299.

83 Tocqueville kommentierte diese Praxis treffend mit den folgenden Worten: »Ce n'est pas qu'en France on ne pût être fait noble en achetant certaines charges ou par un effet de la volonté

du prince; mais l'ennoblissement qui faisait sortir un homme des rangs du tiers état, ne l'introduisait pas, à vrai dire, dans ceux de la noblesse. Le gentilhomme de nouvelle date s'arrêtait en quelque sorte sur la limite des deux ordres; au-dessus de l'un, plus bas que l'autre. Il apercevait de loin la terre promise où ses fils seuls pouvaient entrer. La naissance était donc en réalité, la seule source où se puisât la noblesse; on naissait noble, on ne le devenait pas.« Alexis de Tocqueville, »L'Ancien Régime et la Révolution«, in: Œuvres complètes, J.-P. Mayer (Hg), Paris 1953, Bd. II, 1, S. 37.

84 Einem Adligen war es unter Androhung des Verlusts seiner Standesprivilegien und Vorrechte verboten, einem Broterwerb nachzugehen. Vgl. Marion, Dictionnaire des Institutions . . ., S. 395 - 397.

85 Ganz ähnlich beschrieb dies auch Tocqueville: »Dans un pays où il n'est pas impossible que le pauvre arrive à gouverner l'Etat, il est plus facile d'écarter toujours les pauvres du gouvernement, que dans ceux où l'espérance du pouvoir ne lui est pas offerte; l'idée de cette grandeur imaginaire, où il peut être appelé un jour, se place sans cesse entre lui et le spectacle de ses misères réelles. C'est un jeu de hasard où l'énormité du gain possible attache son âme en dépit des probabilités de la perte. Il aime l'aristocratie comme la loterie.« Tocqueville, L'Ancien Régime, Bd. II, 1, S. 46.

86 Vgl. Mirabeau, Œuvres oratoires, Bd. I, S. 43.

87 Der Saalbau des Jeu de Paume war eine Holzkonstruktion.

88 Rivarol paraphrasiert hier einen berühmten Satz von Montesquieu, der bei dessen Zeitgenossen bereits große Beachtung fand: »Dans l'état de nature les hommes naissent bien dans l'égalité; mais ils n'y sauroient rester. La société la leur fait perdre, et ils ne redeviennent égaux que par les lois.« Montesquieu, De l'Esprit des lois, (Buch VIII, Kap. iii), Bd. II, S. 352.

89 Étienne de Silhouette (1709 - 1767), Contrôleur Général des Finances (Finanzminister), arbeitete einen Plan zur Sanierung des Steuerwesens aus, der jedoch nie zur Ausführung gelangte.

90 Mythischer Ahnherr des phrygischen Königshauses, der die Gabe besessen haben soll, daß sich alles, was er berührte, in Gold verwandelte.

91 Rivarol bekennt sich hier als Anhänger der Physiokraten, welche die Erde als einzige Quelle allen Reichtums erachteten. Literatur: Quesnay, La Physiocratie, Paris 1768.

92 Anspielung auf die Sage, die sich um den Lacus Curtius rankt, wie eine tiefe Erdspalte auf dem Forum Romanum hieß, von der eine Weissagung kündete, sie werde sich erst schließen, wenn Rom das Gut, das seine größte Stärke ausmache, zum

Opfer bringe. Ein Sproß aus edlem Geschlecht, M. Curti-us,habe sich daraufhin in der Erkenntnis, daß Waffen und Heldenmut dieses höchste Gut seien, selbst geopfert, indem er sich hoch zu Roß und in voller Rüstung in den Abgrund stürzte, woraufhin sich die Erde geschlossen habe.

93 *Journal politique-national*, ed. 1790, Bd. I, S. 176: »Dergestalt wird der Willen eines Untertan Gesetzeskraft haben.«

94 Der *Journal de Paris et Poste du Soir* war die erste Zeitung in Frankreich, die täglich erschien. Im Jahre 1777 gegründet, existierte sie bis 1811.

95 Jean-Joseph Mounier (1758 - 1806), Vertreter des *Tiers État* der Dauphiné auf den Generalständen, wo er sich mit seinem im Frühjahr 1789 publizierten Buch *Nouvelles Observations sur les Etats Généraux* von Anfang an großes Ansehen ver-schaffte. Aus seiner Feder stammten auch die ersten drei Artikel der Menschrechtserklärung. Mounier war Anhänger einer konstitutionellen Monarchie und auch Befürworter ei-ner Verfassung, die dem König ein absolutes Veto einräumte. Von der Schwäche des Monarchen enttäuscht, dem er den Rat gegeben hatte, gegen die Menge, die am 5. Oktober 1789 das Schloß von Versailles belagerte, mit Waffengewalt vorzuge-hen, stellte er am 8. Oktober sein Mandat zur Verfügung und begab sich ins Exil, aus dem er erst 1801 wieder nach Frank-reich zurückkehrte.
Literatur: Lanzac de Laborie, *Un royaliste libéral en 1789: Jean-Joseph Mounier, sa vie politique et ses écrits*, Paris 1893.

96 Daß die Revolution die von der absoluten Monarchie bereits begonnene politische Zentralisation Frankreichs vollendet habe, ist auch eine der Hauptthesen, die Tocqueville in seinem Werk *L'Ancien Régime et la Revolution* ausführt.

97 Die *Pairie* war der Verband der großen Lehensträger, der *Pairs*, deren Zahl 1789 lediglich 43 Personen umfaßte. Vgl. Marion, *Dictionnaire des Institutions*, S. 413 - 415.

98 Die Elysäischen Felder (*Champs-Elysées*) waren bei Vergil und anderen antiken Schriftstellern der Aufenthaltsort der tugendhaften Seelen in der Unterwelt.

99 Anspielung darauf, daß die *Parlements* mit ihrem Widerstand gegen die Reformvorhaben der Krone die Heraufkunft der Revolution beschleunigten, der sie dann mit als erste zum Opfer fielen.

100 Nicolas Bergasse (1750 - 1832), Deputierter des *Tiers État* der *Sénéchaussée* von Lyon auf den Generalständen, an deren Sitzungen er nach der Übersiedelung der Nationalversamm-lung von Versailles nach Paris im Oktober 1789 nicht mehr teilnahm. Als Parteigänger des monarchistischen Flügels der Versammlung veröffentlichte er danach zahlreiche Flugschrif-

ten und Broschüren, in denen er sich kritisch mit der Verfassung von 1791 auseinandersetzte, die er als eine »*grande absurdité*« qualifizierte. Seit Oktober 1790 wirkte er als einer der geheimen Berater Ludwigs XVI. Nach dessen Hinrichtung wurde er verhaftet. Dem sicheren Tod auf dem Schafott entging er nur dadurch, daß man ihn während der Schekkenszeit im Gefängnis von Tarbes einfach vergaß.

Literatur: Gaillard, *Autres temps: Nicolas Bergasse, député de Lyon à l'Assemblée constituante*, Paris 1893, (Lamy), *Un Défenseur des principes traditionnels sous la Révolution: Nicolas Bergasse*, Paris 1910.

101 Pierre-Victor Malouet (1740 - 1814), Vertreter des *Tiers État* der *Sénéchaussée* von Riom auf den Generalständen und eines der Häupter des monarchistischen Flügels. Nach dem 10. August 1792 emigrierte er nach England und kehrte erst nach dem Staatsstreich Napoléons am 18. *Brumaire* (9. November 1799) nach Frankreich zurück.

Literatur: Malouet, *Mémoires*, Paris 1874 (2. Auflage).

102 Rivarol meint hier die Form der direkten Demokratie, wie sie von der politischen Theorie seiner Zeit am Beispiel der Schweiz exemplifiziert wurde.

103 *Journal politique-national*, ed. 1790, Bd. I, S. 199: »Sie täuschen das Volk über diese Welt ganz so, wie die Priester es über die andere Welt täuschen.«

104 Rivarol wendet sich hier vor allem gegen den von Rousseau entwickelten Gleichheitsbegriff. Der von Montesquieu stammende Gedanke, daß die im Zuge der Vergesellschaftung der Menschen verlorene Gleichheit durch eine Verfassung oder die Gesetze wiederhergestellt werden könne, wurde vor allem von Rousseau weiter entwickelt und systematisiert, indem dieser eine klare Unterscheidung zwischen der »*égalité - inégalité physique*« und der »*égalité morale ou politique*« einführte; die »*inégalité physique*« ließ Rousseau dabei außer Betracht, da diese kein sinnvoller Gegenstand einer sozialpolitischen Fragestellung sein konnte. Dagegen wurde durch Rousseau die »*égalité morale ou politique*« zur zentralen sozialpolitischen Fragestellung, der es darum zu tun war, die durch die historischen Prozesse der Vergesellschaftung bewirkte »*inégalité funeste*« zu beseitigen.

Vgl. Rousseau, »Discours sur l'origine et les fondements de l'inégalité parmi les hommes«, in: *Œuvres complètes*, B. Gagnebin und M. Raymond (Hg), Paris 1964, Bd. III, S. 131 - 194.

105 Die Partiotismuskritik war im späten 18. Jahrhundet einer der Topoi der Aufklärungsphilosophie. Vgl. Zimmermann, *Vom Nationalstolze*, Zürich 1768 (4. Auflage).

106 *Journal politique-national*, ed. 1790, Bd. II, S. 12: »Die bei-

den Dekrete bezüglich der Abschaffung der Stände und die Verantwortlichkeit der Minister betreffend waren so gut wie nicht zu tadeln.«

107 Vgl. Mirabeau, *Œuvres oratoires*, Bd. I, S. 91.

108 Vgl. dazu insgesamt die Aufstellung bei Tocqueville über die »Droits féodaux existant encore à l'époque de la Révolution d'après les feudistes du temps«, in: *L'Ancien Régime et la Révolution, Œuvres complètes*, Bd. II, 1, S. 312 - 319.

109 Isaac-René-Guy Le Chapelier (1754 - 1794), Deputierter des *Tiers Etat* der *Sénéchaussée* von Rennes auf den Generalständen. Le Chapelier war Gründer des *Club Breton*, aus dem der Jacobiner-Club hervorging. Während der Sitzung der Nationalversammlung am 4. August 1789 war er deren Präsident und überbrachte in dieser Eigenschaft die in jener Nachtsitzung gefaßten Beschlüsse dem König. Der Nachwelt bekannt ist sein Name aber vor allem durch das Gesetz vom 14. Juni 1791, die *Loi Chapelier*, das alle Koalitionen und Zusammenschlüsse zwischen Bürgern, die demselben Beruf nachgingen, verbot. Nach der gescheiterten Flucht Ludwigs XVI. machte sich Le Chapelier dadurch verdächtig, daß er von den Jacobinern zum gemäßigten *Club des Feuillants* überwechselte. Diesen politischen Kurswechsel bezahlte er mit dem Tod auf dem Schafott.

110 Jérôme Pétion (1756 - 1794), Deputierter des Tiers État der *Bailliage* von Chartres und einer der Wortführer des extrem linken Flügels in der Konstituante wie auch einer der frühen Gefolgsleute Robespierres. Am 15. Juni 1791 wurde Pétion zum Nachfolger von Bailly in das Amt eines Bürgermeisters von Paris gewählt. Sein Zerwürfnis mit Robespierre im Sommer 1793 zwang ihn zur Flucht, auf der er sich in Bordeaux das Leben nahm, um nicht seinen Häschern in die Hände zu fallen.

111 François-Nicolas-Léonard Buzot (1760 - 1794), Deputierter des *Tiers Etat* von Evreux auf den Generalständen, wo er zur äußersten Linken gehörte. Als ein Fluchtgefährte Pétions teilte er dessen Schicksal und beging gemeinsam mit diesem Selbstmord.
Literatur: Hérissay, *Un Girondin: François Buzot, député de l'Eure á l'Assemblée constituante et á la Convention*, Paris 1907.

112 Antoine Barnave (1761 - 1793), Deputierter des *Tiers Etat* der Dauphiné auf den Generalständen und einer der glänzendsten Redner der Versammlung. Gemeinsam mit den Brüdern Lameth und de Duport bildete er die Opposition gegen Mirabeau. Im Oktober 1790 wurde er zum Präsidenten der Nationalversammlung gewählt. Nach dem Tod Mirabeaus mäßigte er seine politischen Ansichten, verteidigte die Mon-

archie, die er mit den Postulaten von Freiheit und Gleichheit in Einklang zu bringen suchte. Diese Mäßigung verschaffte ihm eine Fülle von Feinden auf der Linken, die ihn verdächtigten, sich an den Hof »verkauft« zu haben. Ein Beweis für diesen Verdacht war ein Dokument, das nach dem Sturm auf die Tuilerien am 10. August 1792 in einem Sekretär des Königs gefunden wurde und das den Titel hatte: »*Projet du Comité des ministres concerté avec Messieurs Alexandre Lameth et Barnave*«. Am 15. August 1792 wurde Barnave verhaftet, aber erst am 28. November 1793 vor Gericht gestellt und zum Tode verurteilt.

Literatur: Bradby, *The Life of Barnave*, Oxford 1915, 2 Bde.; Chevalier, Barnave, Paris 1936.15.

113 Alexandre de Lameth (1760 - 1829), Teilnehmer am amerikanischen Unabhängigkeitskrieg und Deputierter der Noblesse von Peronne auf den Generalständen. Zunächst ein entschiedener Gegner des *Ancien Régime*, vollzog Alexandre de Lameth eine Kehrtwendung, als er sah, welchen Lauf die Dinge nahmen. Nach dem 10. August 1792 floh er gemeinsam mit Lafayette und geriet in die Hände der Österreicher, die ihn für drei Jahre gefangen setzten. Nach dem Staatsstreich Napoleons am 18. *Brumaire* (9. November 1799) kehrte er wieder nach Frankreich zurück.

114 Jean-François de Menou (1756 - 1810), Deputierter der *Noblesse* der *Bailliage* von Tours auf den Generalständen und einer der Repräsentanten des gemäßigten Flügels.

115 *Journal politique-national*, ed. 1790, Bd. II, S. 16:
Hier werden außerdem noch die Namen Robespierre und Goupil genannt. Zu vermuten ist, daß Rivarol den Namen Robespierre in der von ihm überarbeiteten Fassung der *Resumés* des Journal aus Gründen einer *Damnatio memoriae* löschte. Demgegenüber ist die Tilgung von Goupil wohl darauf zurückzuführen, daß dieser innerhalb der Nationalversammlung ein schwankendes Rohr war, das einmal dem Hof, ein anderes Mal den Radikalen zuneigte.

116 Louis-Marie d'Ayen, Vicomte de Noailles (1756 - 1804), ein Schwager La Fayettes, an dessen Seite er im amerikanischen Unabhängigkeitskrieg focht. 1789 wurde er von der *Noblesse* der *Bailliage* von Nemours als Deputierter zu den Generalständen entsandt, wo er zunächst auf der Rechten angesiedelt war, ehe er unter dem Druck der weiteren Entwicklung immer weiter nach links abdriftete.

117 Jacques-Guillaume Thouret (1746 - 1794), Advokat in Rouen, wurde 1787 zum *Procureur-Syndic* der *Assemblée Provinciale* der *Généralité* von Rouen ernannt. In dieser Eigenschaft verfaßte er 1788 eine Denkschrift, in der er für eine Verfassung, für die Abstimmung nach Köpfen, eine Reform des Steuer-

wesens und für den gleichberechtigten Zugang aller zu öffentlichen Ämtern eintrat. Als Vertreter des *Tiers Etat* von Rouen auf den Generalständen wurde er dreimal zum Präsidenten der Versammlung gewählt, in deren Verfassungsausschuß er eine bedeutende Rolle spielte. Mit dem Ende der Konstituante wurde er am 20. April 1791 zum Richter an die *Cour de Cassation* berufen. Als Parteigänger Dantons verdächtigt, endete er auf dem Schafott.

Literatur: Lebègne, *La Vie et l'œuvre d'un constituant: Thouret*, Paris 1910.

118 François-Xavier-Marc-Antoine Duc de Montesquiou-Fezensac (1757 - 1832), Deputierter des Klerus von Paris auf den Generalständen, gehörte zu jenen Repräsentanten seines Standes, die sich erst auf Weisung Ludwigs XVI. mit dem Dritten Stand zur Nationalversammlung verbanden. Als Anhänger eines gemäßigten Kurses wie auch dank seines Rednertalents wurde er 1790 zweimal zum Präsidenten der Versammlung gewählt. Nach den Septembermorden des Jahres 1792 ging er nach England ins Exil, kehrte aber bereits nach dem Sturz Robespierres wieder nach Frankreich zurück, wo er als einer der wichtigsten Agenten Ludwigs XVIII. wirkte.

119 Jean-Siffrein Maury (1746 - 1817), Deputierter des Klerus der *Bailliage* von Peronne auf den Generalständen. Maury war eine große rednerische Begabung, der mit beißendem Spott seine politischen Gegner attackierte. Als ein enragierter Vertreter der Monarchie und geschworener Feind der Revolution sah er sich genötigt, nach Schluß der Konstituante in den Kirchenstaat ins Exil zu gehen, wo er zunächst zum Bischof von Montefiascone und später zum Kardinal berufen wurde.

Literatur: Poujoulat, *Le Cardinal Maury, sa vie et ses œuvres*, Paris 1855.

120 Charles-Maurice de Talleyrand-Périgord (1754 - 1838), Bischof von Autun und die schillerndste Figur der Revolutionszeit. Er wurde vom Klerus seiner Diözese als Deputierter auf die Generalstände entsandt. Am 10. Oktober 1789 machte Talleyrand den Vorschlag, den gesamten Kirchenbesitz zu nationalisieren. Außerdem war er einer der Advokaten der Zivilkonstitution des Klerus.

Literatur: Talleyrand, *Mémoires* 1754 - 1815, J.-P. Couchoud (Hg), Paris 1982; Lacour-Gayet, *Talleyrand*, Paris 1928 - 1934, 4 Bde. (Die mit weitem Abstand beste der vielen Talleyrand-Biographien).

121 Boniface-Louis-André Marquis de Castellane (1758 - 1837), Deputierter des Adels der *Bailliage* von Chateauneuf-en-Thymerais auf den Generalständen. Castellane, ein Verfechter der neuen Ideen, war einer der ersten Vertreter seines Standes,

der sich dem *Tiers Etat* anschloß. Während der Konstituante sprach er sich energisch dagegen aus, dem König ein Veto-Recht zuzugestehen.

122 Armand-Desirée de Vignerot Duplessis-Richelieu, Duc d'A-iguillon (1761 - 1800), Deputierter des Adels der *Sénéchaussée* von Agen auf den Generalständen. Zunächst war d'Aiguillon ein glühender Anhänger der Revolution und eines der Häup-ter des *Club Breton*. Wie auch der Marquis de Castellane war er einer der ersten Vertreter seines Standes, die zum *Tiers Etat* übergingen. D'Aiguillon war neben dem König einer der reichsten Männer Frankreichs, was ihn aber nicht daran hin-derte, in der Sitzung der Konstituante vom 4. August 1789 für die Beseitigung aller feudalen Rechte einzutreten und seinen Verzicht auf alle Adelsprivilegien zu erklären. Nach dem 10. August 1792 wurde er unter Anklage gestellt, konnte aber aus dem Gefängnis ins Exil nach Hamburg entweichen, wo er auch starb.

123 Anspielung auf die Nacht des 24. August 1572, die Bartho-lomäusnacht, in der auf Geheiß von Katharina von Medici die in Paris versammelten Häupter des französischen Protestan-tismus ermordet wurden.

124 Der *Comité des Recherches* wurde von der *Assemblée Con-stituante* am 28. Juli 1789 als ein Organ geschaffen, das in allen Fragen der öffentlichen Sicherheit und Ordnung das letzte Wort hatte. Zunächst umfaßte es zwölf Mitglieder, die jeden Monat ausgewechselt wurden.

125 Gemeint ist der Schauspieler Bordier vom *Théâtre des Varié-tés*, der sich als ein begeisterter Anhänger der Revolution in Rouen an die Spitze einer Volksbewegung stellte. Nach seiner Verhaftung verurteilte ihn der *Parlement* von Rouen zum Tode durch den Strang.

126 Guillaume-François-Charles Goupil de Préfelne (1727 - 1801), Deputierter des *Tiers Etat* der *Bailliage* von Alençon auf den Generalständen. Außer seiner von Rivarol hier kurz skizzierten Rolle machte er sich in der Versammlung vor allem durch seinen ausgeprägten politischen Opportunismus be-kannt (s. auch Anmerkung 115).

127 Der Seher Kalchas, der die zehnjährige Belagerung Troias vorhersagte und zum Bau des trojanischen Pferdes riet. Bei den Schriftstellern des späten 18. Jahrhunderts figurierte Kal-chas als der zumeist ironisch aufgefaßte Typ eines Mannes, der sich auf seine Vorhersagen kommender Ereignisse etwas ein-bildet.

128 Jacques-Marie Glezen (1737 - 1801), Deputierter des *Tiers Etat* der *Sénéchaussée* von Rennes auf den Generalständen. Glezen war einer der Gründer des *Club Breton*, in dem er zunächst eine wichtige Rolle spielte, ehe er von Mirabeau,

Barnave und den Brüdern Lameth in den Schatten gestellt wurde. Ähnlich erging es ihm in der Versammlung, wo seine anfängliche Popularität rasch dahinschwand.

129 Die »Geschichte von Vesoul«, die Rivarol im folgenden ausführlich in Abrede stellt, bezieht sich auf ein bis zu jener Zeit beispielloses Verbrechen. Die Einwohner von Vesoul, die mehrheitlich den Ausbruch der Revolution begrüßten, wurden von einem gewissen de Memmay, Seigneur de Quincey zu einem Fest auf sein Schloß geladen. Während des Festtrubels brachte er Pulverfässer, die er zuvor in den Kellern des Schlosses eingelagert hatte, zur Explosion.

130 Nicolas Fürst von Esterhazy (1765 - 1833), österreichischer Feldmarschall, der im Auftrag des Wiener Hofs mehrfach in diplomatischer Mission nach Frankreich kam.

131 Der Tatbestand eines Verbrechens gegen die Nation (*crime de lèse-nation*) ersetzte in der Revolution den des Majestätsverbrechens. Gemeint waren damit alle Aktionen, die in feindlicher Absicht gegen die Nation gerichtet waren. Wie ungenau definiert dieser Tatbestand war, zeigt sich beispielsweise daran, daß man Lambesc, Besenval und einige andere anklagte, sie hätten auf den Pöbel schießen wollen, der sich in »friedlicher Absicht« der *Bastille* bemächtigte.

132 Charles-Eugène de Lorraine, Prince de Lambesc (1751 - 1825), ein Verwandter Marie-Antoinettes und Oberst des Kavallerieregiments *Royal-Allemand*. Nach dem 14. Juli 1789 emigrierte Lambesc nach Österreich und war auf dessen Seite Teilnehmer an allen Revolutionskriegen gegen Frankreich.

133 Jacques-Mathieu Augeard (1731 - 1805), ein Finanzier, der einen Plan für die Flucht des Königs nach Metz ausheckte.

134 Diese Einschätzung Rivarols, daß man sich hüten müsse, die Französische Revolution mit irgendeiner anderen Staatsumwälzung vergleichen zu wollen, wurde von Mallet du Pan noch weiter gefaßt, wie Georg Forster mitteilt: »Wer aber diese Revolution als eine bloß Französische ansieht«, hat Mallet du Pan mit echtem Sehergeiste gesagt, »der ist unfähig, sie zu beurteilen; denn sie ist die größte, die wichtigste, die erstaunenswürdigste Revolution der sittlichen Bildung und Entwicklung des ganzen Menschengeschlechts«.
Forster, *Parisische Umrisse*, in: *Werke in vier Bänden*, G. Steiner (Hg), Leipzig s.d., Bd. III, S. 737.

135 *Bicêtre* war ein außerhalb des damaligen Stadtgebiets zwischen den Dörfern Ville-Juif und Gentilly gelegener Gebäudekomplex, der gleichermaßen als Armenspital, Gefängnis, Irrenhaus und Isolierstation für geschlechtskranke Männer und Frauen diente.
Literatur: Mirabeau, »Observations d'un voyageur anglais sur

la maison de force appelée Bicêtre«, in: *Œuvres de Mirabeau*, Bd. VI, S. 209 - 274.

136 Im August und September 1789 debattierte die Konstituante ausführlich über die Rechte, mit denen man den König im Rahmen der Verfassung ausstatten wollte. Die Anhänger einer starken Exekutive traten dafür ein, dem Monarchen weitreichende Vollmachten einzuräumen und ihm insbesondere das Recht zu geben, alle Entscheidungen der Legislative durch sein Veto verhindern zu können. Die Anhänger dieses *véto absolu* wurden aber schließlich von jenen überstimmt, die lediglich für ein eingeschränktes königliches Veto eintraten. Dieses *véto suspensif* blieb aber auf zunächst vier Jahre beschränkt. Ludwig XVI. machte von diesem Vetorecht sofort Gebrauch, indem er sich weigerte, die Menschen- und Bürgerrechte zu sanktionieren, wodurch die Aufstände des 5. und 6. Oktober 1789 erheblich beeinflußt wurden.

137 Victor-Amédée de la Fage Marquis de Saint-Huruge (1750 - 1810), ein dank einer Erbschaft sehr vermögender, aber durch seine unglückliche Ehe mit einer Schauspielerin bald finanziell ruinierter Edelmann, der sich nach England geflüchtet hatte und erst mit dem Ausbruch der Revolution wieder nach Paris zurückkehrte, wo er im *Palais-Royal* seine Wohnung nahm. Wegen seiner hohen Gestalt, seiner lauten Stimme und der Radikalität der von ihm geäußerten Ansichten trug er den Beinamen *Le généralissime des sans-culottes*. Als einer der Genossen Dantons wurde er nach dessen Sturz verhaftet, überlebte aber die Schreckenszeit und starb schließlich im Elend.

Literatur: Furgeot, *Le Marquis de Saint-Huruge*, Paris 1908.

138 Talleyrand-Périgord.

139 Stanislas Comte de Clermont-Tonnerre (1757 - 1792), Deputierter des Adels von Paris auf den Generalständen und Anführer jener 47 Abgeordneten dieses Standes, die sich am 25. Juni 1789 dem *Tiers Etat* anschlossen. Als ein glühender Bewunderer der konstitutionellen Monarchie nach englischem Vorbild wurde er durch die Ereignisse des 5. und 6. Oktober 1789 jäh aus seinen ehrgeizigen politischen Träumen gerissen, mit der Folge, daß er in eine immer entschiedenere Gegnerschaft zu den treibenden Kräften der Revolution trat. Gemeinsam mit Malouet gründete er im Januar 1790 den *Club des Impartiaux*, der ein Gegengewicht zum Klub der Jakobiner und dessen stetig wachsenden Einfluß auf die Nationalversammlung gewährleisten sollte. Weil er sich wiederholt für ein aufschiebendes Veto des Königs einsetzte, wurde er von Mirabeau, Brissot und Robespierre als Feind des Volkes gebrandmarkt. Nach dem Ende der Kon-

stituante zog er sich aus Furcht davor, sein Leben zu riskieren, aus der Politik zurück. Dies nützte ihm jedoch nichts, denn als er am 10. August 1792 auf der Straße erkannt wurde, verfolgte ihn eine wütende Menge bis zum Haus von Madame de Brassac, in das er sich geflüchtet hatte und stürzte ihn aus dem Fenster.
Literatur: Du Bus, *Stanislas de Clermont-Tonnerre et l'échec de la Révolution monarchique*, Paris 1931.

140 In einer »*Adresse à MM. les Impartiaux ou les amis de la Paix*«, die in der Ausgabe des *Journal politique-national* von 1790 (2e série, N. 10) inseriert ist, schreibt Rivarol: »Le Roi est à la fois exclu de la Constitution et enfermé dans la capitale: de sorte que le corps politique est comme l'homme au masque de fer, dont la tête était encore plus étroitement emprisonnée que la reste de sa personne.«
Journal politique-national, ed. 1790, Bd. II, S. 133.

141 *Journal politique-national*, ed. 1790, Bd. II, S. 101: ». . . die das Mysterium der Demokratie unter den Erscheinungsformen der Monarchie nicht verstanden, . . .«.

142 Rousseau, »Du Contrat social«, in: *Œuvres*, Bd. III, Buch iii, Kap. i, S. 397.

143 *Journal politique-national*, ed. 1790, Bd. II, S. 104 - 105: »oder Frankreich verzichtet auf seine eigenständige Existenz wie auch auf seine bedeutende Rolle, die es dank seiner Größe in Europa spielt, um sich in lauter kleine Demokratien aufzusplittern und zu organisieren.«

144 François de Montmorency Comte de Bouteville (1600 - 1627), ein berüchtigter Gewalttäter, der auf Anweisung Richelieus hingerichtet wurde, weil er wiederholt die königlichen Edikte, die gegen die Duelle erlassen worden waren, mißachtet hatte.

145 Philadelphia war von 1790 bis 1800 die Hauptstdt der Vereinigten Staaten.

146 Victurien-Jean-Baptiste-Marie de Rochechouart Duc de Mortemart (1752 - 1812), Deputierter des Adels der Bailliage von Sens auf den Generalständen. Als enragierter Gegner der Revolution legte er bereits im April 1790 sein Abgeordnetenmandat nieder und ging ein Jahr später ins Exil, aus dem er erst nach dem Frieden von Amiens (1802) wieder zurückkehrte.

147 François-Alexandre-Frédéric Duc de la Rochefoucauld-Liancourt (1747 - 1827), Deputierter des Adels der *Bailliage* von Clermont-en-Beauvaisis auf den Generalständen. La Rochefoucauld-Liancourt bemühte sich darum, die revolutionären Ideen mit der Monarchie zu vermitteln. Berühmt ist La Rochefoucauld-Liancourt, der als *Grand maitre de la garderobe du roi* fungierte, wegen seiner Antwort, die er am 14. Juli 1789

Ludwig XVI. gegeben haben soll, als dieser fragte: *»Mais c'est donc une révolte?«* - *»Non, Sire: c'est une révolution.«*
Nach dem 10. August 1792 ging er zunächst nach England ins Exil und dann in die Vereinigten Staaten, aus denen er erst nach dem Staatsstreich Napoleons wieder nach Frankreich zurückkehrte.
Literatur: Ferdinand-Dreyfus, *Un Philanthrope d'autrefois: La Rochefoucauld-Liancourt*, Paris 1903.
Louis-Alexandre Duc de la Rochefoucauld d'Euville (1743 - 1792), ein liberaler Grandseigneur des *Ancien Régime*, der als Deputierter des Adels von Paris auf den Generalständen dem linken Flügel der Versammlung angehörte. Nach dem Ende der Konstituante wurde er Mitglied des Direktoriums im *Département de l'Eure*. In dieser Eigenschaft unterstützte er alle gegenrevolutionären Initiativen, die von dieser Körperschaft eingeleitet wurden. Nach dem 10. August 1792 legte er dieses Amt nieder und suchte sich in einem Versteck vor der Rache der Revolutionäre zu retten. Er wurde jedoch aufgespürt und sofort umgebracht.
Welchen der beiden de la Rochefoucaulds Rivarol hier meint, ist unklar, da beide eine ähnliche politische Einstellung hatten.

148 Marc-Étienne Populus (1736 - 1794), Deputierter des *Tiers Etat* der Bailliage von Bourg-en-Bresse auf den Generalständen. Als ein moderater Anhänger der revolutionären Ideen wurde er vor allem wegen seines häufig verspotteten Namens bekannt (*populus* = lat. Volk). Nach dem Ende der Konstituante wurde er zum Richter am Tribunal von Bourg-en-Bresse berufen. Wegen seiner Beteiligung an der föderalistischen Bewegung wurde er verhaftet und nach kurzem Prozeß zum Tode verurteilt.

149 Michel-Louis-Étienne Regnault de Saint-Jean-d'Angély (1761 - 1819), Deputierter des *Tiers Etat* der *Sénéchaussée* von Saint-Jean-d'Angély auf den Generalständen. Regnault gehörte zu jener Gruppe von Abgeordneten, die sich darum bemühten, die revolutionären Ideen mit den Prinzipien der Monarchie zu vermitteln. Nach dem Ende der Konstituante war er Mitarbeiter des *Journal de Paris* und des *Ami des Patriotes*, zwei Zeitungen, die aus Mitteln der Zivilliste Ludwigs XVI. finanziert wurden. Vom 10. August 1792 bis zum Sturz Robespierres im Sommer 1794 hielt er sich verborgen und überlebte so die Schreckenszeit.
Literatur: Darnis, *Essai sur la vie de S.E. de comte Regnaud de Saint-Jean-d'Angély*, Poitiers 1859.

150 Damit meint sich Rivarol selbst.

151 Die Gottheit des zweigesichtigen Janus war der Patron der ersten Tage des Jahres im römischen Kalender.

152 Vor 1789 war Frankreich in eine große Anzahl voneinander völlig unabhängiger Verwaltungseinheiten untergliedert, die gegeneinander derart abgeschottet waren, daß alle Versuche, die Verwaltung des Landes zu vereinheitlichen, scheiterten. Nicht genug damit, daß jede Provinz ihre eigenen Gesetze und Rechtsbräuche hatte, waren auch bei Steuern und Abgaben die Unterschiede nicht minder groß. Die Revolution, die insbesondere in ihrer ersten Phase eher zum Nachteil des Adels als der Monarchie war, räumte damit gründlich auf, indem sie die Verwaltung landesweit vereinheitlichte. Insofern ist es eine alte Mär, daß Frankreich im Unterschied zum ebenso zersplitterten »Heiligen Römischen Reich deutscher Nation« schon vor 1789 ein Nationalstaat in des Wortes moderner Bedeutung sei. Der französische Nationalstaat war die Leistung der Revolution.

Auf Antrag von Sieyès und Thouret beschloß die Nationalversammlung am 22. Dezember 1789 die neue territoriale Einteilung Frankreichs in zunächst 83 *Départements*. Jedes dieser *Départements* wurde wieder in Distrikte unterteilt, von denen jeder sich in Kantone und diese wiederum in die einzelnen Städte und Gemeinden untergliederten.

153 *Journal politique-national*, ed. 1790, Bd. II, S. 125:
«Man möge uns verzeihen, wenn uns bei dem Bericht über soviele Verschwörungen und Grausamkeiten irgendeine Tatsache entgangen sein sollte. Das ist das Unglück eines Historikers, der sich imitten von Verschwörungen befindet: Der unbedeutendste Komplize weiß mehr als er und kann ihn dann der Unkenntnis zeihen, und ich zweifle nicht daran, daß Mirabeau diese haarsträubende Aufzählung von Verbrechen lediglich mit der Verachtung eines Wissenden für eine unzulängliche Nomenklatur betrachten wird. Aber welch schrecklicher Reichtum, der diese Annalen arm an Schandtaten und Anschlägen findet!«

154 Jean-François Rewbell oder Reubell (1747 - 1807), Deputierter des *Tiers Etat* der *Bailliage* von Colmar auf den Generalständen, wo er dem linken Flügel der Versammlung angehörte und sich vor allem dadurch hervortat, daß er die Intrigen der Emigranten und die Komplotte der Monarchisten scharf anklagte. Rewbell war einer der wenigen halbwegs prominenten Mitglieder der Konstituante, der die Wechselfälle der Revolution dank seines großen taktischen Geschicks unbeschadet überlebte und der bis zum Staatsstreich Napoleons jeweils wichtige politische Funktionen ausübte.
Literatur: Guyot, *Documents biographiques sur J.-F. Reubell*, Paris 1912.

155 Charles-Alexis Brulart, Comte de Genlis, Marquis de Sillery (1737 - 1793), Deputierter des Adels der *Bailliage* von Rennes

auf den Generalständen und einer der ersten unter den Vertretern der *Noblesse*, die mit dem *Tiers Etat* zusammengingen. Seine politischen Sympathien galten der orlanistischen Fraktion, was ihm am 9. *Brumaire* des Jahres II der Republik (30. Oktober 1793) ins Verderben stürzte. Man verurteilte ihn zum Tode und richtete ihn einen Tag später hin.

156 Der Frieden von Utrecht zwischen Frankreich, Großbritannien, den Generalstaaten, Savoyen, Preußen und Portugal wurde am 11. April 1713 geschlossen. Der Passus dieses Friedensvertrags, auf den Rivarol anspielt, bestimmte, daß der Bourbone Philipp V. spanischer König blieb; gleichzeitig wurde aber eine Personal- und Realunion der Kronen von Spanien und Frankreich für alle Zeiten strikt untersagt.

157 Anspielung darauf, daß bei Bekanntwerden der Pläne des Duc d'Orléans, den *Palais-Royal* umzubauen, in der Pariser Öffentlichkeit ein Proteststurm entfacht worden war, den dieser ignorierte. Vgl. *Mémoires de la baronne Oberkirch*, Paris 1853, Bd. II, S. 63.

158 Rivarol verwechselt hier vermutlich den Abbé Sieyès mit Choderlos de Laclos.

159 Blanc, ein Advokat und Deputierter des *Tiers Etat* der *Bailliages* von Besançon auf den Generalständen.

160 Choderlos de Laclos, der an der Artillerieschule von La Fère ausgebildet worden war.

161 Madame de Sillery, Ehefrau des Marquis de Sillery (Vgl. Anmerkung 155) und Erzieherin der Kinder des Duc d'Orléans.

162 Als *Plaine* oder *Marais* wurden diese Abgeordneten, die sich keinem der beiden Flügel innerhalb der Versammlung zurechnen ließen, erst von der radikalen Bergpartei, den *Montagnards* während des Konvents beschimpft.

163 Gemeint ist damit die königliche Leibwache.

164 Guy-Jean-Baptiste Target (1733 - 1807), Deputierter des *Tiers Etat* von Paris auf den Generalständen. Bei der Ausarbeitung der Verfassung von 1791 spielte Target eine wichtige Rolle, weshalb die Verfassung von seinen Gegnern auch als *La Targette* apostrophiert wurde.
Literatur: Boulloche, *Target, Avocat au Parlement de Paris*, Paris 1892.

165 Narcissus war einer der drei mächtigen Freigelassenen, die den schwachsinnigen römischen Kaiser Claudius berieten und lenkten. Bei fast allen wichtigen Ereignissen unter der Regierung des Claudius hatte Narcissus seine Hand im Spiel, und die meisten der Schandtaten dieses Kaisers dürften ihm anzulasten sein.

166 Ofonius Tigellinus, der berüchtigte Gardepräfekt des Kaisers Nero, der, wie Tacitus schreibt, mittels seiner Laster Karriere

zu machen suchte. Er diente dem Nero als vertrauter Ratgeber, den er stets bei dessen niedersten Instinkten zu packen suchte.

167 Es war eines der Privilegien des Adels, Tauben zu halten.

168 Annaten waren eine Abgabe, die von jenen an die römische Kurie entrichtet werden mußten, die in den Genuß eines mit Einkünften versehenen Kirchenbesitzes gelangten.

Literatur: Thomas, *Le Concordat de 1516*, Paris 1910.

169 Gemeint waren damit die Artikel 1 und 4 des dritten Titels der Verfassung vom 3. September 1791, die lauteten: »*Art. I. La souveraineté est une, indivisible, inaliénable et imprescriptible; elle appartient à la nation; aucune section du peuple ni aucun individu ne peut s'en attribuer l'exercise.*

Art. IV. Le gouvernement est monarchique; le pouvoir executif est délégue au roi, pour être exercé sous son autorité, par des ministres et autres agents responsables.«

170 Charles-Henri Comte d'Estaing (1729 - 1794) wurde nach dem 14. Juli 1789 zum Kommandanten der Versailler Nationalgarde ernannt. Nach den Ereignissen des 5. und 6. Oktober 1789, denen er tatenlos zugesehen hatte, quittierte er seinen Dienst.

171 Es muß sich hier um einen Irrtum Rivarols handeln; denn der Oberst Comte Montmorin-Saint-Hérem, Kommandeur des flandrischen Regiments, war kein Deputierter auf den Generalständen. Vermutlich meinte Rivarol den Generalleutnant Marquis de Lusignem, der Deputierter der *Noblesse* von Paris auf den Generalständen war.

172 Die weiße Kokarde war das Abzeichen der Anhänger von Monarchie und Ancien Régime.

173 Die Pariser Kokarde war das Abzeichen der Revolution. Sie zeigte die Farben der Trikolore blau, weiß und rot. Blau und rot waren die Farben von Paris, während weiß die Farbe der Monarchie war.

174 Gemeint ist hier die Arie »*O Richard! O mon roi!*« aus der Oper *Richard Coeur de Lion* von Sedaine und Grétry, die im Oktober 1784 uraufgeführt worden war, und deren Text lautete: »*O Richard! O mon roi! L'univers t'abandonné. Sur la terre il n'est donc que moi. Qui m'interesse à ta personne. Moi seul, dans l'univers, voudrais briser tes fers. Et tout le reste t'abandonne. O Richard! O mon roi!*« etc.

175 Anspielung auf den Handelsvertrag mit England aus dem Jahre 1786, der insbesondere von den Physiokraten heftig befehdet wurde.

176 François-Emmanuel Guignard Comte de Saint-Priest (1735 - 1821) war als Minister ohne Geschäftsbereich vom Dezember 1788 bis zum 12. Juli 1789 Mitglied der Regierung Necker. Nach dem 14. Juli wurde er zum Staatssekretär und am 7. Au-

gust 1790 zum Innenminister ernannt. Als ein Befürworter gemäßigter Reformen machte er sich alle Parteien zum Feind, legte schließlich sein Ministeramt nieder und ging in die Emigration, aus der er erst 1814 wieder nach Frankreich zurückkehrte.

177 Anspielung darauf, daß der Duc d'Orléans auf Betreiben La Fayettes am 14. Oktober 1789 auf eine diplomatische Mission nach England entsandt wurde, von der er erst am 7. Juli 1790 wieder nach Paris zurückkehrte, wo man ihn und Mirabeau wegen der Ereignisse des 5. und 6. Oktober 1789 vor der Nationalversammlung anklagte. Wegen Mangels an Beweisen wurde diese Anklage dann aber wieder fallen gelassen.

178 Titus Pomponius, gen. Atticus, (110 - 33 vor Christus), berühmt wegen seiner lebenslangen Freundschaft mit Cicero.

179 Anspielung darauf, daß die Reden und Dialoge, die von den antiken Historikern in ihren Geschichtserzählungen inseriert wurden, ein Ergebnis ihrer literarischen Phantasie waren.

180 Die *Cent-Suisses* waren eine im Hofdienst tätige Abteilung Schweizer Söldner, die weniger eine militärische, denn eine zeremonielle Funktion hatte.

181 Der Thronfolger, Ludwig XVII. (1785 - 1795).

182 *Madame*, gen. *Madame Royale*, Marie-Thérèse-Charlotte de France, die ältere Schwester des Thronfolgers.

183 »Wer Wind säet, wird Sturm ernten.« Hosea 8,7.

184 *Monsieur* und *Madame* wurden der Bruder des Königs beziehungsweise dessen Schwägerin genannt.

185 Der *Courrier de Provence* war eine von Mirabeau gegründete und redigierte Zeitung, die erstmals am 2. Mai 1789 unter dem Titel *Courrier des Etats Généraux* erschien. Nach dem 14. Juli 1789 hieß das Blatt *Courrier de Provence*.

186 Duc de Villequier, Deputierter der *Noblesse der Sénéchaussée* von Boulogne-sur-Mer.

187 Armand-Marc Comte de Montmorin-Saint-Hérem (1745 - 1792) wurde von Ludwig XVI. im Februar 1787 zum Außenminister ernannt. Am 12. Juli entlassen, wurde er nach dem 14. Juli 1789 wieder in dieses Amt berufen. Nach seinem endgültigen Abschied von dieser Funktion am 20. November 1790 bildete er zusammen mit Malouet, Bertrand de Molleville und einigen anderen Royalisten eine Art von *Conseil Privé*, den der Journalist Carra in den *Annales patriotiques* als »*Comité autrichien*« denunzierte. Er wurde nach seiner Verhaftung am 10. August 1792 ein Opfer der Septemberpogrome.